VÍTOR NEVES
JOSÉ CASTRO CALDAS (Orgs.)

A Economia Sem Muros

A ECONOMIA SEM MUROS

ORGANIZADORES
VÍTOR NEVES
JOSÉ CASTRO CALDAS

EDITOR
EDIÇÕES ALMEDINA. SA
Av. Fernão Magalhães, nº 584, 5º Andar
3000-174 Coimbra
Tel.: 239 851 904
Fax: 239 851 901
www.almedina.net
editora@almedina.net

PRÉ-IMPRESSÃO | IMPRESSÃO | ACABAMENTO
G.C. GRÁFICA DE COIMBRA, LDA.
Palheira – Assafarge
3001-453 Coimbra
producao@graficadecoimbra.pt

Maio 2010

DEPÓSITO LEGAL
311604/10

Os dados e as opiniões inseridos na presente publicação
são da exclusiva responsabilidade do(s) seu(s) autor(es).

Toda a reprodução desta obra, por fotocópia ou outro qualquer
processo, sem prévia autorização escrita do Editor, é ilícita
e passível de procedimento judicial contra o infractor.

Biblioteca Nacional de Portugal – Catalogação na Publicação

A economia sem muros/org. Vítor Neves,
José Castro Caldas – (CES: conhecimento e instituições)
ISBN 978-972-40-4158-2

I – NEVES, Vítor
II – CALDAS, José Maria Lemos de Castro

CDU 33

ÍNDICE

Introdução
À procura de sentido(s) para a Economia 7
Vítor Neves e José Castro Caldas

SECÇÃO I – **A Economia à procura do seu objecto** 15

1. O "económico" e o "economicismo" 17
João Ferreira do Amaral

2. O que é afinal o "económico"? A Economia como ciência moral e política ... 31
Vítor Neves

3. Economia e crematística dois mil anos depois 45
José Castro Caldas

4. Facetas da heterodoxia: da orto-negação à hetero-afirmação.
Espaços de diálogo e de reconstrução 59
Carlos Pimenta

SECÇÃO II – **Racionalidade económica: descrição, prescrição ou construção?** ... 75

5. De ciência da escolha à ciência do comportamento:
por onde anda o indivíduo na Economia? 77
Ana Costa

6. Modelos racionais de comportamentos irracionais: Uma RI-análise ... 97
Marc Scholten

7. Terá chegado o tempo dos arquitectos e designers económicos? ... 117
Ana Cordeiro Santos

8. Motores, fotos, quimeras e monstros: quão performativa
é a ciência económica? 139
Rafael Marques

9. É a economia, estúpido, vs. é a dádiva, estúpido. Reflexões de um antropólogo
sobre o ensino da Antropologia a futuros economistas 157
Filipe Reis

SECÇÃO III –**Construindo pontes no passado** 169

10. A Economia em tempo de crise: desafios a uma ciência com história 171
José Luís Cardoso

11. Do "eterno retorno" da História da Economia Política ou dos "fins"
da Economia? 191
Joaquim Feio

12. Os instrumentos e usos dos economistas 205
Tiago Mata

Epílogo
Uma ciência indisciplinar: A cidade dos economistas 219
José Reis

Sobre os autores 235

INTRODUÇÃO
À PROCURA DE SENTIDO(S) PARA A ECONOMIA*

Vítor Neves e *José Castro Caldas*

A Economia atravessa actualmente um período de profunda transformação. Alguns falam mesmo de um processo de transição paradigmática. Nos últimos anos, múltiplos e diversos desenvolvimentos, designadamente ao nível conceptual e teórico-metodológico – não raramente em resultado da "contaminação" por disciplinas exteriores à Economia, como as ciências cognitivas e a psicologia experimental ou as ciências da complexidade – vêm abalando a aparente solidez do velho paradigma neoclássico, suscitando a discussão em torno dos seus próprios fundamentos. É o que acontece com o pressuposto da racionalidade – elemento central na análise dos processos de "escolha racional" – ou com os conceitos de equilíbrio e eficiência dos mercados.

Mais recentemente, é o forte abalo no sistema económico e financeiro internacional, registado na sequência da crise despoletada nos EUA a partir de 2007, a suscitar um cada vez mais audível coro de vozes críticas, seja em jornais e revistas tão insuspeitos de inclinações heterodoxas como o *Times* ou a *Economist*,[1] seja nos próprios meios académicos.[2] Críticas que, importa

---

* Este livro beneficiou largamente da disponibilidade de todos os autores para participarem num processo de comentário cruzado dos textos apresentados no 1º Seminário do CES sobre os Fundamentos da Economia. O primeiro agradecimento dos organizadores é, portanto, dirigido aos que aceitaram participar em todo este processo de criação cooperativa. Agradecimentos são também devidos ao Professor Boaventura de Sousa Santos que, embora não podendo estar presente no Seminário, teve o cuidado de nos proporcionar a todos no Seminário o acolhimento virtual, mas nem por isso menos caloroso e intelectualmente estimulante, através de uma mensagem em vídeo que nos fez chegar. À Alexandra Pereira, ao Daniel Cardoso e à Rafaela Brito agradecemos o apoio profissional inexcedível que nos deram na organização do Seminário. O Centro de Estudos Sociais, a Faculdade de Economia da Universidade de Coimbra e a Fundação para a Ciência e Tecnologia proporcionaram o indispensável apoio logístico e financeiro que aqui se regista e agradece.

[1] Ver, por exemplo, "Financial Economics: Efficiency and Beyond", "What went wrong with economics", "The State of Economics: The Other Worldly Philosophers", Friedman (2009) e Kaletsky (2009a e 2009b)

[2] Ver, por exemplo, Colander *et al.* (2009), Crotty (2009) e a petição "Revitalizing Economics After the Crash" (http://www.ipetitions.com/petition/revitalizing_economics/?e).

salientá-lo, se dirigem não apenas aos responsáveis pela condução dos assuntos económicos, mas à própria ciência económica que lhes tem servido de suporte.

Em nosso entender, o que está em causa é o lugar do "económico", a forma como este é conceptualizado e pensado, e a sua relação com o "político", o "moral", o "social" e o "ambiental". Está em questão a própria *identidade* da Economia e das relações que estabelece com as demais ciências.

Apesar do ensino da Economia, sobretudo ao nível do 1º ciclo, não o deixar transparecer, a verdade é que esta é hoje uma ciência caracterizada por uma pluralidade de abordagens e perspectivas teóricas e metodológicas e não parece claro – não sendo certamente consensual – o significado da expressão "pensar como um economista" (uma expressão presente, como é sabido, em qualquer manual introdutório de Economia e que é apresentada aos estudantes como património adquirido da ciência económica). Uma coisa é certa. É preciso voltar a discutir a *natureza* desta ciência, o seu *ensino* e a questão do *papel* do economista na sociedade; reflectir sobre a Economia como ciência, sobre o que sabemos e o que não sabemos (que é muito), sobre as suas possibilidades e limites, sobre o que há a fazer para aumentar os nossos conhecimentos e potenciar a sua capacidade para ajudar a enfrentar as dificuldades do nosso tempo. Os economistas precisam de procurar e recriar o(s) sentido(s) daquilo que fazem.

Algumas questões são básicas nesta procura dos fundamentos da Economia. O que é (e o que não é) "económico"? O que é (e deve ser) a Economia como saber ou ciência? A Economia limita-se (e deve limitar-se) a interpretar ou descrever a realidade ou constrói ela própria a realidade que ao mesmo tempo descreve? O que significa "pensar como um economista"? O que une, como perguntava Coase (1994), um grupo de estudiosos numa profissão autónoma chamada "Economia" e os distingue de outros investigadores que também se dedicam a analisar a "economia"? Podem os economistas aprender com abordagens provenientes de outros domínios disciplinares? O quê e como? O que aprendemos com a história da disciplina?

Foram estas as questões que o Núcleo de Estudos sobre Governação e Instituições da Economia do Centro de Estudos Sociais da Universidade de Coimbra (CES), em colaboração com o programa de doutoramento CES/FEUC em Governação Conhecimento e Inovação, se propôs discutir no *1º Seminário do CES sobre os Fundamentos da Economia*, que decorreu em Coimbra a 23 e 24 de Janeiro de 2009, tendo como tema "A Economia e o económico".

Dir-se-á que são questões "velhas", aparentemente há muito respondidas pela ciência económica, ou irrelevantes para a prática dos economistas. O que dizer, porém, quando departamentos de Economia e entidades que apoiam a investigação científica rejeitam programas de estudos e projectos de investigação de economistas porque *não são* Economia? Ou quando alguns se recusam a admitir determinados modos de pensar o económico porque *um economista não pensa assim*? Ou ainda quando a crise económica, social e ambiental que vivemos parece tornar evidente a ligação entre os resultados obtidos e as recomendações "dos economistas" (elas próprias fruto do modo de pensar que lhes subjaz)?

A reflexão em torno destes assuntos é, a nosso ver, necessária e urgente. O livro que aqui se apresenta é um contributo nesse sentido e é o resultado de um profícuo trabalho cooperativo e de confronto de ideias entre economistas e outros cientistas sociais portugueses de diferentes proveniências. Os textos que o compõem, com uma excepção, foram inicialmente apresentados no Seminário sobre "A Economia e o económico" acima referido. Para além do rico e estimulante debate aí ocorrido (e que contou com a participação de muitos estudantes de diversos programas de doutoramento), todos os textos beneficiaram, numa fase posterior, com os comentários e sugestões de, regra geral, dois revisores (também eles autores de textos aqui contidos). Ainda assim, o resultado que se obteve e que agora se apresenta não é uma síntese ou um texto que busque uma consensualização de posições. O debate foi plural e esse pluralismo, para benefício do leitor, continua presente no livro.

O livro está organizado em três secções. Abrimos, na primeira, com questões epistemológicas e metodológicas e com os aspectos normativos a elas inevitavelmente associados: o que é o objecto da Economia e qual a natureza do económico?

Detemo-nos, depois, na segunda secção, nos problemas da concepção de racionalidade que continua a constituir o núcleo duro da Economia tal qual se ensina na maior parte das faculdades, para sermos surpreendidos com a possibilidade de a Economia participar, ela própria, na construção da racionalidade assumida à partida. A partir do olhar de outras ciências sociais descobrimos um objecto de conhecimento – a economia – comum a todas elas e aspectos desse objecto que só se tornam visíveis quando o ângulo de observação se desloca.

Algo semelhante acontece, como veremos na terceira secção, quando apelamos à história das ideias económicas: em perspectiva, vemos melhor o caminho percorrido e o que pode ser feito para corrigir a rota e inflectir a direcção.

A primeira secção – **"A Economia à procura do seu objecto"** – inclui textos de João Ferreira do Amaral, Vítor Neves, José Castro Caldas e Carlos Pimenta.

João Ferreira do Amaral parte da contraposição de duas concepções na definição do que é e não é "económico" – a *subjectivista* (que "põe a ênfase nas metodologias de análise") e a *objectivista* (que parte da "selecção de certos domínios da realidade social"). Passa em revista os argumentos que sustentam a posição subjectivista para concluir que esta concepção "é muito pouco defensável". Em alternativa ao subjectivismo o autor defende a concepção objectivista que apresenta como um "poderoso antídoto face ao economicismo", isto é, como uma linha de defesa contra a tendência (que não se deve confundir com a necessidade de avaliar custos) de erigir o "económico" como o único aspecto relevante das escolhas.

Vítor Neves, por seu turno, parte da ideia de que o económico é uma construção, considerando que a Economia se define, sobretudo, pelo modo específico como a realidade social é pensada, isto é, pelo seu centro de interesse e problemática teórica, sendo consequentemente admissíveis diferentes possibilidades de conceber e pensar o económico. Argumenta, a partir daí, que a popular expressão "pensar como um economista" está longe de ter um sentido unívoco e ilustra esse entendimento com a discussão acerca do modo como a dimensão moral e política do económico é considerada. Conclui pela necessidade de repensar a Economia levando em conta as implicações de esta ser uma ciência intrinsecamente moral e política, nomeadamente o facto de os seus pressupostos e hipóteses, implícita ou explicitamente, radicarem em (diferentes) sistemas de princípios éticos e valores políticos.

José Castro Caldas recua aos escritos "económicos" de Aristósteles em busca de resposta para algumas das questões de partida do seminário: o que é a Economia enquanto saber? A que se refere esse saber? Para onde queremos encaminhar as mudanças da "economia" (no duplo sentido da palavra "economia")? Discute os conceitos de economia e de crematística em Aristóteles e as implicações em termos de sustentabilidade da (con)fusão de ambas. Finalmente, esboça os contornos de uma Economia (ciência) e de uma economia (sistema de provisão) em que a crematística esteja subordinada à "economia".

Carlos Pimenta defende a necessidade de repensar a Economia e centra a atenção no confronto entre ortodoxia e heterodoxia. Segundo o autor, esta última deve ser pensada a partir de duas posições extremas que o autor designa por orto-negação e hetero-afirmação. Uma e outra, argumenta, dão

INTRODUÇÃO 11

lugar a diferentes construções científicas e a diversas probabilidades de viabilidade de diálogo e de práticas sociais. Considera, finalmente, ser importante o pluralismo teórico e a interparadigmaticidade.

A segunda secção – **"Racionalidade económica: descrição, prescrição ou construção?"** – reúne as contribuições de Ana Costa, Marc Scholten, Ana C. Santos, Rafael Marques e Filipe Reis.

Ana Costa discute os problemas da concepção dominante de escolha em Economia. Detém-se nas "anomalias" que a investigação experimental e comportamental tem ajudado a detectar e nas perspectivas que essa investigação abre de superação do modelo de "escolha racional". Mostra, ao mesmo tempo, que alguma dessa investigação, nomeadamente os "modelos de preferências sociais", está muito mais próxima da concepção neoclássica de escolha do que muitas vezes se supõe. Defende que a Economia, para se libertar de uma concepção de escolha e de racionalidade que dá fraca conta do comportamento dos agentes, tanto em contextos não-mercantis, como nos mercantis, necessita de uma ontologia que reconheça a dimensão normativa da escolha assim como as capacidades morais dos indivíduos.

Numa outra perspectiva, baseada na investigação psicológica, Marc Scholten aborda a validade e a utilidade dos pressupostos da racionalidade pondo em questão duas afirmações que considera falaciosas: a de que "todo o comportamento é racional" e a de que "os modelos racionais são inúteis". Apresenta evidências de irracionalidade no tratamento de custos comportamentais e, de forma mais geral, no estabelecimento de preferências, mas argumenta que a não validade dos pressupostos de racionalidade não nega a sua utilidade, quer para as análises normativas, quer para as análises descritivas. A chave para esta posição é, em seu entender, que (1) as pessoas, apesar de violarem os pressupostos, reconhecem a sua força normativa e que (2) respeitam os pressupostos quando a sua aplicação é transparente.

O texto de Ana Santos aborda a Economia enquanto ciência dos incentivos, pondo em destaque dois desenvolvimentos recentes – a arquitectura da escolha e o design económico. Com estes desenvolvimentos a ciência económica passa a produzir um conjunto variado de artefactos para estudar mas também para intervir sobre os seus objectos de estudo. Esta nova ciência económica, ao invés de assumir que os agentes são egoístas e racionais, dedica-se agora à fabricação dessa racionalidade. Enquanto os designers económicos procuram conceber mecanismos de mercado que tornam a irracionalidade individual socialmente inócua, os economistas-arquitectos procuram tornar o campo da escolha racional acessível a qualquer um. De ciência da escolha a Economia reinventa-se então como a ciência que prepara a escolha, sendo o económico definido pelo espaço onde cabe a deliberação racional.

Rafael Marques discute os problemas da "ciência económica contemporânea" a partir da perspectiva da Sociologia Económica. Os "motores, fotos, quimeras e monstros" de que nos fala são atributos e ausências desta ciência que a investigação dos sociólogos económicos e os estudos sociais sobre a ciência têm ajudado a revelar. Fala-nos de uma economia desincrustada e de uma "ciência económica" colonizadora do social – ao mesmo tempo máquina fotográfica e motor de transformação – que "retrata uma realidade que ela própria ajudou a criar". Fala-nos ainda de um pensamento dicotómico que nos impede de reconhecer formas híbridas (quimeras e monstros) – combinações de mercado e de reciprocidade, de mercadoria e de dádiva – e conversões de umas formas em outras que ocorrem permanentemente sob o nosso olhar desatento. "A Economia necessita", conclui Rafael Marques, "de um regresso à História e à Geografia, ao estudo das instituições e à compreensão das mãos visíveis do poder".

As reflexões de Filipe Reis sobre a sua experiência de ensino da Antropologia Económica a estudantes de economia levam-no a revisitar debates de sempre: a crítica antropológica ao *homo economicus*, a oposição substantivismo-formalismo, as noções diversas de racionalidade. Conclui, em balanço final, que a "Antropologia Económica não é apenas o resultado do olhar dos antropólogos sobre a economia e os sistemas económicos", devendo ser "no futuro, o resultado de cruzamentos entre as duas disciplinas".

Na terceira secção – **"Construindo pontes no passado"** – encontram-se os contributos de José Luís Cardoso, Joaquim Feio e Tiago Mata.

José Luís Cardoso sublinha a importância de pensar a Economia como uma ciência com história, de aprender com os ensinamentos que a história proporciona. Focando o seu olhar sobre a crise actual e sobre os discursos que acerca dela são produzidos, sustenta a inevitabilidade do recurso à história para melhor se compreenderem as virtudes e limitações do discurso económico presente, assim como as dinâmicas de mudança que se procuram desenvolver. Nesse quadro, defende a oportunidade da reinvenção do objecto da ciência económica, no qual a "economia real e concreta" e a compreensão dos problemas económicos do mundo contemporâneo voltem a ser centrais.

Joaquim Feio enfatiza também a importância de reconhecer que o objecto da teoria económica é histórico e propõe um regresso à Economia Política (e à sua história) enquanto saber útil, contribuindo, através da sua discussão, para o que designa como um reforço da capacidade de auto-regeneração do discurso sobre o económico e para uma nova "visão" tanto do processo económico como da teoria económica. O seu olhar centra-se nas duas grandes crises económicas (e da teoria económica) das décadas de 30 e 70 do século XX para, de novo em tempo de crise, se questionar sobre as possibilidades de resposta da Economia à crise actual. Uma resposta que o título do seu texto apenas deixa transparecer em forma de pergunta: um "eterno retorno" da História da Economia Política ou dos "fins" da Economia?

Tiago Mata retoma o tema da performatividade analisando a prática do "economista como um fazedor de instrumentos" – instrumentos desenhados para a gestão estatal da "economia" e instrumentos concebidos para a organização de "mercados". O escrutínio histórico leva-o a reflectir sobre o lugar do economista na sociedade e sobre os "limites da sua intervenção pública". O reconhecimento de que a Economia "intervém" sempre na sociedade, mesmo quando afirma pretender apenas explicar ou compreender, suscita novos problemas, nomeadamente éticos. O autor conclui, por isso mesmo, com a defesa da necessidade de um debate em torno da deontologia profissional do economista.

Finalmente, José Reis, no **Epílogo**, transporta-nos para uma *cidade* em que o economista procura identificar o que nela há de especificamente económico. Nesse percurso leva-nos a visitar o institucionalismo de Veblen e Commons e o apoio que neles encontra para o que designa como o regresso ao que tem substância. Identifica finalmente três domínios em que o económico da cidade se representa: os mercados, os procedimentos colectivos e as situações contextuais diferenciadas. O económico da cidade que descobre é ao mesmo tempo geográfico, histórico, sociológico – uma constatação que sugere uma Economia que mais do que interdisciplinar é ciência indisciplinar.

O ponto de chegada neste livro só aparentemente se assemelhará ao início do percurso. Partimos com uma série de perguntas e é com perguntas que chegaremos ao final. Mas, se o livro e o trabalho que o precedeu foram bem sucedidos, estas serão sem dúvida perguntas melhores.

REFERÊNCIAS BIBLIOGRÁFICAS

Coase, Ronald (1994), "Economics and Contiguous Disciplines", *in* Coase, Ronald, *Essays on Economics and Economists*. Chicago e Londres: The University of Chicago Press, 34-46.

Colander *et al.* (2009), "The Financial Crisis and the Systemic Failure of Academic Economics", *Kiel Working Paper 1489*, Kiel Institute for the World Economy.

Crotty, James (2009), "Structural causes of the global financial crisis: a critical assessment of the 'new financial architecture", *Cambridge Journal of Economics*, 33(4), 563-580.

"Financial Economics: Efficiency and Beyond", *Economist*, 16 de Julho de 2009.

Friedman, Benjamin (2009), "The Failure of the Economy & the Economists", *The New York Review of Books*, 56(9), 28 de Maio (http://www.nybooks.com/articles/22702).

Kaletsky, Anatole (2009a), "Three cheers for the death of old economics", *The Times*, 28 de Outubro (http://www.timesonline.co.uk/tol/comment/columnists/anatole_kaletsky/article6892820.ece).

Kaletsky, Anatole (2009b), "Economists are the forgotten guilty men", *The Times*, 5 de Fevereiro (http://www.timesonline.co.uk/tol/comment/columnists/anatole_kaletsky/article5663091.ece).

"The State of Economics: The Other Worldly Philosophers", *Economist*, 16 de Julho de 2009.

"What Went Wrong with Economics", *Economist*, 16 de Julho de 2009

SECÇÃO I

A Economia à procura do seu objecto

1. O "ECONÓMICO" E O "ECONOMICISMO"

João Ferreira do Amaral

Na determinação dos domínios de análise da Economia enquanto ciência, ou seja na determinação do que é o "económico" duas concepções se podem confrontar. Uma, a subjectivista, põe a ênfase nas metodologias de análise. A outra, a objectivista, na selecção de certos domínios da realidade social. Neste ensaio começaremos por abordar e avaliar cada uma destas posições e terminaremos com uma referência ao economicismo enquanto atitude decorrente das posições subjectivistas.

A concepção subjectivista

A primeira concepção, que denominamos de subjectivista, considera que não existe, com carácter objectivo, um domínio da actividade social que se possa considerar especificamente económico. Ou seja, o "económico" é um ponto de vista subjectivo sobre a realidade social (e não apenas da sociedade humana, também de alguma das sociedades animais).

Assim, qualquer domínio da actividade social pode ser considerado económico desde que seja analisado através da utilização de ferramentas conceptuais próprias.

Estas ferramentas são as da racionalidade económica. Ou seja, os subjectivistas consideram que é a utilização do esquema da racionalidade económica para analisar um determinado conjunto de fenómenos sociais que torna esse conjunto um domínio do económico.

O esquema é bem conhecido. Admite-se que cada indivíduo tem uma certa função de utilidade dependendo de determinadas variáveis que correspondem a outros tantos bens (materiais ou imateriais) que o indivíduo considera desejáveis. Admite-se ainda que cada indivíduo tem, à partida uma quantidade limitada de recursos que lhe permitem aceder àqueles bens. Então, a racionalidade económica traduz-se em admitir que o indivíduo utilizará os recursos de forma a maximizar a função de utilidade sujeita essa maximização a não ultrapassar a dotação de recursos de que dispõe.

Talvez o representante mais eminente desta concepção subjectivista do "económico" seja Gary Becker, prémio Nobel e professor na Universidade de Chicago.

A concepção de Gary Becker

Becker aplica estas concepções de racionalidade económica a domínios aparentemente tão afastados daqueles que o senso comum esperaria como a decisão de casar por parte de um indivíduo ou a decisão de fumar ou não fumar. Nas suas palavras:

> Na perspectiva tradicional, uma explicação de fenómenos económicos que chega a diferenças de gostos entre pessoas ou no tempo alcançou o ponto terminal do argumento: *neste ponto* [sublinhado de Becker] o problema é abandonado a favor de quem estuda e explica estados (psicólogos? antropólogos? frenologistas? Sociobiólogos?). Na interpretação que preferimos, nunca chegamos a este impasse: o economista continua a procurar diferenças nos preços e rendimentos que expliquem diferenças ou modificações do comportamento. (Becker, 1996: 24)[1]

Por exemplo, para o comportamento familiar Becker (1993: 402) considera que: "A abordagem económica à família assume que mesmo decisões íntimas como a de casamento, divórcio e dimensão da família são alcançadas pesando as vantagens e desvantagens de acções alternativas"[2]

No que respeita à decisão de casar Gary Becker (1996: 233) considera que ele resulta da maximização de uma função de utilidade (feminina) da mulher, f:

$$U_f = (X_f, M_{fm}, A_{fm}, C_{fm})$$

Onde X_f é o vector de consumo de f, M_{fm} é uma variável que indica se f está casada ou não com o homem m, A_{fm} o amor e outros sentimentos que f dedica a m e C_{fm} são as transferências monetárias de f a m se ambos casarem.

A justificação de Becker para a utilização destes processos é uma justificação instrumentalista, ou seja que a sua utilização permite obter resultados testáveis empiricamente e que podem revelar-se úteis não só para a compreensão dos fenómenos como também para informar políticas públicas em certos domínios.

A concepção instrumentalista está em geral muito ligada às concepções subjectivistas, e Becker é apenas um dos exemplos mais evidentes. Aliás, a sua filiação em Chicago tem certamente a ver com isso, dado o bem conhecido facto das concepções instrumentalistas em economia terem sido teori-

---

[1] Tradução dos organizadores.
[2] Tradução dos organizadores.

zadas por Milton Friedman num famoso texto de 1953, a que mais adiante voltaremos.

Uma visão tão afastada do senso comum tem originado críticas múltiplas à concepção de Becker.

Uma primeira crítica é a de que o ser humano não é egoísta e que portanto não procede através de comportamentos resultantes da sua própria utilidade. A isto Becker responde, sem dificuldade, que o seu esquema de análise permite a consideração de valores altruístas na função de utilidade individual, como sejam por exemplo o bem-estar de outros indivíduos. A resposta é convincente, pelo que esta primeira crítica não tem efectivamente razão de ser.

Uma segunda crítica tem a ver com o realismo das hipóteses do esquema. Esta crítica por sua vez desdobra-se em duas.

Em primeiro lugar, que o esquema obriga a quantificar variáveis (como por exemplo o amor entre pessoas) que à partida não têm qualquer hipótese de ser quantificáveis, uma vez que, ou são radicalmente qualitativas ou, para a sua medição, exigem um conjunto de hipóteses tais que reduzem a quase zero o poder explicativo do esquema.

Em segundo lugar, que os indivíduos nas suas decisões não computam qualquer programa de computador que lhe permitisse maximizar uma função de utilidade que na realidade eles não têm. Esta crítica que já vem desde os tempos em que o esquema da racionalidade era aplicado pela escola neoclássica às decisões de consumo, é normalmente contrariada pelos subjectivistas argumentando estes que também uma pedra não tem consciência da lei da gravitação – que é uma lei matemática e portanto racional – e nem por isso deixa de cair segundo essa lei, ou talvez, exemplificando de forma mais apropriada também as folhas de uma árvore não têm noção das radiações solares e nem por isso deixam de se concentrar nas zonas mais exposta a estas radiações.[3]

Esta contra-argumentação não convence. Com efeito, é pressuposto no esquema da racionalidade económica que as decisões são conscientes, no sentido em que o indivíduo escolhe um comportamento *porque* ele lhe maximiza a utilidade. Este *porque* traduz uma causa final, ou seja, ele escolhe um comportamento *a fim* de maximizar a sua utilidade. E sendo assim, tem-se de postular uma função de utilidade conscientemente assumida pelo indivíduo. O que – dizem os críticos e com razão – é factualmente falso.

---

[3] Exemplo de Friedman que me doi recordado pelo Professor J. M. Castro Caldas.

Em desespero de causa o subjectivista ainda poderia treplicar dizendo que o organismo humano é tal que um indivíduo é programado quando nasce para, quando ao longo da sua vida tiver de decidir, o fazer sempre maximizando uma dada função de utilidade, mesmo que não tenha consciência disso. Julgo que esta argumentação nunca foi seriamente utilizada. E com razão, uma vez que iria contra tudo o que se sabe da Psicologia e da Fisiologia.

Poderia ainda o subjectivista dizer que a função de utilidade de um indivíduo resulta do meio em que vive e da influência dos outros indivíduos. Mas se o fizer, está a auto-destruir o seu esquema de racionalidade por duas razões: em primeiro lugar, porque deixa de haver uma função de utilidade permanente ao logo do tempo, o que torna impossível a aplicação do esquema a muitas decisões e principalmente torna impossível o estudo empírico de funções de utilidade; em segundo lugar, porque torna a decisão individual dependente das decisões do comportamento dos outros indivíduos, levando a uma tal complexidade de análise que impede a utilização do esquema para obter explicações satisfatórias dos fenómenos[4].

Uma terceira crítica tem a ver com o poder explicativo do esquema da racionalidade. Admitindo que o indivíduo não é programado à nascença para ter uma dada função de utilidade, e que esta não resulta das relações com outros indivíduos, a função de utilidade, para existir, terá de ser escolhida pelo indivíduo. Mas então fica sempre a questão de saber por que razão escolheu uma dada função de utilidade e não outra. E assim o esquema da racionalidade leva a um regresso infinito, pois é necessário explicar porque é que o indivíduo escolheu o processo 1 que lhe permitiu escolher o processo 2 que ... por aí fora lhe permitiu escolher a função de utilidade U.

O subjectivista não tem, pois, grandes possibilidades de contestar estas críticas. E por isso refugia-se muitas vezes no instrumentalismo, argumentando que o que interessa num esquema científico é partir de hipóteses frutuosas, isto é que dêem origem a resultados testáveis empiricamente e não necessariamente partir de hipóteses realistas.

No entanto, do meu ponto de vista, o instrumentalismo é inaceitável em Economia, conforme defenderei na digressão que se segue.

---

[4] A concepção subjectivista vai ainda além do conceito tradicional de *homo oeconomicus*. Neste, admitia-se a total racionalidade económica mas apenas para um certo domínio da realidade social, o que torna a sua adopção possível (embora não necessariamente desejável) mesmo por uma concepção objectivista. A concepção subjectivista alarga o conceito aplicando-o a todos os domínios da realidade social.

Digressão: crítica do instrumentalismo em Economia

O estatuto científico da Economia enquanto ramo do conhecimento é um assunto recorrente ao longo do tempo. Em certas épocas, a Economia é considerada uma ciência, noutras uma arte, noutras ainda um conhecimento pseudo-científico.

Para expressar a minha opinião sobre a matéria considero útil, em primeiro lugar, desdobrar o que se chama a Economia em três disciplinas diferentes, que do meu ponto de vista têm estatutos também diferentes. Considerarei, por isso, a Economia desdobrada em Economia Ética, Economia Positiva e Economia Normativa (esta numa acepção diferente da habitual).

A Economia Ética estuda e avalia as instituições económicas no seu contributo para a realização de valores essenciais como a Liberdade ou a Justiça. Defrontam-se hoje basicamente duas tradições neste domínio. A tradição utilitarista da maior felicidade para o maior número que, do meu ponto de vista, é inaceitável e até mesmo perversa em alguns dos seus aspectos e a tradição aristotélica da realização das potencialidades de cada indivíduo na comunidade em que se insere, que tem influenciado grandes nomes do pensamento económico como o prémio Nobel Amartya Sen (1997). A Economia Ética, fazendo embora apelo a verificações empíricas é basicamente uma ciência formal, como a Matemática, uma vez que discute principalmente conceitos e não factos. E por isso, enquanto ciência formal, julgo que ninguém põe em causa o seu carácter científico.

A Economia Positiva, pelo contrário, estuda os factos económicos tentando explicá-los e prevê-los. É sobre esta que incidirei a seguir a discussão principal neste texto.

Antes, porém lembrarei ainda, em relação ao terceiro ramo, a Economia Normativa, que esta é instrumental e informa-nos sobre o tipo de actuações que devemos prosseguir para atingirmos certos fins, seja ao nível da sociedade no seu conjunto, seja a nível de uma organização. A política económica e a gestão enquadram-se neste ramo da Economia que pode ser considerada, por assim dizer, a engenharia da Economia. A Economia Normativa valerá o que valerem as análises da Economia Positiva em que se baseia e por isso o seu carácter científico estará dependente do carácter científico da Economia Positiva.

Claro que esta divisão da Economia nestes três ramos é apenas uma forma de compreendermos os diversos planos em que se articula este ramo do conhecimento, uma vez que, como todos sabemos, no dia-a-dia estes três planos tendem inevitavelmente a confundir-se.

O carácter científico põe-se, pois, em última análise em relação à Economia Positiva. Como disse, têm sido recorrentes as desconfianças em relação ao carácter científico da Economia Positiva. Na actualidade atravessamos uma dessas fases. E a meu ver há boas razões para essa desconfiança, principalmente quando olhamos para uma grande parte dos artigos publicados nas revistas consideradas de melhor qualidade.

Caracterizo como científico um dado ramo não formal do conhecimento aquele que estabelece teorias e as confronta de forma objectiva e metódica com os factos, abandonando as teorias que são infirmadas pelos factos.

Ora temos de reconhecer que grande parte do que se produz hoje em Economia supostamente Positiva não segue estas normas mínimas.

Nem sempre foi assim e julgo não ser injusto ao atribuir graves responsabilidades na deriva não científica da teoria económica a que assistimos, principalmente desde há cerca de três décadas, a um nome: Milton Friedman (1953: 3-43) e a um seu artigo pioneiro, o *The Methodology of Positive Economics*.

Afirma Friedman nesse seu trabalho que não faz sentido exigir realismo às hipóteses das teorias económicas. O que é importante é que as hipóteses, mesmo irrealistas sejam suficientemente interessantes e ricas para podermos tirar muitas conclusões que possamos confrontar com os factos.

Esta posição de Friedman, que tem sido chamada de instrumentalismo (Boland, 1989: 33), usando o termo que Popper utilizou para caracterizar algumas concepções da Física do século XX, é afinal uma forma de pragmatismo. O pragmatismo enquanto visão filosófica foi introduzido pelo americano Charles Pierce em 1878. O seu defensor mais brilhante terá sido o também americano William James que afirma numa conferência publicada em 1907 (1975: 159) que uma crença é verdadeira quando é útil. Milton Friedman não diria melhor relativamente às teorias económicas.

O pragmatismo tem inúmeras fraquezas que aqui não abordaremos. Mas a sua posterior criatura, o instrumentalismo – que como vimos acima é adoptado por Becker – é particularmente nocivo quando aplicado aos estudos económicos.

Não viria da atitude instrumentalista grande mal ao mundo se existisse em Economia uma possibilidade real de confrontar as teorias com os factos, rejeitando as que fossem por estes infirmadas. Nas ciências da Natureza tal possibilidade existe, seja através da observação, como na Astronomia seja através da experimentação nas restantes ciências.

Mas, na Economia, a experimentação, apesar de todos os louváveis trabalhos desenvolvidos no âmbito da Economia Experimental, não tem, ao menos por enquanto, um papel relevante e dificilmente o poderá adquirir no futuro. Quanto à observação, mesmo quando os dados estatísticos são de qualidade aceitável, ela também é tremendamente insuficiente, uma vez que dada a complexidade do sistema económico e o inevitável carácter *ceteris paribus* (em particular comparativo, de acordo com o conceito de Gerhard Schurz (2002: 351) das hipóteses em que se baseiam as teorias é sempre possível argumentar que, se as previsões das teorias foram infirmadas pelos factos, tal se deve não ao facto da teoria estar errada mas sim à circunstância de ter variado um factor que, por razões de simplificação, era suposto constante na hipótese *ceteris paribus*. E assim a teoria poderá ser de novo aplicada no futuro desde que se espere que esse tal factor não venha a variar de novo.

Este problema é agravado pelo facto dos comportamentos que caracterizam as sociedades que a Economia analisa no seu domínio próprio de investigação se transformarem muito rapidamente quando comparados com as leis que regem os domínios das ciências da Natureza.

Talvez o grande físico Max Planck tivesse todas estas circunstâncias em mente quando, segundo conta Keynes no seu ensaio biográfico sobre Marshall, afirmou que não se dedicava à Economia porque era um assunto demasiado difícil para ele.

O carácter científico da Economia, dada a dificuldade de confronto com os factos, só pode ser conseguido, ao contrário do que pensava Friedman, tomando como ponto de partida hipóteses realistas, ou seja, afirmações para as quais existe evidência de que correspondem aproximadamente aos factos.

Convém, no entanto, salientar, que de premissas verdadeiras não se deduzem necessariamente afirmações verdadeiras. Isso só se verifica em ramos do conhecimento em que as premissas são completas, ou seja, contêm tudo o que se sabe, como sucede, nomeadamente, em sistemas axiomáticos. Numa ciência positiva, nunca as premissas esgotam tudo o que se sabe sobre a realidade que se pretende analisar. Por isso, o facto de partirmos de hipóteses realistas em Economia não dispensa o confronto das previsões das teorias com os factos, confronto que já sabemos ser deficiente. Mas é evidente que dada essa deficiência, teremos tanto mais segurança nos resultados quanto mais realistas e quanto mais completas forem as hipóteses de partida.

O carácter científico da Economia é sempre debilitado pelas dificuldades de confronto com os factos. Mas a Economia Positiva pode ainda merecer a confiança que depositamos no método científico se adoptar, nos seus estudos, hipóteses realistas.

Tudo isto é contrário ao instrumentalismo de Friedman, que tem aberto a porta a inúmeras teorias pseudo-científicas. Aliás, justiça lhe seja feita, o instrumentalismo não é a única má ideia que Milton Friedman introduziu nos estudos económicos.

Para termos uma melhor percepção dos estragos provocados pelo instrumentalismo vou abordar de seguida dois exemplos: a hipótese do agente representativo e a hipótese das expectativas racionais.

A hipótese do agente representativo parte da ideia de que o comportamento de uma sociedade pode ser deduzido do comportamento de uma agente considerado representativo. Esta ideia metodológica não é nova. Vem desde a Idade do Bronze, de que se fazem eco os autores clássicos ao falar de supostos heróis epónimos que simbolizavam as actuações dos povos. É assim, por exemplo que em Plínio, mencionando Varrão, os nossos Lusitanos são simbolizados por um suposto rei Lysas.

É pois um atavismo surpreendente o de economistas actuais usarem o mesmo tipo de aproximação à explicação de fenómenos sociais. Todos julgávamos que, para lá das suas fraquezas, o Positivismo do século XIX tinha tido o inegável mérito de varrer as concepções mágicas e teológicas das ciências sociais. Afinal o Positivismo, pelo menos em Economia não conseguiu extirpar todo o mal.

A hipótese do agente representativo – lamento dizê-lo – não faz sentido nenhum. Parte de uma falácia grosseira que é a seguinte: "se no passado um dado indivíduo seguiu comportamentos que de alguma forma são próximos da média da sociedade, então no futuro a sociedade adoptará os comportamentos que esse indivíduo vier a tomar". Se o senhor Simões mostrou no passado um peso igual à média dos pesos de todos os portugueses, então se o senhor Simões fizer dieta toda a sociedade fará dieta. Forma simples de acabar com a obesidade num país em que esta é um problema de saúde pública: basta convencer o senhor Simões a fazer dieta.

Mas para o instrumentalismo não é nenhum defeito que a hipótese não corresponda, nem sequer remotamente, ao que se passa. Basta que dela se tirem conclusões interessantes.

O segundo exemplo, esse, é extraordinário. É o da hipótese das expectativas racionais. Não conheço nenhum outro caso de uma hipótese que, à partida, ou é falsa, ou é irrelevante ou é inútil.

Com efeito, uma das formulações das expectativas racionais é que os agentes económicos formam expectativas utilizando para isso toda a informação relevante. Então, se a hipótese for verdadeira, das duas uma: ou é em si própria uma informação irrelevante para fazer previsões económicas ou se é relevante é conhecida de todos, e portanto é inútil e não valia a pena estar a formulá-la.

Mas do ponto de vista científico, a hipótese das expectativas racionais é muito mais fácil de qualificar: é pura e simplesmente falsa e por isso não deve ser utilizada em trabalhos científicos, pois de premissas falsas deduzem-se conclusões sem fundamento.

Face a todo o material pseudo-científico que se infiltrou nos estudos económicos nos últimos trinta anos, os que como eu, confiam na possibilidade de uma ciência económica têm a obrigação de defender um conjunto de procedimentos a seguir nos estudos desta natureza.

Em primeiro lugar, devemos adoptar hipóteses realistas, o que implica entre outras coisas, não distorcer a realidade só para possibilitar cálculos matemáticos. Por exemplo, a suposição da concavidade de funções que se utilizam na teoria, não tem, em muitos dos casos, fundamento empírico algum mas radica apenas na necessidade de poder garantir que tal função tem um máximo.

Em segundo lugar, devemos sempre testar a robustez dos resultados. Se utilizamos determinadas funções matemáticas para representar fenómenos que, tanto quanto sabemos, poderão, com o mesmo fundamento, ter uma representação alternativa devemos testar se os resultados se alterariam significativamente se usássemos essas formulações alternativas. Tal tipo de teste raramente é feito. Esta circunstância é por vezes agravada, nos seus efeitos, pela pressão, que só parece existir na Teoria Económica, de exigir que para cada desenvolvimento teórico se sigam sempre recomendações de política económica. Recomendações que, está bem de ver, com resultados pouco robustos podem ser profundamente erradas. Esta pressão não faz sentido. Ninguém exige a um artigo de Física teórica que traga recomendações de Engenharia nem a um trabalho de Biologia que traga necessariamente recomendações para a Medicina. Porquê esta exigência para a Economia? Só leva ao descrédito da política económica e da própria Economia enquanto ciência.

Em terceiro lugar devemos continuar a trabalhar para aperfeiçoar na medida do possível os métodos de confronto das teorias com os factos. Neste aspecto, os avanços da Econometria, em particular os relativos à co-integração são um exemplo muito positivo. Temos, no entanto, de ter a consciência que este confronto constituirá sempre uma debilidade da Economia enquanto ciência.

Em quarto lugar devemos apelar para que seja feita, por parte de especialistas em metodologia científica, uma avaliação e um ranking das revistas de Economia de acordo com o real conteúdo científico dos artigos que publicam.

Balanço da posição subjectivista

Em última análise, a posição subjectivista é muito pouco defensável e mesmo o recurso ao instrumentalismo, como se vê, não lhe dá maior credibilidade. Curiosamente, os subjectivistas, de forma inconsciente, parecem admitir essa mesma debilidade, uma vez que usam funções de utilidade diferentes consoante os fenómenos sociais que analisam, o que, afinal, significa que há razões objectivas para considerar domínios diferenciados para as ciências sociais.

Antes de concluir esta análise da posição subjectivista gostaria de chamar a atenção para a posição ideológica desta concepção. O que a concepção subjectivista pretende através do seu comummente chamado imperialismo metodológico (ou seja a invasão dos domínios das outras ciências sociais pelos esquema de racionalidade económica) é afinal transmitir a ideia que todas as relações sociais e até sentimentos humanos são mercantilizáveis e têm o seu preço, pois são sempre susceptíveis de uma análise benefício e custo. Esta é uma posição que considero repelente. Mas independentemente do meu grau de rejeição uma coisa se pode certamente dizer: é que é uma posição que não tem qualquer base científica.

É a altura de avançarmos agora para a posição objectivista.

A posição objectivista

A posição objectivista considera que o económico, ou seja o domínio próprio da Economia enquanto ciência tem a ver com determinados domínios da actividade social, que são aqueles em que estão envolvidos valores de troca, em especial os que têm a ver com as decisões de produção e utilização de bens.[5]

Analisam-se as decisões de produção de um empresa porque ela paga pelos bens e serviços que adquire para poder vender o que produz. Estudam-se as decisões de consumo de uma família porque ela troca dinheiro por determinado tipos de bens e por aí adiante. Mas não se estudam as decisões de deixar de fumar porque não estão envolvidos valores de troca.

Pelas críticas que enunciei à posição subjectivista depreende-se facilmente que sou favorável a uma concepção objectivista. No entanto há duas questões importantes que deverão qualificar cesta posição.

---

[5] Um exemplo de concepção objectivista da Economia é a de Óscar Lange 1963 pag. 13) que a considera "a ciência das leis sociais que regulam a produção e a distribuição dos meios materiais aptos a satisfazer as necessidades humanas".

Em primeiro lugar, existem duas concepções diferentes em relação aos que têm uma posição objectivista. Uns dizem que a economia deve analisar as relações sociais envolvidas na produção e utilização de bens. É por exemplo a posição das escolas marxistas). Outros argumentam que o que está em causa é apenas a relação das pessoas com as coisas (que coisas produzir, que coisas comprar) abstraindo das relações entre pessoas. É a posição por exemplo da escola neoclássica tradicional.

Do meu ponto vista, considero que, quer a evolução teórica, quer a das aplicações empíricas da Economia tiraram qualquer sentido a esta dicotomia. Para compreender o que se passa no domínio económico temos de analisar quer as relações sociais envolvidas, quer as relações com as coisas produzidas.

Não é possível compreender as relações sociais sem se compreenderem as relações com as coisas e vice-versa. E por isso julgo que esta questão está hoje completamente ultrapassada.

Uma segunda questão tem a ver com a abstracção necessariamente envolvida numa posição objectivista.

De facto, a actividade social é uma e, portanto, quando se repartem os domínios sociais pelas diversas ciências, está-se sempre a abstrair e portanto a aumentar o risco de cometer erros devidos à não consideração de factores que foram deixados à análise de outra ou outras das ciências.

Repare-se que esta é uma situação diferente da divisão de trabalho nas Ciências da Natureza.

Aí existe uma ciência básica que é a Física. É básica no sentido em que tudo o que existe e que se passa, mesmo no que respeita à Vida ou até às relações sociais pode ter uma tradução em movimento de partículas e na acção de forças. Simplesmente, a linguagem da Física não é suficiente (em contrário do que pretende o fisicismo) para analisar toda a riqueza dos fenómenos quando surgem propriedades emergentes, como a Vida ou o Pensamento e a Acção Humana.

E nem é preciso ter um conceito forte de emergência. Mesmo um conceito fraco (Pinto, 2007: 74) – que defina o macro-estado P de S com a micro-dinâmica D como sendo fracamente emergente se e só se P somente pode ser derivado através de simulação a partir de D e das condições externas de S – não permite o fisicismo[6]. É possível, e até necessário para certos fins descrever

---

[6] Um conceito de emergência mais forte, que não partilhamos, é descrito por Pinto (2007, pag. 75) admitiria que as novas propriedades são capazes de fazer uma diferença causal nos estados dos componentes do sistema. Como dissemos, não é necessário este conceito mais forte para pôr em causa o fisicismo.

um livro como um conjunto muito grande de partículas que se agrupam em moléculas e compostos de determinados tipos. Mas não me parece que esta descrição seja adequada para termos um verdadeiro conhecimento do que é um livro e da informação que ele contém.

A inadequação do fisicismo é pois o de abstrair das propriedades emergentes. Nas ciências sociais, uma vez que não existe uma ciência social básica[7] (a ciência básica que existe é, ainda, a Física) não existe esse risco. O risco é outro e tem a ver com a mencionada subalternização de factos analisados por outras ciências.

Este risco existe e é necessário viver com ele para permitir o avanço do conhecimento nas ciências socais. Mas nunca deve ser esquecido que ele existe e a forma de o minorar é incentivar o trabalho interdisciplinar na análise da realidade social.

O economicismo

Uma questão que por vezes se encontra ligada às concepções sobre o económico é a do economicismo. Uma atitude economicista em relação a uma dada actuação humana é aquela que considera como boa essa actuação se, do ponto de vista económico, der um saldo positivo e como má no caso contrário.

Como é evidente, uma atitude economicista está muitas vezes associada a uma concepção subjectivista do "económico", uma vez que esta concepção tenta justamente avaliar em termos de racionalidade económica todo o tipo de actuações.

A atitude economicista é inaceitável em relação a muitas actuações justamente porque elas não fazem parte do "económico". E por isso uma posição objectivista em relação ao "económico" é um poderoso antídoto face ao economicismo.

Note-se no entanto que a atitude economicista não deve ser confundida com a avaliação de custos de uma dada actuação. Principalmente no que respeita às políticas públicas, mesmo quando estas transcendem o "económico" e não podem portanto ser decididas apenas através de critérios económicos, é importante conhecer os custos que acarretam para que a decisão a tomar tenha também em consideração esta vertente.

---

[7] Embora o imperialismo metodológico da concepção subjectivista tente tornar a economia essa ciência básica.

Não se trata aqui duma atitude economicista porque a decisão não é tomada com base apenas num cálculo económico, que não é possível, aliás, realizar seriamente em domínios fora do "económico", mas apenas de saber quanto é que custam certas actuações face à necessidade de escolher entre soluções ou políticas alternativas.

REFERÊNCIAS BIBLIOGRÁFICAS

BECKER, Gary (1993), "Nobel Lecture: The Economic Way of Looking at Behavior", *The Journal of Political Economy*, 101(3), 385-409.

BECKER, Gary, (1996), *Accounting for Tastes*. Cambridge, MA: Harvard University Press.

BOLAND, Lawrence (1989), *The Methodology of Economic Model Building*. Londres: Routledge.

FRIEDMAN, Milton (1953), *Essays in Positive Economics*. Chicago: The University of Chicago Press.

JAMES, William (1975), *Pragmatismo*. Buenos Aires: Aguilar.

LANGE, Óscar (1963), *Moderna Economia Política*. Rio de Janeiro: Fundo de Cultura.

PINTO, João Alberto (2007), *Superveniência, Materialismo e Experiência*. Porto: Campo das Letras.

SCHURZ, Gerhard (2002), "*Ceteris Paribus* Laws: Classification and Deconstruction" *in* John Earman *et al.* (orgs.), *Ceteris Paribus Laws*. Dordrecht: Kluwer Academic Press, 75-96.

SEN, Amartya (1997), *On Ethics & Economics*. Oxford: Blackwell.

2. O QUE É AFINAL O "ECONÓMICO"?
A ECONOMIA COMO CIÊNCIA MORAL E POLÍTICA*

Vítor Neves

Introdução

A questão da definição da Economia, quando não é liminarmente posta de parte como totalmente irrelevante, tende a centrar-se numa controvérsia em torno da distinção, considerada crucial, entre definições substantivas e formais. É uma controvérsia assente na distinção dualista entre definir a Economia pelo objecto de estudo ou pelo método de análise/abordagem utilizada. Não será essa a posição adoptada neste texto. Aqui, o ponto de partida é a ideia de que o económico – como acontece com o objecto de estudo de qualquer ciência – é um objecto construído e que a razão para a discussão sobre o seu significado assenta, acima de tudo, na pluralidade de possibilidades de conceber e pensar a realidade. Neste quadro, procura-se mostrar que o económico, enquanto objecto de conhecimento, pode significar afinal coisas muito diversas e que a popular expressão "pensar como um economista" – presente na generalidade dos manuais de introdução à Economia – está, também ela, longe de ter um sentido unívoco. Esta pluralidade é particularmente evidente no que respeita à forma como é pensada a dimensão moral e política do económico. Assim, discutir-se-ão dois modos contrastantes de pensar tal dimensão: um, actualmente dominante, e que pode ser associado a Robbins, liga o económico à ideia de escolha eficiente num contexto de escassez e supõe a possibilidade de clara dissociação entre a Economia e a moral; o outro, subscrito por autores contemporâneos de relevo como Amartya Sen ou Albert Hirschman[1] e cujas raízes vão até ao pensamento aristotélico, rejeita essa possibilidade afirmando o seu carácter intrinsecamente moral e político.

---

* O presente ensaio é uma versão revista do texto inicialmente apresentado no Seminário sobre "A Economia e o económico". Para o resultado final muito contribuíram os comentários dos participantes nesse Seminário e, em particular, os comentários e sugestões dos colegas Carlos Pimenta e José Luís Cardoso, que reviram uma versão anterior. A todos os meus agradecimentos.

[1] Vejam-se, por exemplo, Sen (1987) e Hirschman (1981, 1984).

Uma breve incursão pelo difícil problema da relação entre a análise económica e os valores ajudará a esclarecer a natureza do problema em discussão.

O económico – um objecto construído (e permanentemente reconstruído)
O económico, embora fundado na realidade, é, acima de tudo, um "objecto teórico". Não há – sabemo-lo pelo menos desde que, com a sua noção de "fenómeno social total", Marcel Mauss nos despertou para a questão da unidade do objecto real das ciências sociais – um sector da realidade social separável, ao qual possamos chamar "o económico".

Regra geral, falamos de "coisas" como escassez, produção, consumo, distribuição, mercado, preços, moeda, oferta e procura de bens e de factores, rendimento, externalidades, desemprego, inflação, crescimento, etc., como se se tratasse da própria realidade (ou dela fossem um espelho). Na verdade, sabemo-lo também há muito, estes são conceitos que fomos construindo tendo em vista dotarmo-nos de um aparato conceptual com o qual procuramos "ler" o mundo em que vivemos – e agir sobre ele –, os quais carregam consigo subjectividade[2] e uma carga valorativa inescapável, pesem embora os nossos esforços no sentido de os tornar tão objectivos quanto possível.

O "económico" é, também ele, uma *construção*. Não admira por isso que, como notava Sedas Nunes nas suas ainda hoje imprescindíveis "Questões preliminares sobre as ciências sociais", a definição do económico tenha evoluído e mudado ao longo do tempo reflectindo, desse modo, a própria mudança e reconstrução do *objecto de investigação* da ciência económica (Nunes, 1976: 28), com diferentes entendimentos acerca do que é que verdadeiramente constitui o "problema económico".

Na verdade, se para Adam Smith, por exemplo, o problema económico fundamental residia na explicação das causas da *riqueza* das nações, para a corrente dominante da Economia, hoje, ele tem a ver com a *escassez* – considerada um "problema universal" – e com a consequente necessidade de fazer *escolhas racionais* de alocação de recursos (ou seja, a Economia como optimização de meios, "ciência da escolha"). Em contrapartida, para os "velhos" institucionalistas – e seus seguidores contemporâneos – trata-se sobretudo de um problema de *coordenação* de decisões, de organização das estruturas de aprovisionamento das condições materiais do bem-estar e sua evolução ao

---

[2] Ou melhor, inter-subjectividade, já que são o resultado de uma construção social.

longo do tempo (o que, para aqueles autores, exige que atenção seja dada à questão do *poder* como elemento estruturante da organização "económica" das sociedades). Para outros ainda, como George Shackle ou Brian Loasby, o problema económico fundamental tem a ver com o *conhecimento* (ou melhor, a falta dele) e com a necessidade de agir num contexto de incerteza e imprevisibilidade dos resultados das acções humanas.[3]

Ou seja, o que está afinal em causa é sabermos *como* construímos o nosso "objecto teórico", que interrogações nos colocamos, que problemas pretendemos resolver – qual é afinal o nosso *centro de interesse* e que *problemática teórica* definimos. Isto pressupõe, evidentemente, a construção de uma estrutura conceptual (conceitos e relações entre conceitos) e o recurso a um conjunto de métodos e técnicas adequadas à natureza do objecto de estudo.

Neste quadro, é compreensível que, a partir de certa altura, se tenha tornado comum definir a Economia e o económico pelo *modo específico como a realidade é pensada* – uma definição em termos de *método* (ou de abordagem) – mais do que pelo *domínio* específico da realidade social estudado. A Economia seria distinguível de outros saberes sobre o económico sobretudo pelo *modo particular como os economistas constroem/lêem esse económico*.

Na verdade, uma definição substantiva[4] do económico como "o subconjunto da realidade social relacionado com as relações sociais e processos que regem a produção, repartição e troca da riqueza" (Hodgson, 1996: 107), tendo a vantagem de ser compatível com diferentes abordagens do económico – e, nessa medida, ser favorável a um ambiente pluralista na Economia – deixa contudo em aberto a questão de saber o que distingue a Economia das outras ciências sociais que também se dedicam ao estudo daquele "subconjunto da realidade social". É o que acontece quando se define a Economia como "o estudo das economias, do modo como as pessoas lidam com as ques-

---

[3] Nas palavras de Loasby, "O problema económico não é o de afectar recursos conhecidos a fins claramente definidos, mas antes fazer o melhor possível com o conhecimento que cada pessoa possui e com as oportunidades que ela pode antever, e ainda [...] encontrar maneiras de aumentar esse conhecimento e descobrir novas oportunidades." (1998: 14). Por seu turno, Shackle afirmava: "Nos meus livros preocupo-me [...] sobretudo com a necessidade inescapável de decidir em face do *des*conhecimento." (carta a Stephen Frowen, 1985, citada em Earl e Frowen, 2000: xviii).

[4] Definição *substantiva* – uma definição focada no objecto de estudo – por contraposição a uma definição *formal* centrada no método (a terminologia proposta por Karl Polanyi (1992 [1957]).

tões do aprovisionamento, seja como indivíduos, seja enquanto membros de grupos com propósitos comuns." (Neale, 1987: 1180) ou como "o estudo do funcionamento das instituições sociais que dão coesão ao sistema económico" (Coase, 1994: 41).[5]

Lionel Robbins é geralmente – e muito justamente – apontado como o marco fundamental no processo de substituição de uma definição da Economia baseada no objecto por uma baseada no método. Para este autor, o económico é identificável com uma perspectiva sobre o mundo, uma perspectiva assente na concepção da acção humana como escolha entre meios escassos, susceptíveis de utilização alternativa, tendo em vista a consecução de fins supostos dados.[6]

Contudo, outros nomes, como J. M. Keynes, podem igualmente ser referidos. Keynes, é certo, não subscrevia uma definição estritamente formal da Economia. Contra Robbins, como o próprio Keynes fez questão de enfatizar, a Economia era essencialmente uma *ciência moral*, uma ciência que usa a introspecção e apela aos juízos de valor, que lida com aspectos da acção humana como motivos, expectativas e incerteza (Keynes, 1973: 297 e 300). Porém, ao mesmo tempo, declarava a Economia como "um ramo da lógica, um modo de pensar", "uma ciência baseada no pensar em termos de modelos combinado com a arte de escolher modelos que sejam relevantes para o mundo contemporâneo" (*ibid*: 296).

Ou seja, uma definição em termos de método/abordagem, como a história do pensamento económico demonstra, não tem de estar necessariamente ligada à adopção de uma qualquer abordagem em particular.[7]

Seja como for, a adopção mais ou menos generalizada, a partir dos anos trinta do séc. XX, das teses centrais expressas no famoso *Essay on the Nature*

---

[5] Uma definição substantiva do económico, por si só, será assim insuficiente para responder à questão, que Coase (1994) se colocava, acerca do que é que une entre si um grupo de estudiosos numa profissão autónoma chamada "Economia" e os distingue de outros investigadores, como sejam os sociólogos, os cientistas políticos, etc.

[6] Se bem que esta nova definição da Economia centrada no método não significasse para Robbins uma negligência do objecto. Aliás, o próprio Robbins chamaria a atenção para o perigo e riscos de o objecto da ciência económica se poder tornar irrelevante, caso prevalecesse apenas a preocupação com procedimentos e dispositivos metodológicos. (agradeço ao José Luís Cardoso a chamada de atenção para este ponto).

[7] Uma perspectiva idêntica à aqui apresentada pode ser encontrada em Cardoso e Palma (2009).

and Significance of Economic Science, de Robbins, publicado em 1932, resultou num entendimento da Economia, actualmente dominante, que é formalista, limitativo e excludente.

Formalista na medida em que tudo se resume a uma *lógica* (formal) – dita "racional" – de escolha dos meios mais adequados à consecução de fins supostos dados (assumindo-se, assim, uma racionalidade estritamente instrumental de optimização de recursos).

Limitativo ao restringir a análise ao processo de escolha dos meios, colocando a discussão sobre os fins da acção fora do campo da Economia enquanto ciência (os fins são excluídos do objecto de conhecimento científico da Economia, remetidos para as esferas da Ética e da Sociologia e entendidos como totalmente independentes da análise económica).

Excludente porque ao ligar a Economia a uma estrita lógica de escolha, baseada no cálculo de optimização, sem a qual não se pode falar de Economia, remete para a dissidência e o "exílio intelectual" todos os que rejeitam os pressupostos, o método e as teorias assim formuladas, dessa forma eliminando quaisquer outras possibilidades de conceber e entender o económico (Hodgson, 1996: 106).

O que estará então verdadeiramente em causa quando se contrapõem definições substantivas a definições formais da Economia serão diferentes modos de pensar o objecto e o método da ciência económica, uma controvérsia frequentemente consubstanciada na recusa do modo específico robbinsiano de pensar a Economia e o económico.

Entre os aspectos mais discutidos desse modo de pensar estão a não inclusão dos fins da acção no objecto de estudo da Economia e a ruptura com a dimensão moral e política do económico. Para muitos os fins da actividade económica são parte integrante do económico – exercendo uma influência não despicienda sobre os próprios meios escolhidos ou admitidos como passíveis de escolha – e o económico carrega consigo uma incontornável dimensão ética e política, presente não apenas nas acções dos actores "económicos", mas também na actividade científica dos economistas.

"Pensar como um economista": do económico como escolha eficiente ao entendimento do económico como subordinado à moral

A Economia dominante é hoje, em geral, entendida como se de uma engenharia social se tratasse. Os economistas assumem-se como uma espécie de "conselheiros do Príncipe" que, confrontados com fins supostos dados (exógenos), procuram determinar os meios mais apropriados para os atingir, as soluções consideradas eficientes para problemas de escolha de meios com utilizações alternativas. Pressupõe-se a possibilidade de cisão entre questões "técnicas" e considerações "morais" e reivindica-se para a Economia um carácter objectivo, dissociado de quaisquer opções de natureza ética ou política. Os economistas, enquanto cientistas, serão neutros, livres de valores[8]; enquanto consultores técnicos, são "peritos".

Trata-se de um entendimento da Economia com destacados defensores ao longo da história do pensamento económico. Robbins, desde logo. No seu *Essay*, para além da associação do económico à ideia de escolha eficiente, a Economia é concebida como análise "pura" – uma análise desejavelmente desligada de considerações éticas ou políticas. Não se nega, é certo, que a definição de políticas envolva considerações de natureza valorativa, juízos morais ou opções políticas. Mas tais considerações serão exteriores ao economista enquanto tal. São da esfera da Política Económica (ou "Economia Política", como Robbins a viria a designar mais tarde[9]). A Economia (enquanto ciência) e a Ética constituiriam, nesta perspectiva, duas áreas de estudo totalmente independentes, não sendo logicamente possível associá-las de outro modo que não a mera justaposição (Robbins, 1935: 148).

Mas, antes de Robbins, outros defenderam o entendimento da Economia como uma engenharia. Walras – ele próprio um engenheiro por formação – é o nome mais frequentemente citado. Mas, segundo Sen (1987), tal concepção remontará ao indiano Kautilya, contemporâneo de Aristóteles (séc. IV A.C.).

Contudo, embora actualmente dominante, esta é uma perspectiva relativamente recente no pensamento económico ocidental. Para Adam Smith, autor da *Riqueza das Nações*, mas também da *Teoria dos Sentimentos Morais*, a Economia era inseparável – ou melhor, era parte integrante – da filosofia moral (Backhouse, 2002: 132). E, apesar de todos os esforços posteriores de autonomização da ciência económica relativamente à filosofia, como os empreendidos por Nassau Senior, John Stuart Mill ou John Cairnes – designadamente por via de uma clara distinção entre economia positiva e economia normativa – era ainda possível na década de 30 do século XX, como já se referiu, vermos um economista da estatura de J.M. Keynes afirmar o carácter

---

[8] Ou, pelo menos, essa é a sua obrigação.

[9] Cfr. Robbins (1981). Esta distinção entre Economia (ciência) e Economia Política será retomada mais à frente.

moral da ciência económica.[10] Mais recentemente, nomes grandes da disciplina, como Hirschman ou Sen, têm defendido também a enorme relevância da dimensão moral (e política) da ciência económica.

Na verdade, a tradição de considerar a Economia como ciência moral tem raízes fundas no pensamento económico, remontando a Aristóteles. Para o filósofo grego as ciências agrupavam-se em ciências teoréticas, ciências práticas (ou morais) e ciências técnicas (ou poiéticas). As primeiras, como a Física, a Metafísica e a Matemática, eram aquelas cujo objecto se caracteriza por ter o princípio do movimento em si mesmo, isto é, o seu objecto (a *theoria*) existe independentemente do sujeito que conhece. Eram consideradas ciências especulativas (contemplativas), visando a verdade. Já as ciências práticas – ou ciências morais, dada a centralidade que nelas assumem os valores – tinham por objecto a *praxis* ou *agere*, as acções humanas ("imanentes", porque com um fim em si mesmas). Nelas o princípio do movimento (a sua origem) reside nas escolhas de quem as realiza. O seu princípio e fim estão no sujeito que age. A acção, na perspectiva aristotélica, visa o "bem do homem", o seu aperfeiçoamento, a "vida boa"[11], a qual adquire todo o seu significado na *Polis*. Eram ciências cujo fim era o conhecimento prático, isto é, tinham por finalidade a acção. Para Aristóteles, a Política (a primeira das ciências práticas), a Ética e a Económica (a *oikonomiké*)[12] seriam ciências práticas – ciências inexactas, com um contacto estreito com a experiência e um eminente carácter normativo-moral. As ciências técnicas, por seu turno, diziam respeito à *techne*. Tinham em vista um conhecimento "produtivo", visavam o *fazer*, o "criar", o "inventar" algo que ainda não foi feito (como as artes, a poesia ou a cura médica). Eram ciências que, diferentemente das ciências práticas, embora partissem também do sujeito, visavam produzir algo fora dele – o seu fim estava fora do sujeito (acções "transitivas" na terminologia aristotélica).

A distinção entre *praxis* e *poiesis* não implicará uma completa cisão entre "acções imanentes" e "acções transitivas" como se de diferentes acções físicas

---

[10] O próprio Marshall, responsável pela autonomização da Economia relativamente ao *Moral Tripos* em Cambridge, considerava a Economia subordinada à ética e à prática, "*a handmaid of ethics and a servant of practice*" (Pigou, 1925).

[11] Conceito que em Aristóteles remete para um estado de felicidade resultante do exercício da virtude.

[12] Que não deve ser confundida com a Economia, como a entendemos hoje (Crespo, 1997: 70). Para uma análise mais desenvolvida acerca do significado da *Económica* e do conceito de "vida boa", que lhe está associado, veja-se o texto de José Castro Caldas neste volume.

se tratasse. Pelo contrário, toda a acção humana conterá simultaneamente uma dimensão intrínseca, "imanente" – a mais relevante na perspectiva aristotélica – e uma dimensão "transitiva", externa, meramente instrumental (Crespo, 1997, cap. 2 e 2007: 375).

Na Economia actual o acto de aquisição e produção de bens é visto como um acto técnico, em geral dissociado de qualquer dimensão moral.[13] As considerações éticas não são objecto da ciência (porque subjectivas, devendo ficar confinadas à esfera da intimidade dos sujeitos). Tal só faria sentido, porém, se a racionalidade técnica (poiética) – ou *racionalidade dos meios* – e a racionalidade prática (moral) – ou *racionalidade dos fins* – fossem inteiramente dissociáveis, o que não acontece.[14] A dimensão prática (*praxis*) e a dimensão técnica (*poiesis*) do agir humano são, como se disse acima, tão-somente aspectos distintos de um mesmo acto humano, voluntário. *Ambas devem fazer parte do objecto da Economia*. Na tradição aristotélica não há lugar para uma completa separação entre o acto exterior de aquisição e produção de bens e o imperativo ético de respeito pelo cosmos e pela ordem interior da pessoa e da sociedade, entre o estudo da *económica* e o da ética e da filosofia política. Mais, o agir humano, objecto da *económica*, é, antes de tudo, moral. O técnico é apenas um *meio* para atingir o fim do homem.

Terão razão, ainda assim, aqueles que defendem que o fazer ciência é incompatível com a integração de considerações éticas e políticas? Que é absolutamente necessário manter arredados da análise os juízos de valor normativos[15], sem o que uma abordagem científica do económico não será possível? Que incluir a discussão dos fins da acção no âmbito da análise económica é abrir uma caixa de Pandora onde é inevitável a queda no subjectivismo e num relativismo de "vale tudo" (de *everything goes*)? Haverá lugar para uma Economia Pura, analítica – à Robbins – separada/independente da Ética e da Política? Estas as questões para as quais se procurará, a seguir, delinear caminhos de resposta.

---

[13] Tal acontece porque o objecto da Economia é reduzido às relações dos seres humanos com as coisas, em vez de se centrar, como deveria ser, nas relações humanas (através das coisas). Carlos Pimenta, no seu comentário a este texto, vai mais longe defendendo que se a relação homem/coisa pode ser vista pela *utilidade*, a relação homem/homem (através das coisas) terá de englobar também a *responsabilidade*.

[14] Cfr. Crespo (2007). Veja-se também Crespo (1998a, 1998b).

[15] Uso o conceito tal como é entendido em Blaug (1994 [1992], cap. 5).

O económico e os valores

Poder-se-á objectar, na verdade, que mesmo tendo o económico uma inevitável dimensão moral e política, a Economia, enquanto ciência, não pode deixar de se proteger da intrusão dos valores. É uma linha de pensamento que segue a proposta weberiana de uma *wertfreiheit* (ciência isenta de valores) e foi precisamente esse o caminho proposto por Robbins, através da separação clara entre uma Economia "pura", positiva (a *economics*), e uma Economia Política (*political economy*), aplicada, normativa e dirigida à acção. Enquanto a *economics* visa produzir generalizações científicas (livres de valores) acerca do modo como os sistemas económicos funcionam, a Economia Política, fazendo apelo àquelas generalizações, mas também a juízos de valor, tem por objecto a discussão dos princípios das políticas públicas e a prescrição de soluções para problemas de política na área económica. Trata-se, na perspectiva de Robbins, não de uma ciência, susceptível de demonstração, mas de uma disciplina mais abrangente – "um ramo da actividade intelectual", como Robbins a designou – englobando a própria *economics*. Uma actividade que, apesar de considerada não científica, mereceu que o próprio Robbins lhe dedicasse uma parte muito significativa do seu labor. Quanto às proposições da ciência económica, reconhecendo embora a dimensão valorativa do objecto da Economia, Robbins reivindica para elas claramente um estatuto positivo. Vale a pena citar as suas palavras a este propósito:

> é importante reconhecer que as proposições da Economia, tal como esta se desenvolveu enquanto ciência, são positivas em vez de normativas. Elas lidam, entre outras coisas, com valores; mas lidam com eles enquanto *factos* individuais ou sociais. As generalizações que emergem são asserções de existência ou possibilidade. Elas usam as palavras *é* ou *pode ser*, não as palavras *tem de ser* ou *deve ser*. Pode haver eventos ou instituições com um aspecto económico que nós próprios consideramos eticamente aceitável ou inaceitável; mas, na medida em que as explicações das suas causas e consequências são científicas, elas são neutras a esse respeito. (Robbins, 1981: 4, itálico no original)

Ou seja, um economista positivo, ao estudar um qualquer comportamento envolvendo crenças ou juízos morais por parte dos agentes, não terá, ele próprio, de fazer juízos acerca desses comportamentos, determinar o que é moralmente certo ou errado, apenas investigar as suas causas e consequências. Dito de outro modo, o que se reivindica é a possibilidade de uma investigação puramente positiva e a consequente separação entre economia positiva e economia normativa.

A visão hoje *standard* na Economia concede que os juízos de valor impregnam até certo ponto a investigação económica. A normatividade das discussões ao nível da avaliação de políticas, isto é, da "arte da economia" ou Economia Política, é mais ou menos generalizadamente assumida. Reconhece-se também a inevitabilidade da presença de valores na escolha dos temas, métodos e técnicas de investigação, na selecção das variáveis a estudar e na definição dos critérios de validação das teorias produzidas (os chamados juízos de valor *metodológicos*, supostos distintos, na sua natureza, dos juízos de valor propriamente *normativos*).[16]

Contudo, a chamada economia positiva mantém-se como um reduto inexpugnável. Esta seria independente de considerações éticas (Hausman e McPherson, 2006: 296-7). Não cabe aqui uma discussão aprofundada sobre esta complexa matéria. Refira-se ainda assim que, como sugere Hirschman (1981, cap. 14) e como os vários exemplos apontados por Hausman e McPherson (2006) revelam – nomeadamente a discussão em torno da análise do problema do desemprego em termos de desemprego "voluntário" / desemprego "involuntário" – a separação entre economia positiva e juízos de valor é no mínimo controversa (para não dizer falaciosa). É certo que muito do trabalho do economista não envolve juízos de valores (ou, pelo menos, a sua presença não trará consequências significativas). Pense-se, por exemplo, no cálculo de elasticidades procura-preço ou procura-rendimento ou na curva de Phillips. Mas o que dizer, por exemplo, do conceito de taxa de desemprego "natural" (a NAIRU[17])? Mais, quando a Economia convencional parte de hipóteses como a do *homo economicus* ou da concorrência pura e perfeita para extrair conclusões acerca do modo como os mercados deveriam funcionar para funcionarem "bem" estamos no domínio da economia positiva ou normativa?

Parece inevitável pensar-se que, como a história do pensamento económico bem demonstra, subjazem à ciência económica pressupostos e hipóteses que, implícita ou explicitamente, radicam em (diferentes) sistemas de princípios éticos e valores políticos.[18] Como argumenta Crespo (1997: 59),

---

[16] Cfr. Hausman e McPherson (2006, Anexo) e Blaug (1994 [1992], cap. 5).

[17] "*Non-Accelerating Inflation Rate of Unemployment*", ou Taxa de Desemprego Não-Aceleradora da Inflação.

[18] Vale a pena, a este propósito, ler Cardoso (1995). Como afirma este autor: "Todo e qualquer discurso económico pressupõe um dado quadro ético e político de referência (naturalmente diferente de autor/escola para autor/escola. O (falso) problema consiste no

dada a natureza do objecto da Economia – um *objecto prático* – o aspecto normativo e prescritivo será porventura apenas a outra face do aspecto descritivo e explicativo.

Na verdade, como escreveu Hirschman:

A moralidade [...] está no centro do nosso trabalho; e só pode lá chegar se os cientistas sociais estiverem moralmente vivos, tornando-se vulneráveis às preocupações morais – produzirão então, consciente ou inconscientemente, trabalhos moralmente significativos.

E, em jeito de conclusão, diria:

Tenho um outro, mais ambicioso, e provavelmente utópico pensamento. [...] uma ciência social-moral onde as considerações morais não são reprimidas ou mantidas à parte, mas se mesclam sistematicamente com a argumentação analítica, sem sentimentos de culpa relativamente a uma qualquer falta de integração; onde a transição da prescrição para a prova e de novo desta para a primeira ocorre com frequência e sem dificuldade; e onde as considerações morais não precisam mais de ser sub-repticiamente introduzidas como se de contrabando se tratasse, nem expressas de modo inconsciente, mas se revelam aberta e francamente. (Hirschman, 1981: 305-6)

Conclusão

Neste texto partimos da ideia de que o económico é um objecto teórico, construído, para defender que a Economia se define, sobretudo, pelo modo específico como a realidade social é pensada, isto é, pelo seu *centro de interesse* e *problemática teórica*. Nesse sentido, pode dizer-se que se trata de uma definição em que "objecto" e "método" se entrecruzam de um modo significativo e estruturante da disciplina, trazendo para o centro do debate questões afinal bem mais substantivas do que as habitualmente envolvidas nas discussões em torno da definição do económico.

Uma dessas questões é justamente a da dimensão moral e política do económico (e, com ela, a já velha tensão entre a "cabeça fria" e o "coração quente" de que falava Marshall). A questão, afinal, de saber se a discussão dos

---

facto de *existir uma ortodoxia dominante que insiste numa artificial separação de águas.*" (Cardoso, 1995:154, itálico no original).

fins é "política" ou se estes, enquanto elemento constituinte do económico, podem e devem ser objecto de análise científica. Neste texto procurou-se mapear a reflexão sobre esta questão pondo em confronto duas concepções radicalmente diferentes: a dominante, que separa a Economia da Moral, e a que afirma a Economia como ciência intrinsecamente moral e política. É uma discussão da maior importância e que traz para o centro do debate o próprio modo como pensamos o económico e, com ele, a questão da natureza da disciplina enquanto ciência. Como terá ficado claro, a popular expressão "pensar como um economista" pode significar afinal coisas muito diversas e repensar a Economia hoje será também levar em devida conta as implicações de esta ser inevitavelmente uma ciência moral e política.

REFERÊNCIAS BIBLIOGRÁFICAS

BACKHOUSE, Roger (2002), *The Penguin History of Economics*. Londres: Penguin Books.

BLAUG, Mark (1994 [1992]), *A Metodologia da Economia ou como os economistas explicam*, traduzido da 2ª edição revista de *The Methodology of Economics* por Victor Calvete; revisão científica de Manuel Carlos Lopes Porto. Lisboa: Gradiva.

CARDOSO, José Luís (1995), "Economia, ética e política na história do pensamento económico", *in Ensaios de Homenagem a Francisco Pereira de Moura*. Lisboa: ISEG/UTL, 151-159.

CARDOSO, José Luís; Palma, Nuno (2009), "The science of things generally?", *in* Amos Witztum; Frank Cowell (orgs.), *Lionel Robbins's Essay on the Nature and Significance of Economic Science – 75th Anniversary Conference Proceedings*. Londres: LSE, STICERD, 389-404.

COASE, Ronald (1994), *Essays on Economics and Economists*. Chicago e Londres: The University of Chicago Press.

CRESPO, Ricardo (1997), *La Economía como Ciencia Moral: Nuevas perspectivas de la teoria económica*. Buenos Aires: Ediciones de la Universidad Católica Argentina.

CRESPO, Ricardo (1998a), "Controversy: Is Economics a Moral Science?", *Journal of Markets & Morality*, 2, 201-211.

CRESPO, Ricardo (1998b), "Controversy: Is Economics a Moral Science? A Response to Peter Boettke", *Journal of Markets & Morality*, 2, 220-225.

CRESPO, Ricardo (2007), "'Practical comparability' and ends in Economics", *Journal of Economic Methodology*, 14(3), 371-393.

EARL, Peter; Frowen, Stephen (orgs.) (2000), *Economics as an Art of Thought: Essays in memory of G.L.S. Shackle*. Londres e Nova York: Routledge.

HAUSMAN, Daniel; McPherson, Michael (2006), *Economic Analysis, Moral Philosophy, and Public Policy*, 2ª ed. Cambridge: Cambridge University Press.

HIRSCHMAN, Albert (1981), *Essays in Trespassing: Economics to Politics and beyond*. Cambridge: Cambridge University Press.

HIRSCHMAN, Albert (1984), *L'économie comme science morale et politique*, Paris : Gallimard, Editions du Seuil.

Hodgson, Geoffrey (1996), "Towards a Worthwhile Economics", *in* Steven Medema; Warren Samuels (orgs.), *Foundations of Research in Economics: How do Economists do Economics?* Aldershot, Hants: Edward Elgar, 103-121.

KEYNES, John M. (1973), *The Collected Writings of John Maynard Keynes*, XIV. Londres: Macmillan for the Royal Economic Society.

LOASBY, Brian (1998), "Ludwig M. Lachmann: subjectivism in economics and the economy", *in* Roger Kopple; Gary Mongiovi (orgs.), *Subjectivism and Economic Analysis: Essays in memory of Ludwig M. Lachmann*. Londres: Routledge.

NEALE, Walter (1987), "Institutions", *Journal of Economic Issues*, XXI(3), 1177-1206.

NUNES, Adérito Sedas (1976), *Questões Preliminares sobre as Ciências Sociais*, 4ª ed., Lisboa: Gabinete de Investigações Sociais.

PIGOU, A.C. (1925), "In Memoriam: Alfred Marshall", *in* A.C. Pigou (org.), *Memorials of Alfred Marshall*. Londres: Macmillan.

POLANYI, Karl (1992 [1957]), "The Economy as Instituted Process", *in* Mark Granovetter; Richard Swedberg (orgs.), *The Sociology of Economic Life*. Boulder e Oxford: Westview Press, 29-51.

ROBBINS, Lionel (1935), *An Essay on the Nature and Significance of Economic Science*. Londres: Macmillan.

ROBBINS, Lionel (1981), "Economics and Political Economy", *Richard T. Ely Lecture, AEA Papers and Proceedings*, 71(2), 1-10.

SEN, Amartya (1987), *On Ethics and Economics*. Oxford: Basil Blackwell.

3. ECONOMIA E CREMATÍSTICA DOIS MIL ANOS DEPOIS

José Castro Caldas

> *Estranha riqueza esta que não impede*
> *quem a possui em abundância de morrer de fome,*
> *tal como consta da história de Midas o qual,*
> *devido à sua cupidez, transformava em ouro tudo o que tocava.*

ARISTÓTELES, *Política*

A Economia (como saber) é hoje geralmente conceptualizada como 'ciência da escolha' – escolha dos melhores meios para adquirir o máximo benefício – e a economia (objecto) como um 'sistema de mercados' – produção para a troca no mercado e aquisição no mercado de bens e serviços, com rendimentos aí adquiridos. Mas, este não é o único, nem o entendimento de "economia" que sempre existiu.

Há mais de dois mil anos, Aristóteles concebia o económico e a Economia de uma forma completamente diferente. Ele conhecia as imagens da Economia e do económico que hoje predominam, mas objectava, considerando-as contrárias à natureza e à Vida Boa (virtuosa e feliz) na (e da) *polis*.

O que se propõe neste texto é uma releitura de Aristóteles orientada para a procura de respostas para as nossas questões de partida. Esta releitura engloba quer os escritos 'económicos' de Aristóteles – o Capítulo 1 da *Política* (Aristóteles, 1998) e algumas passagens da *Ética a Nicomaco* (Aristóteles, 2004) – quer interpretações recentes ou actuais desses escritos (Crespo, 2006; Mcikle, 1996; Lewis, 1978, Polanyi, 2001 [1944]).

Contrariamente ao que ocorre com alguns historiadores do pensamento económico que vêm no pensamento 'económico' de Aristóteles uma reflexão pré-científica ou uma expressão de preconceitos prevalecentes na sociedade da Grécia antiga (Schumpeter, Ross e Mulgan, referidos em Meikle, 1996), encontramos neste filósofo de quem nos separam mais de dois mil anos, ideias 'económicas' que surpreendem pelo seu extraordinário sentido e actualidade, nomeadamente as suas concepções de económico e de Economia.

A crítica de Aristóteles a concepções de económico e de Economia existentes no seu tempo e a sua conceptualização de ambas, proporcionam-

-nos – esse é o argumento principal deste texto – indicações valiosas quanto à direcção de deslocação no processo de transformação da economia (no duplo sentido da palavra) que estamos a viver.

Este texto está organizado em duas partes. A primeira é dedicada ao esclarecimento das concepções aristotélicas de Economia e de económico (segunda secção) e ao processo e consequências da transformação da economia em *crematística* ao longo dos mais de dois mil anos se nos separam de Aristóteles (terceira secção). Na segunda parte, a inspiração aristotélica é mobilizada para definir em linhas gerais um sentido para a transformação paradigmática na economia, enquanto sistema de uso e provisão (quarta secção), e na Economia, enquanto saber científico (quinta secção).

Oikonomiké

Oikonomiké a palavra do grego antigo de que derivam 'economia' e 'económico' é, conforme nos explica Crespo (2006), um adjectivo que em Aristóteles se refere ao uso da riqueza com vista à realização da Vida Boa na *polis*. *Oikonomiké* é muitas vezes traduzido como "administração da casa" o que, sendo correcto, pode induzir a pensar que a casa a que Aristóteles se refere é apenas a casa agrícola familiar (Crespo, 2006). Na realidade o *oikonomiké* de Aristóteles refere-se também à *polis*.

No primeiro capítulo da *Política*, o económico (e a economia) é conceptualizado em relação com a crematística. Crematística é *aquisição* de riqueza, economia é *uso* da riqueza com vista à realização da Vida Boa.

Em Aristóteles, a relação entre economia e crematística não é simples. "[A] arte de adquirir bens [é] uma parte da administração da casa, já que sem os bens de primeira necessidade não só não é possível viver como não é possível viver bem" (Aristóteles, 1998: 59) – mas não se confunde com ela: além da arte de adquirir bens de forma limitada, para viver e viver bem, existe também uma aquisição de bens que "não tem limite quanto ao fim, porque o fim é a riqueza nessa forma, i. e. a aquisição de bens" (Aristóteles, 1998: 81).

Há portanto uma arte de adquirir bens (crematística) que é parte da economia. Este tipo de crematística é instrumental – serve o fim da Vida Boa – e pressupõe meios limitados:

> Assim, o tipo de arte de aquisição que faz parte da economia, consiste, por natureza, numa forma de aquisição, de tal modo que o senhor da casa deva possuir ou procurar possuir os recursos acumuláveis necessários à vida e úteis à comunidade política e familiar. Parece que a verdadeira riqueza consiste nestes recursos. É que

não é ilimitada uma propriedade deste género, bastando-se a si mesma, e visando a vida feliz [...] (Aristóteles, 1998: 77)

Esta crematística é "uma arte natural de aquisição, própria dos donos de casa e dos políticos [...]" (Aristóteles, 1998: 77), que se refere a uma forma de riqueza (a verdadeira riqueza): "o conjunto de instrumentos possuídos pela casa e pela cidade", em quantidade limitada, necessários para viver (bem). Existe, porém, uma outra crematística:

[...] outro modo de aquisição a que a maior parte chama e justamente, crematística, em relação à qual parece não existir limite nem de riqueza nem de propriedade: muitos supõem que é idêntica à anteriormente mencionada, devido à afinidade entre ambas: na realidade não é idêntica à que referimos mas também não está muito afastada; uma é natural, a outra não, provindo mais de uma certa forma de engenho e arte. (Aristóteles, 1998: 77)

O primeiro tipo de crematística (*cremasística doméstica*) é parte da economia, o segundo (*crematística mercantil*) é-lhe alheio. O que as distingue é o fim da acção humana que lhes está associado: acção orientada para a aquisição limitada de riqueza para a Vida Boa, no primeiro caso, acção orientada para a acumulação de riqueza, no segundo. A relação entre economia e crematística, tal como se encontra em Aristóteles pode ser esquematicamente representada (ver fig. 1).

FIGURA 1: Economia e Crematística

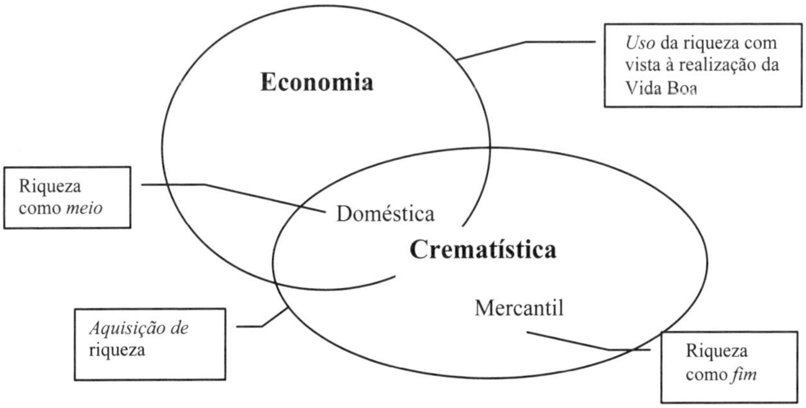

Aristóteles assinala que para muitos a diferença entre estes dois tipos de crematística, assim como a diferença entre crematística e economia não são claras:

> De certo modo, é evidente que toda a riqueza deve ter, necessariamente, um limite embora vejamos suceder o oposto: todos os negociantes aumentam sem cessar a riqueza própria. A causa reside na afinidade entre os dois tipos de aquisição. É certo que ambas coincidem na utilização do mesmo meio, já que ambas recorrem à propriedade, embora não da mesma forma; enquanto a forma doméstica da crematística persegue um fim distinto da acumulação de dinheiro, a crematística comercial procura a acumulação. Donde alguns pensam ser tal a função da administração da casa e assim julgarem que esta acumulação é própria da tarefa da economia, acabando por concluir que é preciso manter e aumentar, ilimitadamente a riqueza. A causa desta atitude é a preocupação com o afã de viver, mas não com o bom viver; sendo este apetite ilimitado, também desejam meios sem limites para o satisfazer. Os que assim visam a vida feliz, procuram o que dá prazer ao corpo; e como os prazeres corporais parecem depender dos bens possuídos, centram toda a actividade em adquirir bens. (Aristóteles, 1998: 83)

Mas para Aristóteles a diferença é clara e importante; tanto mais que, para ele, uma das formas de crematística (a doméstica) era "necessária e recomendável", enquanto a outra (a mercantil) era "censurável devido a não estar de acordo com a natureza".

Finalmente, é importante notar que esta condenação da crematística mercantil não envolve um repúdio não qualificado do comércio por parte de Aristóteles. O comércio que é censurável é o que envolve a troca de bens produzidos para a troca tendo em vista a acumulação ilimitada. Para Aristóteles, embora a troca nunca seja o uso natural da coisa produzida, nada há de contrário à natureza em trocar coisas que foram produzidas para uso, mas se verifica existirem em excesso, por outras, que, sendo necessárias, escasseiam. Aristóteles reconhece que "os homens vêem-se compelidos a fazer trocas, na medida necessária da satisfação das suas carências" e que a troca de excedentes "não é [...] contrária à natureza, mas serve para preencher lacunas na auto-suficiência natural" (Aristóteles, 1998: 79).

A Economia e o económico como crematística

Os mais de dois mil anos que nos separam de Aristóteles, com particular incidência nos últimos duzentos, podem ser condensadamente descritos como um processo de (con)fusão dos dois tipos de crematística e de assimilação da economia à crematística[1]. A economia (enquanto objecto de conhecimento) transformou-se, passando a assemelhar-se cada vez mais a um sistema de produção para a troca, orientado para a acumulação de riqueza, acoplado a um sistema de consumo, orientado para a satisfação de quereres ilimitados; evoluiu no sentido da crematística. Ao mesmo tempo, a Economia (enquanto saber) separou-se da Moral e da Política, para ser uma 'ciência da escolha' em que o fim último da acção é o ganho, sob a forma de lucro ou utilidade; transformou-se também em crematística (uma forma de "engenho e arte").

Quando associou a expansão da crematística ao dinheiro e à expansão do mercado (produção para a troca) Aristóteles foi profético:

> Uma vez que a moeda foi inventada, devido às necessidades de troca, surgiu seguidamente outra técnica de adquirir bens: o comércio a retalho. A princípio foi provavelmente uma simples troca, mas tornou-se mais sofisticado, quando a experiência ensinou a fonte e os métodos de troca dos quais se obteria maior lucro. Eis a razão pela qual a arte de adquirir bens é vista como principalmente relacionada com a moeda e a sua função consiste em procurar saber quais as fontes de máximo rendimento, uma vez que tal arte produz riqueza e dinheiro. (Aristóteles, 1998: 80-81)

Polanyi (2001 [1944]: 56) comentava que "só um génio de bom senso poderia ter sustentado [como fez Aristóteles] que o ganho era um motivo peculiar à produção para o mercado, e que o factor dinheiro introduzia um novo elemento na situação [...]".

Contrariamente a Polanyi, Aristóteles deixou escassas indicações quanto às consequências da expansão da crematística. No entanto, como refere Polanyi (2001 [1944]: 57),

> ao denunciar o princípio da produção para o ganho como irrestrito e ilimitado, 'como não natural para o ser humano', Aristóteles, com efeito, apontava o ponto crucial, designadamente, o divórcio entre a motivação económica e todas as relações sociais concretas que pela sua própria natureza haviam de estabelecer limites a tal motivação.

---

[1] Processo que seguidamente designaremos simplesmente por expansão da crematística.

A ECONOMIA SEM MUROS

Aristóteles sugeria efectivamente que a expansão da crematística, tendencialmente *ilimitada* e *irrestrita*, tendia a violentar fronteiras 'naturais'.

Essa preocupação com os *limites* e com a violação dos limites será porventura o que de mais actual e relevante encontramos na *Política*. Aristóteles referia-se à "acumulação ilimitada" e à "aquisição desnecessária de bens" (Aristoteles, 1989: 83). A sua preocupação seria sobretudo motivada pela percepção de um conflito entre o "afã de viver" e o "bom viver". Mas hoje, onde Aristóteles denunciava consequências morais encontramos com maior nitidez ainda consequências ambientais. Na senda de Aristóteles, mas mais claro do que ele, pelo menos neste ponto, Polanyi denunciava na expansão da crematística, na transformação do "mecanismo de mercado no único director do destino dos seres humanos e do seu ambiente natural" um destino de "redução da natureza aos seus elementos, povoações e paisagens despovoadas, rios poluídos [...]" (Polanyi, 2001 [1944]: 76).

Aristóteles referia-se também à expansão *irrestrita* da crematística, isto é, ao alastramento dos mecanismos e das motivações da produção para o lucro às mais diversas esferas da provisão. Escrevia,

> Não é função da coragem produzir riquezas mas sim confiança; nem tão pouco produzir riquezas é função de um general ou de um médico, mas antes alcançar a vitória e a saúde, respectivamente. Ainda assim alguns transformam isto tudo numa questão de dinheiro, como se o dinheiro fosse o fim de tudo e tudo tivesse que se orientar para tal fim. (Aristóteles, 1989: 83).

Temos hoje um saber de experiência feito que nos permite articular em maior detalhe as consequências da expansão irrestrita da crematística. Compreendemos melhor que ao alastramento da crematística que tende a transformar tudo em "questão de dinheiro" corresponde, pelo menos em potência, (a) uma comensurabilização universal onde não há lugar para compromissos e obrigações e (b) uma submissão da provisão de todos os bens ao teste do poder de compra monetário. A comensurabilização universal, a expressão de todos os valores em forma monetária envolveria, como sugere o próprio Aristóteles, uma submissão das obrigações inerentes a quase todas as profissões e cargos a critérios de custo-benefício monetários que são incompatíveis com a própria noção de obrigação. Em consequência, a confiança não podia deixar de ser o bem que em primeiro lugar se tornaria escasso. Por outro lado, a sujeição de todos os bens à procura efectiva, isto é, à procura sustentada por dinheiro, teria como consequência potencial a restrição de acesso a bens essenciais à vida por parte de quem não dispõe de dinheiro, mesmo quando na sociedade existam os recursos necessários para assegurar a sua provisão universal.

A expansão ilimitada e irrestrita da crematística viola fronteiras 'naturais' e sociais. Actualizando a linguagem diríamos: é "insustentável, quer social, quer ambientalmente" (Langley and Mellor, 2002: 49).

A "profunda transformação" que estamos a viver prenuncia uma "transição paradigmática" na economia, nos dois sentidos da palavra economia. Se pensarmos essa transição nos termos do "contra movimento" polanyiano, o sentido da transição é indeterminado, isto é, aberto e dependente da acção colectiva. Exactamente por isso, vale a pena procurar, colectivamente, responder à pergunta: para onde queremos ir?

A economia enquanto sistema de uso e provisão

O recurso a Aristóteles como fonte de inspiração para a clarificação do sentido da transição paradigmática da economia não implica a defesa de um regresso à produção doméstica de valores de uso ou ao ideal da auto-suficiência, nem uma condenação não qualificada da produção para a troca.

O que de fundamental há a reter de Aristóteles é, em primeiro lugar, a noção de economia como uma entidade complexa, impura (Reis, 2007), um compósito, e em segundo lugar, a necessidade de conter a crematística dentro de limites e restrições, subordinando-a à economia.

A economia impura

Apesar do processo de expansão da crematística, a concepção prevalecente de economia como produção e consumo mediados pelo mercado é um manifesto exagero. Fora do mercado continuam a existir uma importante produção e consumo domésticos e um amplo segmento de provisão pública. Entre uma e outra forma de provisão existem também modalidades de provisão 'informais' e associativas que não são de subestimar (Langley and Mellor, 2002). Na realidade, a produção e consumo mediados pelo mercado são minoritárias no conjunto. A descrição de economia prevalecente refere-se portanto não tanto a uma realidade quanto a estado considerado desejável.

A economia impura, envolvendo provisão *mercantil*, *pública*, *doméstica* e *associativa*, não pode ser conceptualizada e analisada a partir de pressupostos motivacionais (como a persecução do interesse próprio) ou de concepções particulares de racionalidade (como a racionalidade instrumental). Estes pressupostos, que nos manuais convencionais servem para caracterizar a economia, são precisamente os que serviram a Aristóteles para caracterizar a crematística. Na economia impura há lugar para motivações e modalidades de racionalidade diferentes das que são mais salientes no mercado: a dádiva, a reciprocidade, a racionalidade de fins. Há também espaço para uma complexidade motivacional que previne contra a associação mecânica de orientações motivacionais específicas a esferas económicas específicas.

A transição paradigmática inspirada em Aristóteles prefigura um reforço da visibilidade e uma valorização das esferas de provisão não-mercantis. Na economia impura a provisão não mercantil expandir-se-á. O processo de transição não tem de ser espontâneo. O mesmo Estado que foi instrumental na inflação da crematística pode agora ser chamado, não só a promover como a sustentar o alargamento da provisão nas esferas associativas e domésticas.

A subordinação da crematística

Não prefigurando um regresso à domesticidade, a transição paradigmática inspirada em Aristóteles, não envolve uma erradicação dos mercados, do dinheiro e da produção para a troca. Implica antes uma sujeição da crematística à economia.

Os mercados, como instituições, são uma realidade politicamente construída. Eles pressupõem e não podem existir sem uma definição prévia: (a) dos bens que devem e dos que não devem ser objecto de provisão mercantil; (b) das normas de provisão e uso dos bens e serviços; (c) das condições de participação no mercado. Os mercados diferem em qualidade consoante as definições. A sua (in)compatibilidade com a "vida boa" depende das definições que prevalecerem. A subordinação da crematística à economia implica então uma definição dos requisitos e valores da Vida Boa e a especificação das normas que permitam fazer da crematística instrumento e não finalidade última.

Na medida em que o entendimento partilhado dos requisitos para a Vida Boa inclui hoje o reconhecimento de direitos de acesso a bens como a saúde, a educação, a habitação, a água e os bens alimentares de primeira necessidade, e de valores como a igualdade e a salvaguarda do ambiente natural e do património cultural, a subordinação da crematística à economia envolverá necessariamente a definição de um quadro normativo que: (a) especifique bens que devem ser excluídos da esfera de provisão mercantil de forma a garantir o acesso a todos; (b) permita corrigir assimetrias quer de informação quer de poder; (c) previna danos ambientais; (d) salvaguarde o património cultural.

A Economia enquanto ciência

Enquanto adjectivo a que substantivo(s) se aplica o económico de Aristóteles? Explorando esta questão Crespo (2006) mostra que 'o económico' se refere a diversas entidades e pode ter múltiplos significados.

O económico refere-se em primeiro lugar, e antes do mais, a *acção humana*. 'Usar' e 'adquirir', são modalidades de acção humana. Refere-se, em segundo lugar, a uma *capacidade*, isto é, "uma habilitação ou um poder para desempenhar acções económicas" (Crespo, 2006: 772), e, em terceiro lugar, a um *hábito*, isto é, uma disposição natural reforçada ou modificada pela acção. Mas a acepção que aqui nos interessa é a que Crespo menciona em último lugar: económico como ciência.

Enquanto ciência a Economia é uma ciência prática: "Lida com assuntos originados pela decisão ou a escolha humana. O seu objectivo é prático" (Crespo, 2006: 774), isto é, orientado para a acção.

Os quatro significados de económico – acção, capacidade, hábito e ciência – são *acidentes*: uma categoria aristotélica que designa algo que não é ontologicamente separável, isto é, substância. O económico é um acidente mas não é um acidente fortuito[2]. Por isso mesmo é um objecto apropriado para a ciência. Como explica Crespo (2006: 770) para Aristóteles "o carácter acidental do objecto não exclui a possibilidade de ciência [...]. A brancura das mesas não pode ser objecto de ciência porque ser branco não é uma necessidade de *uma* mesa e pode ser completamente casual [...mas...] a ciência pode referir-se à sociabilidade dos seres humanos, porque segundo Aristóteles, o homem é naturalmente social". O mesmo se aplica ao económico – para Aristóteles, o homem é naturalmente económico, económico por necessidade.

Na transição paradigmática inspirada em Aristóteles a Economia é uma ciência prática que se refere não apenas ao *uso* mas também à *provisão* dos requisitos necessários à vida (Boa) na *polis*. Esta Economia tem uma componente necessariamente Moral e Política. Isso mesmo é o que a orientação para a Vida Boa e a referência à realização desta vida na *polis* indicam. Essa componente da Economia envolve uma definição (moral) dos requisitos e dos valores associados à Vida Boa (constitutivos da virtude). Na medida em que a realização dessa vida só é possível na *polis* essa definição deve ser partilhada e

---

[2] Os acidentes podem ser casuais (ou fortuitos) e necessários. Cavar um buraco para plantar uma árvore e encontrar um tesouro, como escreve Aristóteles, é um acidente fortuito. O que se prende a uma coisa em virtude do que a coisa é, como ter ângulos que somam dois ângulos rectos se prende ao triângulo, é um acidente necessário.

objeto de um processo político que lhe dê tradução jurídica e administrativa. A inclusão das dimensões morais e políticas na ciência económica implica, como nota Crespo (1998), uma não exclusão da possibilidade de uma abordagem científica aos valores.

Na transição paradigmática inspirada em Aristóteles todo o conhecimento acerca do uso e provisão é relevante e pertence à ciência económica. A ciência do económico é conhecimento transdisciplinar. Como explica Crespo (1998) em termos aristotélicos os acidentes ocorrem em substâncias, não isoladamente, mas fundidos noutros aspectos da substância. Desta forma o aspecto económico da acção surge sempre fundido com aspectos culturais, históricos, geográficos, associados ao agente. Não havendo um conjunto de pressupostos motivacionais e uma concepção de racionalidade que possam ser tomados como característicos e distintos, ditos económicos e tomados como ponto de partida para a aquisição de conhecimento, não se vislumbra com base em que critérios se delimitariam fronteiras entre uma abordagem 'económica' e outras abordagens aos processos de uso e provisão.

A Economia inspirada em Aristóteles é necessariamente centrada nas instituições. A ciência do económico é uma ciência prática. As generalizações só são possíveis graças à tendência para a repetição de certos tipos de acção. Na ausência de pressupostos motivacionais fixos e de uma concepção de racionalidade determinada, é difícil não ver nas instituições, na cultura, e nos hábitos, o fundamento para as regularidades sobre as quais é possível adquirir e acumular conhecimento.

Mas a Economia inspirada em Aristóteles pode ser vista como um todo mais amplo com estrutura. Além da componente moral e política ela engloba também um saber técnico acerca da aquisição de riqueza, subordinado ao primeiro. Falaríamos então de Ciência Económica como um todo estruturado envolvendo uma componente moral e política que designaríamos por Economia Política e uma componente instrumental, uma Engenharia Económica. A Ciência do económico da transição paradigmática inspirada em Aristóteles pode ser esquematicamente representada (ver fig. 2).

Conclusão

Nos dois mil anos que nos separam de Aristóteles a casa a que se refere o *eco* de economia deixou de ser a casa agrícola familiar para passar a ser a Terra toda. Neste novo entendimento de casa continua a fazer sentido pensar a economia como administração da casa. Mais sentido ainda faz pensá-la como provisão dos bens indispensáveis a todos para viver (e viver bem) e não como actividade tendente à acumulação ilimitada de riquezas.

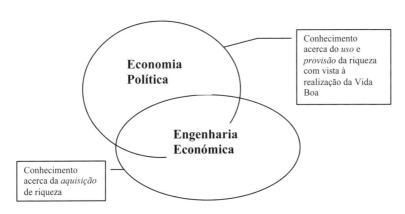

Figura 2: Ciência Económica

Os contributos mais relevantes de Aristóteles são *a conceptualização de uma economia distinta da cremtística* e *a percepção de que a expansão da crematística violenta limites 'naturais'*, ou seja, é social e ambientalmente insustentável. Hoje, quando a expansão da finança – a forma mais completa de crematística – nos faz compreender melhor o que é poder ficar pobre como Midas quando todos os esforços são feitos para enriquecer, a necessidade de "profundas transformações" na economia, na dupla acessão da palavra economia, torna-se, mais perceptível tanto para os economistas, como para os 'leigos'.

Procurei mostrar que as esparsas páginas 'económicas' de Aristóteles, apesar da separação de mais de dois mil anos, nos proporcionam indicações valiosas para a "transição paradigmática":

(1) A economia que se vislumbra a partir destas indicações é impura, contém múltiplas esferas de provisão: mercantil, pública, doméstica, associativa. E não é o domínio do interesse próprio ou do egoísmo.

(2) A transição não envolve uma erradicação dos mercados, do dinheiro e da produção para a troca e um regresso à domesticidade. Implica antes uma sujeição da crematística à economia, envolvendo uma (re)especificação institucional dos mercados que permita realizar com eles (ou apesar deles) os valores da Vida Boa.

(3) A Economia é uma ciência prática que se refere ao *uso* e à *provisão* dos requisitos necessários à vida (boa) na *polis*. Esta Economia é necessariamente Moral e Política. Nela todo o conhecimento acerca do uso e provisão é relevante e parte da ciência. Esta Economia é transdisciplinar e centrada nas instituições.

(4) Esta ciência prática moral e política pode ser vista como parte de uma Ciência Económica mais geral que também incorpora um conhecimento técnico acerca da aquisição de riqueza, isto é, uma engenharia económica.

O que é a economia e o que deve ser a Economia? Economia (como ciência) e economia (como objeto da ciência) não podem ser concebidos em separado, sobretudo quando, para complicar ainda mais as coisas, o saber acerca da economia pode modificar a agência, assente em crenças e expectativas, e portanto, a própria economia. Por isso mesmo as duas "transições paradigmáticas" estão ligadas. Uma economia social e ambientalmente sustentável carece de um novo entendimento da Economia.

REFERÊNCIAS BIBLIOGRÁFICAS

ARISTÓTELES (1998), *Política*, Lisboa: Vega.

ARISÓTELES (2004), *Ética a Nicómaco*, Lisboa : Quetzal Editores.

CRESPO, Ricardo (1998), "Controversy: Is Economics a Moral Science? A Response to Peter J. Boettke", *Journal of Markets & Morality*, 1(2), 221-225.

CRESPO, Ricardo (2006), "The ontology of 'the economic': an Aristotelian analysis", *Cambridge Journal of Economics*, 30, 767–781.

LANGLEY, Paul; Mellor, Mary (2002), "'Economy', Sustainability and Sites of Transformative Space", *New Political Economy*, 7(1), 49-65.

LEWIS, Thomas J. (1978), "Acquisition and Anxiety: Aristotle's Case against the Market", *The Canadian Journal of Economics*, 11(1), 69-90.

MEIKLE, Scott (1996), "Aristotle on Business", *The Classical Quarterly*, 46(1), 138-151.

POLANYI, Karl (2001[1944]), *The Great Transformation: the Political and Economic Origins of Our Time*, Boston: Beacon Press.

REIS, José (2007), *Ensaios de Economia Impura*, Coimbra: Almedina.

4. FACETAS DA HETERODOXIA: DA ORTO-NEGAÇÃO À HETERO-AFIRMAÇÃO. ESPAÇOS DE DIÁLOGO E DE RECONSTRUÇÃO*

Carlos Pimenta

O "económico" não existe. A "realidade económica", parente próxima daquele, não existe. Não são parte do "ser" que, desde os primórdios do filosofar, a ontologia pretende estudar. Com o desaparecimento da ribalta desses "actores", desaparecem também quantos utilizam essas entidades substantivas nos seus devaneios de adjectivação. Por exemplo, a "racionalidade económica" é uma miragem. Como diz Godelier, "A questão da racionalidade económica é, pois, ao mesmo tempo a própria questão epistemológica, da Economia política enquanto ciência" (Godelier, s.d.:18). Se nos fosse possível laboratorialmente reproduzir a **realidade-em-si** mais não encontraríamos que "relações sociais", seres humanos com as suas idiossincrasias[1] construídas nas relações com os outros.

O "económico", a "realidade económica", a "racionalidade económica" e muitos outros conceitos utilizados comumente, e que comumente assumem uma natureza "empírica" nos nossos olhares, são entidades epistemológicas, construídas por nós. São **realidade-para-o-economista**[2] que permitem

---

* Agradeço aos organizadores do encontro terem tido tão feliz ideia e tê-lo organizado tão bem. Agradeço as críticas e sugestões que fizeram a este artigo que ajudaram a melhorá-lo. Infelizmente os meus limitados conhecimentos não permitiram aqui ou além ter em devida conta as observações feitas. A todos o meu agradecimento.

[1] Cada homem é uma realidade, é parte de conjuntos, é termo de relações. Desta multi-referencialidade resultam semelhanças e diferenças em relação aos outros. A Economia não tem estudado nem essas semelhanças nem essas diferenças, centrando-se na média (ex. comportamento "normal") ou no arquétipo (ex. homem económico, agente representativo). Construir o objecto científico nas semelhanças e diferenças de um em relação aos outros remete para a interligação da Economia com as Ciências da Complexidade.

[2] Em certa medida utilizamos a terminologia de Jean-Paul Sartre que faz a sua análise a partir de uma dicotomia: para-si (representa a consciência) e o em-si (representa a materialidade). Para uma primeira leitura ver Sartre (1993), nomeadamente o ponto III, intitulado "O cogito «pré-reflexivo» e o ser do «percipere»". No entanto retomamos aquela terminologia com princípios filosóficos diferentes, de que salientaria o materialismo dialéctico.

filtrar as relações sociais de forma a estas poderem ser estudadas pela leitura disciplinar da Economia.

Esta filtragem científica, construída pelo objecto científico, é, de uma forma genérica, o resultado da aplicação do conhecimento científico a um certo espaço da realidade, física, humana ou conceptual. Corresponde a uma fase histórica do desenvolvimento científico assente na metodologia de investigação consagrada por Descartes[3], na especialização, na disciplinaridade. Podemos, de uma forma simplista, afirmar que a assunção como objecto de estudo da realidade-para-o-economista é o tributo intelectual a pagar pelo tratamento rigoroso de alguns aspectos da realidade social a que habitualmente designamos por «económico» ou «economia».

Os instrumentos de que hoje dispomos para analisar e relacionar a realidade (no todo e nas partes, na articulação biunívoca de ambos), a evolução da epistemologia, o reforço da interdisciplinaridade como procedimento mais consentâneo na observação do todo, o emergir das problemáticas da complexidade, a própria evolução das técnicas manuseadas pela Economia[4] e que constituem parte integrante desta, o despontar sistemático de paradigmas diferentes e o aparecimento frequente de interparadigmaticidade, todos estes aspectos exigem que saibamos que:

– *As realidades ontológica e epistemológica são diferentes.* É insensatez projectar as nossas concepções científicas sobre a realidade e acreditar que esta é a que nós pretendêssemos que fosse. Insensatez que é paga com uma certa

---

Poder-se-á perguntar qual a diferença entre o *em si* e o *para si* (aqui para o economista)? Entre os dois intervêm as limitações cognitivas do homem, as limitações das ciências na actual fase histórica, o grau de desenvolvimento das ciências da realidade humana, a «consciência possível» marcada pelas práticas sociais dos economistas e os padrões culturais, para citar alguns aspectos. O economista, cientista da Economia, não vê a realidade *em si* (relação social) mas alguns aspectos dessa relação, focados numa certa óptica, mediatizado pelo indivíduo e as coisas intermediárias da relação entre os homens. A relação social dilui-se numa abstracção *para si*. Nessa diferença poderemos englobar múltiplas simplificações, filtragens e distorções que podem ir do primado do homem sobre a relação social (quiçá considerada inexistente!) ao fetichismo da mercadoria de que falava Marx.

[3] Esta invocação apenas exprime a importância deste filósofo na sistematização das práticas científicas numa determinada fase histórica do conhecimento, uma fase em que a disciplinaridade, a especialização, confundiu-se com o próprio desenvolvimento científico.

[4] Utilizamos as designações "Economia", "Ciência Económica" e "Economia Política" como sinónimos, independentemente da nossa preferência por uma delas. Não ignoramos as controvérsias tecnológicas, mas consideramos que elas fazem pouco sentido.

partilha do poder ao gerar conhecimento corrente enviesado de alguma cientificidade, ao gerar ideologia economicista.

– *O pragmatismo que frequentemente é invocado na transposição da Economia Política para a Política Económica é falso.* A realidade (em si) impõe-se ao economista ou ao político mas são estes que "constroem" a realidade (para si) sobre a qual actuam e decidem[5]. Aliás este aspecto é frequentemente *a face visível de um pretenso positivismo de análise que tem como outra face a normatividade idealista da "melhor gestão".*

– *Ao mudar-se o objecto científico da Economia Política está-se a mudar o próprio «económico»*, os aspectos da realidade-em-si que se assumem, metamorfoseados, como realidade-para-o-economista. O económico da "ciência que estuda os aspectos relacionados com a produção, troca, repartição do rendimento" é diferente do económico da "ciência que estuda a utilização de recursos escassos perante objectivos ilimitados" ou ainda do económico da "ciência da gestão óptima desses recursos escassos".[6]

Se assumirmos ou que há uma tendência inercial para a reprodução do saber constituído, ou que os espaços de poder são inebriadores da capacidade de raciocinar, ou ainda que o poder e o dinheiro são susceptíveis de transformar cientistas em vendilhões de pílulas soporíferas do saber[7], podemos dizer que os paradigmas económicos dominantes numa certa época histórica, por outras palavras, a ortodoxia económica, tendem a ser particularmente desacordados em relação aos aspectos anteriormente referidos, particularmente *fechados à inovação científica.* Logo, particularmente herméticos à crítica e ao debate de ideias.

No entanto a "crítica de Economia Política" continua a ser uma importante metodologia de desenvolvimento científico, de confronto de subjectividades, de delimitação da objectividade. Repensar todas, ou algumas, das pro-

---

[5] Por isso alguns economistas quando se defrontam com uma diferença entre a realidade e os seus modelos concluem que a realidade está errada. Só em períodos de ruptura abrupta e brutal da "normalidade", como são as grandes crises, a realidade em si tem alguma capacidade para se impor à leitura que fazem dela.

[6] Na história da Economia tem havido essa mudança de objecto científico. Consideramos que ela é um aspecto central, embora frequentemente passe despercebida.

[7] A este propósito seria interessante fazer a análise sociológica dos "comentadores económicos", que prosperaram como fungos ao mesmo tempo que se expandia o capital fictício.

blemáticas anteriormente referidas é repensar a Economia enquanto ciência da realidade humana.

* * *

Repensar a Economia, e a economia, fazer uma leitura crítica do estado da arte do labor científico dos economistas, os tais cientistas que praticam a disciplinaridade da Economia, poderia seguir diversos caminhos.[8]

Da nossa parte, que há alguns anos vamos pensando nestas problemáticas, ou com elas nos confrontamos no deambular do nosso inconsciente, seria entusiasmante seguir diversas vias possíveis.

Uma primeira seria **desbravar a interdisciplinaridade**[9]. Sendo o objecto económico uma certa construção intelectual das «relações entre os homens, parte de um todo, contido nelas», sendo um filtro, um ângulo de observação, um espaço de aplicação de métodos e instrumentos de leitura, é oportuno completar essa focagem no contexto interdisciplinar. Completar comparando, transpondo objectos e metodologias, relacionando, interligando, reconstruindo objectos científicos, hierarquizando-os. Completar destruindo, para construir. Completar percorrendo as dimensões epistemológica, do saber pensar, pragmática, do saber formar, e educativa, do saber educar. Desbravar a interdisciplinaridade que passa por conhecer e apreender as outras ciências da realidade humana, mas também os principais elementos caracterizadores da situação e evolução das ciências da realidade física. Que não pode ignorar a multiplicidades de lógicas coexistentes, assim como não pode escamotear a epistemologia da Economia.

Uma segunda seria **confrontar a Economia com a complexidade**, depois de resolver as questões inerentes à conceptualização desta, depois de tentar encontrar na multiplicidade de fragmentos de leitura da complexidade um eventual fio condutor capaz de guiar, de uma forma diferente, o estudo da

---

[8] Certamente que alguns serão percorridos ao longo deste livro. Nós concentrar-nos-emos apenas num aspecto.

[9] Precisar terminologia em relação à inter, multi, poli e transdisciplinaridade levar-nos-ia muito longe. Temos abordado explicitamente o problema em alguns trabalhos, mas aqui falamos em sentido lato: toda e qualquer relação entre diferentes disciplinas científicas que contribuam para uma reformulação do objecto teórico ou da metodologia de algumas das disciplinas envolvidas.

realidade social, a construção de modelos explicativos de novo tipo[10]. Ora embrenhando-nos na Teoria das Catástrofes, de tanto furor em determinada época, acompanhada da utilização da Topologia na formalização da Economia Política; ora reconsiderando a utilização da Teoria do Caos, evitando a simples sofisticação de velhos problemas, quantas vezes mal formulados, ou a domesticação neoclássica daquela, para uma apresentação simbólica de inovação; ora sobrevalorizando as diferenças entre os diversos cidadãos e instituições, assumidos como agentes, e fugindo ao protótipo, ao agente representativo ou à média simplificadora e simplista; ora mergulhando na Teoria dos Sistemas, não esquecendo contributos relevantes dos estruturalistas e dos marxistas; ora passando pela Mecânica Estatística, pela Teoria da Informação, pelos algoritmos medidores da complexidade. Ora procurando sínteses ou novos percursos inspirados pelo próprio objecto científico da Economia.

Uma terceira seria **aprofundando a Epistemologia da Economia Política ou a Filosofia da Economia Política**, realidade diferente, recorrendo aqui e além à Sociologia do Saber Económico. Percorrendo desde a descrição e interpretação do labor científico do economista à própria multiplicidade de funções desempenhadas por aquele; repensando a positividade e a normatividade, o significado das leis probabilísticas e das leis *ceteris paribus,* relacionando modelos de interpretação, simulação e previsão; percorrendo todas as problemáticas epistemológicas e filosóficas que o fazer Economia coloca. Percurso que certamente desembocaria na simultaneidade de muitas concepções alternativas, dos conceitos de "ciência", "verdade" e "realidade" de cada um deles. E dessa multiplicidade de modelos surgirá um inventário de razões justificativas desse pluralismo teórico[11], em que umas resultariam de hipóteses de partida, de princípios filosóficos, de metodologias, de graus de abstracção ou concretização diferentes, mas outras encontrariam os fundamentos nas diferenças sociais, nas histórias de vida, nas "consciências possíveis". Multiplicidade de paradigmas que exigiriam a construção de pontes de ligação, embora algumas sejam impossíveis por razões objectivas das relações humanas.

---

[10] Apresentamos na bibliografia alguns dos trabalhos em que temos procurado abordar estas problemáticas, nomeadamente (Pimenta, 2005). Também é possível encontrar algumas referências no nosso *site* científico: http://www.fep.up.pt/docentes/cpimenta.

[11] Pluralismo teórico é a coexistência de diferentes interpretações "económicas" da realidade social com validade científica. A interdisciplinaridade e a interparadigmaticidade podem reduzir o número de leituras alternativas, mas não eliminá-lo.

* * *

Vários são os caminhos que gostaríamos de tentar percorrer, numa reflexão em voz alta em torno das nossas poucas certezas e das muitas dúvidas que sistematicamente nos assaltam, mas resolvemos restringirmo-nos ao **confronto entre ortodoxia e heterodoxia**.

Este confronto pode ser feito a diversos níveis de abstracção. A um elevado nível de abstracção podemos dizer que temos a tese "ortodoxia", e a antítese "heterodoxia", como momentos de uma síntese de mudança do conteúdo da ortodoxia, como resolução da contradição. Ou como momentos de um desvio de contradição, não resolução, concentrada na combinação da tese e antítese sob a hegemonia conceptual e social da ortodoxia, que existia e que continuaria a existir. Alternativamente podemos centrar-nos na actual fase histórica e tomar como referência exclusiva a ortodoxia económica.

Será essa a posição que mais frequentemente assumiremos. Tomaremos em conta a ortodoxia económica dominante.

Se este estudo se realizasse antes do último trimestre de 2008 todos entenderiam da mesma forma o que designamos por "ortodoxia económica dominante". Embora cada autor e cada instituição seja um caso, poderíamos sinteticamente falar dos liberais, que defendem a força espontânea de equilíbrio dos mercados como suporte à resolução de todas as "dificuldades" da economia, paladinos da reduzida intervenção do Estado na economia, ou, nas versões mais radicais, do aniquilamento do próprio Estado, inimigo do "económico". Frequentemente as teses liberais também defendem que, na escala de valores, o económico é dominante.[12]

Contudo ele realiza-se em plena crise de sobreprodução, em fase de diminuição absoluta da produção, de falta de liquidez, de diminuição forte do investimento privado, com todas as consequências que essas situações acarretam.

Esfacelando a ciência de que dizem ser arautos, muitos dos que acreditavam que a iniciativa privada era sinónimo de eficiência e inovação, que nunca tinham pensado que os bancos eram empresas susceptíveis de falirem, que viram muita banda desenhada sobre ilusionismo e acreditavam que era pos-

---

[12] Enquanto o poeta diz que "o sonho comanda a vida" e cada cidadão hierarquiza os seus valores afectivos, religiosos, económicos, de convivência, éticos, estéticos, etc., o economista liberal considera que "o económico comanda o indivíduo". E se não comanda, devia comandar.

sível sempre, e sempre, distribuir rendimento sem o produzir, que se benziam ao ouvirem o nome "Estado" e renegavam qualquer validade da política económica, que, usando as palavras de Simon (1989), julgavam habitar no Olimpo onde os deuses transpiram racionalidade omnisciente e omnipresente, hoje apresentam-se como defensores do que há pouco tempo consideravam blasfémias. E neste mudar de posições podemos perder o norte do que entendemos hoje por ortodoxia.

De facto estamos numa fase da viragem da ortodoxia, mas estamos convictos que nem esta viragem é espontânea, nem é coerente, nem se pode ficar por referências antigas. Podemos invocar Marx, podemos referir Veblen, podemos recordar Schumpeter, podemos retomar Keynes, podemos quiçá referenciar Darwin, Einstein ou Broglie, mas uma nova ortodoxia exige novas construções, novas sínteses, que tenham em conta os ensinamentos do liberalismo[13], a mundialização da sociedade contemporânea, os novos horizontes científicos a que, ligeiramente, fizemos alusão nos pontos anteriores.

Por isso, neste trabalho consideramos a ortodoxia de ontem como sendo a de hoje. E este é um ponto de partida fundamental porque só poderemos saber o que é a heterodoxia depois de sabermos o que é a ortodoxia.

A classificação é um acto complicado. A classificação de um modelo, de uma teoria ou de um paradigma, como pertencendo a uma dada corrente do pensamento económico, passa pela resposta a um crivo de questões de natureza económica, epistemológica e sociológica. Para caracterizarmos a ortodoxia temos que perceber as suas respostas às referidas questões. Apresentemos as respostas: (1) o seu conceito de verdade nada tem a ver com a adequação à realidade, sendo garantida pela coerência interna e pela aceitabilidade pela comunidade científica; (2) a relação de causalidade confunde-se com a relação de simultaneidade e a correlação, numa posição típica do positivismo; (3) a sua lógica é clássica, logo bivalente e rejeitando a contradição; (4) a sua interdisciplinaridade privilegiada é com a Psicologia individual, ou não fosse o indivíduo a sua referência fundamental para o estudo do Homem, ainda que mitológica[14]; (5) a relação entre os homens é substituída pela relação entre o homem e o objecto; (6) consideram que a Economia é a ciência da tomada de

---

[13] A crítica que fazemos à ortodoxia liberal não invalida que reconheçamos que aquela trouxe-nos alguns ensinamentos que devem ser tidos em conta.

[14] É uma interdisciplinaridade fictícia e distorcida. Na maior parte dos casos a Economia não tem em conta os ensinamentos da Psicologia, nem mesmo da Psicologia Económica. A referência à Psicologia é um argumento retórico, um pretexto.

decisões quando há fins alternativos e meios escassos para atingir esses objectivos, podendo estes nada terem a ver com a produção, repartição e troca; (7) o seu conceito-chave de base é o da utilidade marginal, "ofelimidade" da última unidade; (8) a microeconomia é o reduto sagrado da construção científica, pelo menos da construção científica económica; (9) o posicionamento em relação ao Estado é o da subalternidade, ou da danosidade, deste.

Permitam-me que insista sobre o conceito de verdade da ortodoxia, porque ela tem uma importante relevância política. O conceito de verdade está fora do confronto entre os modelos e a realidade. Está depositado no altar da comunidade científica, onde há, à partida, uma maioria de aceitação e validação. Então, se houver desajustamento entre a realidade e o modelo, tanto posso adaptar o modelo à realidade como adaptar a realidade ao modelo. Como o modelo "é verdadeiro", "está certo", a realidade é que tem de ser adaptada ao modelo. Certamente de forma coerciva. Sob a capa da "liberdade"[15] impõe-se a ditadura.

A ortodoxia tende, em qualquer situação, a ter uma maior capacidade de intervenção, de mais facilmente impor os seus pontos de vista. As suas posições são "normais", "evidentes", aparentemente simples e coladas à realidade[16]. Para as gerações que fizeram o seu percurso escolar com uma dominante ortodoxa esta surge como "a ciência", a verdade inquestionável. Simultaneamente este espaço espontâneo de poder tende a reproduzir-se e a ampliar-se, obstaculizando as posições contrárias ou, tão simplesmente, diferentes. São colocadas barreiras onde se produz ciência, onde se ensina ciência, onde se divulga ciência, onde se financia a ciência, onde a ciência se industrializa e dá lucro. Contudo a ortodoxia económica acrescenta a esta tendência geral a força da proximidade ao poder – o "económico" é o valor social dominante – e a sua própria concepção ditatorial da verdade.

Nos comentários seguintes vamos restringir-nos à luta teórica, no âmbito da ciência, contra a ortodoxia, mas nunca nos podemos esquecer que a "frente de batalha" é bem mais vasta. As diferenças entre ortodoxia e heterodoxia

---

[15] Entenda-se "livre arbítrio individual", apelo a cada homem tomar nas suas mãos o futuro.

[16] Refira-se que o ensino da Economia, talvez também de outras ciências, faz frequentemente com que os alunos vejam a realidade através do modelo, em vez de utilizar estes para explicar aquela. Para eles o conceito de utilidade marginal assume-se como o concreto. Não encontram nenhum grau de abstracção, apesar de ser dos conceitos mais abstractos utilizados pela nossa ciência.

assumem dimensões muito para além das diferentes leituras da sociedade e dos homens. As posições epistemológica, ideológica, cultural, simbólica e política que cada uma assume expressam-se em práticas sociais e comportamentos políticos radicalmente distintos.

Como se diz no dicionário, ortodoxia é "a conformidade de uma opinião com a doutrina declarada verdadeira" (Costa e Sampaio, 1995). Ortodoxia não é só ciência. É doutrina. É a Verdade. Por isso a heterodoxia é heresia. Por outras palavras, a ortodoxia não aceita as outras posições como científicas ou verdadeiras, como tendo um conceito diferente de verdade. A ortodoxia não aceita a pluralidade de interpretações da realidade, rejeita o pluralismo teórico. A ortodoxia é dogmática e ditatorial, valendo-se de todos os meios ao seu alcance. A heterodoxia é a aceitação da pluralidade de leitura e interpretação dos acontecimentos "económicos", é a defesa do pluralismo teórico como vantagem epistemológica, cultural, pedagógica e de cidadania. A heterodoxia é democrática e respeitadora do outro, da diferença. Em síntese, *a ortodoxia é tendencialmente ditatorial e a heterodoxia tendencialmente democrática.*

*   *   *

Temos vindo a falar em heterodoxia, mas é mais correcto referirmo-nos a heterodoxias, no plural. Em primeiro lugar porque há dois grandes caminhos para a sua construção e, em segundo, porque mesmo dentro deles há vários cruzamentos, desvios e caminhos quase paralelos.

Um primeiro caminho para a heterodoxia é o da crítica à ortodoxia.

A detecção de falhas na sua coerência interna (hipóteses implícitas que entram em conflito com hipóteses explícitas, conceitos sem significado rigoroso e preciso que vai assumindo conteúdos diferentes ao longo da teoria, erros na articulação das variáveis do modelo, etc.) ou a constatação de desajustamentos entre a teoria e a realidade que permitam concluir pela falsabilidade daquela (esta crítica externa é frequentemente inconclusiva por ser uma crítica a leis *ceteris paribus*, a leis hipotético-dedutivas assentes num conjunto de hipóteses irrealistas) podem permitir construir modelos alternativos, teorias diferentes. É uma heterodoxia resultante de uma negação da ortodoxia, é uma **orto-negação**.

Quanto mais esta crítica desagregadora da ortodoxia se centrar em hipóteses, conceitos e modelos fundamentais para o edifício teórico da Economia tanto mais poderosa se revela, tanto mais se diferenciará da sua origem.

Quanto mais radicais forem as rupturas produzidas e quanto mais fundamentadas forem as alternativas nascidas, mais essa heterodoxia é poderosa.

Por exemplo, sendo o "equilíbrio" um conceito base da Ciência Económica, a crítica radical àquele tem impactos muito significativos, assim como a eventual demonstração de que o referido equilíbrio não conduz a uma situação óptima para os intervenientes, que o equilíbrio, para retomar Keynes, pode ser atingido a diferentes níveis de desemprego. Por exemplo, sendo a ortodoxia pretensamente positivista, a comprovação que grande parte dos seus modelos são normativos abala os seus alicerces. Por exemplo, sendo os seus pilares conceptuais a racionalidade (olímpica ou limitada, com informação plena ou não) e o mercado, toda a reflexão crítica em torno do significado destes dois conceitos, pode colocar problemas sérios à consistência da ortodoxia económica. São tantas as vezes que se repetem alguns termos, tais como os anteriormente referidos ou ainda os de oferta (*ex ante* ou *ex post?*), procura (colocando-se a mesma ambiguidade), escassez, optimização, utilidade, valor, preço, produção, competitividade, mundialização, apenas para citar alguns, que frequentemente eles esvaziam-se de significado tanto para o receptor como para o emissor.

A este propósito talvez seja interessante estarmos atentos de que "a confiança na estabilidade do seu poder" fez com que a ortodoxia perdesse muitos dos seus referenciais históricos. O Adam Smith é o homem da "mão invisível" e esta é uma imagem "gira"; o Ricardo é o nosso pai mas nunca o chegámos a conhecer; o Marshall "soube desenhar as curvas da oferta e procura". A soberania do consumidor é ponto assente mas é desconhecida a diferenciação dos bens de primeira ordem e de ordem n. A racionalidade é óbvia mas não pressupõe um conjunto de princípios e aproximações por tentativa e erro. Algumas grandes problemáticas colocadas por muitos "pais" do liberalismo económico são completamente desconhecidas. *Continua a haver grandes economistas que sabem pensar e fazer pensar, mesmo no quadro da ortodoxia, e que devem merecer o nosso respeito e estudo, mas na maioria dos casos estamos perante uma vulgata do liberalismo*, perante uma ortodoxia de baixo nível intelectual e científico, quiçá mais facilmente vendável empacotado em papel de jornal ou em bombons televisivos. E porque estamos entre universitários é preciso dizermos que as Universidades, as Faculdades de Economia, os seus professores, os manuais generalizadamente adoptados internacionalmente têm uma grande responsabilidade na construção destas vulgatas.

A orto-negação tem enormes vantagens.

Tantas quanta a importância da crítica à coerência dos modelos e à sua capacidade para analisar e interpretar a realidade. Uma crítica que tanto pode incidir sobre modelos e conceitos económicos (foi a isso que nos referimos essencialmente nas linhas anteriores) como sobre modelos e conceitos que são hipóteses de partida explícita ou encobertamente aceites (ao positivismo, à universalidade e exclusividade da lógica "aristotélica", por exemplo). A orto-negação tem também uma importante capacidade de transmissão da mensagem: lidando com conceitos perceptíveis para os públicos habituados ao discurso ortodoxo, facilmente transmite a sua mensagem, ganha credibilidade, gera confiança.

Na nossa opinião também tem desvantagens.

Comecemos pela sua reduzida operacionalidade pedagógica. Fazer a crítica dos paradigmas económicos ortodoxos exige que previamente os alunos tenham tido um bom conhecimento deles. Esta situação inevitável faz com que a maior parte dos alunos quando partem para a crítica já assumiram a ortodoxia como sua "tábua de salvação". Como diz Mingat *et al.* (1985) a quase totalidade dos economistas sentir-se-iam perdidos se não tivessem um paradigma em que se apoiar. Não se trata essencialmente de uma escolha racional mas de um apoio afectivo, de um selo de garantia para a boa progressão na carreira. Quando surgem as críticas à ortodoxia, mesmo que haja uma aceitação racional dessas mesmas críticas, elas são vistas como um complemento ao edifício que já está construído, como uma incomodidade racional ao bem-estar como economista. É algo que sabem que existe (erros na teoria que aceitam) mas que ficam sempre como apêndices, como meros elementos a ter em conta.

A orto-negação tanto pode conduzir à heterodoxia, como a uma divergência na ortodoxia. A fronteira entre estas duas situações não é clara. Algumas das críticas à ortodoxia são assimiláveis por esta, são recicladas e integradas no essencial da sua reprodução.

O caminho alternativo

Analisemos agora o outro percurso. As heterodoxias também podem ser o resultado da utilização pela Economia de problemáticas, realidades, conceitos, metodologias ignoradas pela ortodoxia. Por essa via se constrói um paradigma alternativo que resulta da afirmação de certos aspectos da realidade social ou científica. É a construção da heterodoxia pela confirmação da importância de alguns aspectos da realidade, das ciências ou da filosofia que consideramos importantes para o estudo das relações sociais, pela afirmação do diferente, pela **hetero-afirmação**.

Os pontos de partida para repensar a Economia Política ou para reconstruí-la, em parte, são muito diversos. Consideramos que entender as relações sociais como relações complexas que devem ser captadas, estudadas e interpretadas exige outro objecto científico da Economia, outro tipo de modelos e de abordagem epistemológica? Consideramos que a lógica que designávamos de dialéctica e que hoje podemos intitular de paraconsistente e multivalente tem maiores capacidades interpretativas quando estamos perante contradições da realidade económica?[17] Consideramos que a influência da Física sobre a Economia, essencialmente de uma física pré-quântica e pré-relativista, deve ser ultrapassada e que será em alguns modelos da Biologia, tais como os modelos darwinistas, que podemos encontrar "a analogia ou a ontologia"[18] da dinâmica das relações sociais? Consideramos que podem existir tantas Economias Políticas quanto "racionalidades" totalmente diferentes, reflectindo modos de vida dos homens e das sociedades?[19] Consideramos que o simplismo com que a Economia tem tratado os comportamentos humanos, baseando-se numa Psicologia inventada à sua medida, pode hoje ser superado pelos conhecimentos trazidos pelas Neurociências? Consideramos que é necessário desdisciplinarizar Adam Smith[20] e regressar a uma leitura mais abrangente dos aspectos "económicos" das relações sociais, construindo um objecto científico e assumindo metodologias que incorporem a interdisciplinaridade e os avanços científicos em todas as ciências? Se respondermos afirmativamente a alguma destas questões podemos encetar a construção de um paradigma heterodoxo que siga esta via de afirmação.

A hetero-afirmação não nega um conhecimento da teoria ortodoxa. Antes pelo contrário. Antes de encetarmos a investigação temos que saber em que medida é que os nossos pontos essenciais de referência são considerados por ela. Contudo não exige a crítica da Economia Política ortodoxa.

A hetero-afirmação tem uma vantagem enorme. Permite a utilização de conceitos, instrumentos, metodologias, modelos e paradigmas que nunca

---

[17] Este é um assunto que nos é particularmente caro, reconhecida a importância da dialéctica marxista na interpretação da realidade social. Chegámos a abordar explicitamente este assunto (Pimenta, 2002).

[18] Utilizamos aqui uma expressão de Geoffrey Hodgson.

[19] Esse foi o percurso que começamos a explorar em Pimenta (1998).

[20] Assunto tratado em Esteves (2004).

seriam alcançáveis pela orto-negação. Permite vastas pistas de investigação, quase todas exigindo um labor colectivo e o trabalho em rede, tal o manancial de novos rumos que pode gerar.

Admitimos igualmente que do ponto de vista pedagógico possa não enfermar das debilidades que apontámos anteriormente para a outra via de construção da heterodoxia, mas também é verdade que exige conhecimentos e referências que cada vez menos o ensino universitário tem condições de fornecer. Como pode um estudante de Economia saber o que é complexidade e conhecer o seu emaranhado teórico ou em que momento tem a possibilidade de se encontrar com Darwin ou com as lógicas alternativas?

Contudo esta via tem uma característica que é simultaneamente vantagem e desvantagem. Conseguirá convencer muitos economistas, mas dificilmente conseguirá convencer um economista ortodoxo a deixar de o ser. O tipo de problemáticas estudadas e a terminologia a elas associada torna um economista ortodoxo, ou aprendiz, totalmente incapaz de entender o que está em jogo e a terminologia utilizada.

Enfim, há uma grande variedade de caminhos para a heterodoxia e vários paradigmas heterodoxos alternativos. Uns terão algumas vantagens, outros terão outras. A orto-negação tem um impacto sobre a comunidade científica muito maior que as posições resultantes do caminho alternativo. Voltamos a insistir neste ponto porque a verdade para a ortodoxia é sinónimo de aceitação pela comunidade científica. É natural que assim seja porque é de mais fácil compreensão por essa comunidade científica dominante, porque representa, em certa medida, uma continuidade das suas posições, porque se baseia em uma terminologia e em algumas metodologias comuns. Porque muitas vezes parte de economistas que têm um papel político de grande visibilidade. Um caso paradigmático desta situação é Stiglitz. A hetero-afirmação frequentemente lida com metodologias, problemáticas e referências que podem ter um maior impacto futuro na construção científica. Contudo as suas referências dificultam a compreensão pela comunidade científica dominante.

O ideal seria juntar as duas vias extremas de construção da heterodoxia fazendo-as desembocar num mesmo caudal de investigação, de reconstrução da Economia Política do futuro. Contudo é muito mais fácil dizer que fazer. Podemos mesmo interrogarmo-nos acerca da viabilidade de algumas das articulações.

Marx é um exemplo da síntese dos dois percursos. O marxismo é orto-negação ao assumir-se como uma resolução de alguns dos erros ricardianos e reconstruindo a teoria do valor com a consciência possível da classe operária.

É hetero-afirmação enquanto transposição da Economia Política para a lógica dialéctica de Hegel com "os pés no chão".

Temos, pois, diversos paradigmas: ortodoxia versus heterodoxia, dentro da ortodoxia, dentro da heterodoxia.

A esta diversidade de paradigmas deve corresponder um **pluralismo teórico** nas diversas instituições e, muito particularmente na Universidade[21]. A ele está associado um mais profundo conhecimento do que é a Ciência Económica, uma maior capacidade de interpretar a realidade social, uma leitura mais abrangente e susceptível de descobrir novos aspectos, uma crítica da Economia Política susceptível de dirimir as subjectividades interpretativas. Também lhe está associado um funcionamento democrático da instituição, nomeadamente no ensino e na investigação.

Se o pluralismo teórico é um valor em si para um melhor ensino e investigação, também há razões suficientes para simultaneamente se tentarem lançar pontes entre os diversos paradigmas, para se *promover intensamente a interparadigmaticidade*.

Esta permitirá aproximar ou interligar paradigmas diferentes. Bachelard (1984) dizia, citando um outro autor e referindo-se às ciências da realidade física, que era sempre possível conciliar logicamente duas teorias diferentes alterando algumas das hipóteses de partida[22]. Nas ciências da realidade humana, em muitas situações, isso é inteiramente verdade, mas também teremos que reconhecer que algumas dessas hipóteses são muito mais que um artifício epistemológico. São o resultado de posições filosóficas inconciliá-

---

[21] Independentemente das formas que assumam a ortodoxia e a heterodoxia – referimos que a heterodoxia de hoje pode ser a ortodoxia de amanhã – o valor fundamental a preservar é o pluralismo. Constatamos que tanto a ortodoxia como a heterodoxia têm razões objectivas para existir. É esse espaço de liberdade institucional que permite confrontar posições, fazer a crítica da Economia, reduzir a subjectividade, confrontar a ortodoxia com o seu encerramento em relação à realidade. É na luta entre ortodoxia e heterodoxia que está a possibilidade intelectual de novas sínteses. "Afastar a ortodoxia" é absurdo não só porque ela tem razões ontológicas e epistemológicas de existência, mas sobretudo porque, por definição e absurdo lógico, seria também o desaparecimento da heterodoxia.

[22] "Destouches estuda com efeito as condições de coerência lógica das diversas teorias. Ele demonstra que, por intermédio da modificação de um postulado, é sempre possível tornar coerentes duas teorias que se revelam racionalmente válidas e que, no entanto, se opunham uma à outra. É evidente que duas teorias podem pertencer a dois corpos diferentes e que se podem opor em determinados pontos permanecendo válidas individualmente no seu próprio corpo de racionalidade." (Bachelard, 1984:132)

veis, de diferentes consciências possíveis, logo de posicionamento social das próprias redes defensoras de uma determinada posição.

Porque muitas divergências entre paradigmas resultam de diferentes hipóteses estabelecidas por razões epistemológicas, porque outras resultarão de diferentes níveis de abstracção, de focagem de diversas realidades sociais, de questões terminológicas, *podemos, pela interparadigmaticidade eliminar as divergências secundárias e analisar a pluralidade de paradigmas nos seus elementos essenciais.* Porque algumas divergências são, como vimos, irredutíveis, o pluralismo teórico, resultante da orto-negação e da hetero-afirmação é uma realidade em si. Institucionalmente é possível, é conveniente, é necessário para a investigação e o ensino.

Não será que a actual crise já não está a demonstrar cabalmente que quem segue uma cartilha, não tem uma compreensão diversificada do económico e da Economia, está muito mal preparado para enfrentar o futuro?

$$* \quad * \quad *$$

Eis, pois, algumas das minhas preocupações enquanto docente de Economia, preocupado com a cidadania e com a utilização do nosso labor científico numa sociedade que garanta melhores condições de vida a todos os cidadãos.

REFERÊNCIAS BIBLIOGRÁFICAS

BACHELARD, Gaston (1984), *A Filosofia do Não – Filosofia do Novo Espirito Científico*. Traduzido por J. J. M. Ramos. 3 ed. Lisboa: Editorial Presença.

COSTA, J. Almeida; Melo, A. Sampaio (1995), *Dicionário da Língua Portuguesa*. 7 ed. Porto: Porto Editora.

ESTEVES, António Joaquim (2004), Troca de Saberes no campo das ciências sociais, *in Interdisciplinaridade, Humanismo e Universidade*. Porto: Campo das Letras.

GODELIER, Maurice [sd], *Racionalidade e Irracionalidade na Economia*. Traduzido por M. R. Sardinha. Rio de Janeiro: Tempo Brasileiro.

MINGAT, Alain; Salmon, Pierre; Wolfelsperger, Alain (1985), *Méthodologie Economique*. 1 ed. Paris: PUF.

PIMENTA, Carlos (1998), "Heterodoxias e o Conceito de Procura", *Boletim de Ciências Económicas*, 18629.

PIMENTA, Carlos (2002), "Apontamentos sobre Economia e Lógica", *Boletim de Ciências Económicas*, 243/262.

PIMENTA, Carlos (2005), "Apontamentos sobre complexidade e epistemologia nas Ciências Sociais", *in Sobre Interdisciplinaridade*. Caxias do Sul: EDUCS.

SARTRE, Jean-Paul (1993), *O Ser e o Nada*. Lisboa: Círculo de Leitores.

SIMON, Herbert (1989), *A Razão nas Coisas Humanas*. Traduzido por F. Bello. Lisboa: Gradiva.

SECÇÃO II

Racionalidade económica:
descrição, prescrição ou construção?

5. DE CIÊNCIA DA ESCOLHA A CIÊNCIA DO COMPORTAMENTO: POR ONDE ANDA O INDIVÍDUO NA ECONOMIA?

Ana Costa

Lionel Robbins (1984 [1935]:16) identificava a ciência económica como a "ciência que estuda o comportamento humano como uma relação entre fins e meios escassos que têm usos alternativos". A Economia seria assim essencialmente entendida como uma ciência da escolha.

Porém, o modelo de 'decisão racional' da economia neoclássica, ainda hoje dominante na Economia que se ensina nas nossas universidades, oferece uma representação muito estreita da escolha: a escolha corresponde à simples resolução de um problema de optimização sujeito a restrições. Nesta concepção, escolher consiste unicamente em seleccionar um objecto, ou um curso de acção, cujas consequências maximizam, no quadro de um conjunto de restrições dadas, o valor de uma função escalar que reflecte as preferências do agente. Esta formulação da escolha implica, em primeiro lugar, que as preferências do agente são dadas, isto é, a racionalidade é circunscrita à descoberta dos meios que melhor satisfazem as suas preferências. A compreensão dos mecanismos de formação das preferências não é sequer considerada pela visão dominante da Economia. Em segundo lugar, a ontologia do indivíduo subjacente ao modelo de 'escolha racional' engloba numa mesma categoria – as preferências – todos os valores que presidem à determinação, ou ao julgamento, da acção. Finalmente, estabelece a comensurabilidade de valor, isto é, a possibilidade de redução de todas as dimensões de avaliação das várias alternativas de escolha a uma dimensão única, o que em caso de conflito entre valores requer que as cedências numa dimensão possam ser compensadas por ganhos noutra(s) ao longo de uma curva de indiferença. Em consequência, a capacidade moral dos indivíduos, de reflexão sobre os fins da acção e de consideração da dificuldade da escolha perante certos conflitos entre valores, é simplesmente ignorada.

O alcance deste modelo de 'escolha racional' é simultaneamente normativo e descritivo; de facto, trata-se, por um lado, de prescrever as escolhas que se *devem* efectuar segundo os axiomas da racionalidade, que a definem unicamente em termos de um critério de consistência, e, por outro lado, de descrever as escolhas que *são* efectivamente realizadas quando está em causa a transposição do modelo para eventuais domínios de aplicação e a sua extensão a todo e qualquer aspecto constitutivo da acção humana. Esta dimensão do alcance descritivo do modelo de 'escolha racional, tem sido, no entanto, alvo de diversas críticas. De facto, a Economia na sua visão dominante, apesar de ser entendida por muitos como uma ciência da escolha, tem revelado uma grande dificuldade em compreender o modo como os indivíduos *efectivamente* escolhem e se comportam em contextos reais. Os contributos quer da Psicologia, quer dos métodos de investigação experimental, em domínios que se podem considerar relevantes para a Economia, tornam evidente esta fragilidade, ao mostrarem que as escolhas dos indivíduos se afastam muitas vezes dos resultados previstos pelo paradigma neoclássico. A impressionante evidência acumulada pela economia experimental e pela economia comportamental tem mostrado que a escolha e o comportamento tendem a ser afectados, pela forma como os agentes percepcionam o enquadramento que é dado à decisão. Por outro lado, várias situações experimentais apresentam resultados que sugerem a relevância de dimensões normativas nas escolhas efectuadas, como é o caso da confiança. Estes dois tipos de resultados empíricos serão apresentados e discutidos ao longo dos pontos um e dois, respectivamente.

Apesar destes contributos que aparentam a existência de um novo enfoque na disciplina, o esforço que tem vindo a ser encetado é, essencialmente, de acomodação face ao paradigma neoclássico, o que restringe a possibilidade de uma transformação mais profunda, de revisão, dos principais pressupostos da 'escolha racional'. A análise crítica ao modelo de 'escolha racional' incide assim também no seu significado e relevância do ponto de vista normativo, isto é, na discussão do modelo enquanto prescrição de uma pretensa acção racional. Esta discussão será objecto do último ponto, onde se argumenta que a possibilidade de revisão dos principais pressupostos da 'escolha racional' implicaria a construção de uma outra ontologia do agente que inelutavelmente fosse capaz de reconhecer os indivíduos como seres sociais e dotados de capacidades morais, isto é, de reflexão.

As limitações do modelo de 'escolha racional': o efeito do enquadramento sobre a decisão

O carácter problemático da transposição do modelo de 'escolha racional' para contextos reais e o seu reduzido alcance explicativo do modo como os indivíduos efectivamente escolhem e se comportam têm sido considerados por diversos autores, designadamente da área da Psicologia. Desde logo, os contributos de Simon procuraram realçar as limitações computacionais do agente da escolha. Em face destas limitações computacionais e da informação disponível, segundo Simon (1955), os indivíduos não maximizariam e seriam obrigados a recorrer a procedimentos heurísticos como, por exemplo, seleccionar a primeira alternativa que satisfaça um nível de aspiração pré-definido.

Desde Simon, vários autores, principalmente do domínio da Psicologia, têm procurado explorar os comportamentos supostamente 'anómalos' em face do modelo de 'escolha racional', assim como as heurísticas usualmente mobilizadas pelos indivíduos, que lhes permitem lidar com a complexidade inerente aos contextos reais de decisão (Bell *et al.*, 1988; Gigerenzer e Selten, 2001; Kahneman *et al.*, 1982; Kahneman e Tversky, 1984; Kahneman, 2003; Tversky e Kahneman, 1986). Com base nestes contributos, a fragilidade do pressuposto de exogeneidade e de estabilidade das preferências torna-se evidente. De facto, a acumulação de resultados experimentais e empíricos que mostram que as preferências e as escolhas dos indivíduos tendem a ser afectadas pela descrição que é feita do problema de decisão vem contrariar a solidez daquele pressuposto. Mais precisamente, a saliência que é atribuída a diferentes aspectos do problema de decisão, como, por exemplo, a forma como os resultados das várias alternativas de escolha são apresentados influencia a tomada de decisão (Kahneman e Tversky, 1984; Kahneman, 2003; Tversky e Kahneman, 1986). Como refere Kahneman (2003: 1459), a ideia principal que ajuda a explicar a vulnerabilidade da escolha ao enquadramento do problema de decisão é a "aceitação passiva da formulação dada". Em virtude disto, os indivíduos mostram-se incapazes de proceder a uma representação canónica do problema de decisão, que contenha "todos os detalhes relevantes da situação presente, bem como as expectativas sobre todas as oportunidades futuras e riscos" (Kahneman, 2003: 1459).

A escolha é então afectada pela forma como os indivíduos percepcionam o problema de decisão – o contexto de escolha nunca é neutro, existem sempre certos aspectos, ou classes de estímulos, que estando mais salientes, tornam-se mais acessíveis à percepção dos sujeitos e têm por isso maior capacidade de determinar a escolha realizada (Kahneman, 2003). Segundo a *prospect theory* de Kahneman e Tversky, a percepção é dependente de um referencial – os estímulos que num determinado contexto de escolha se tornam mais salientes ou acessíveis representam variações face a uma situação prévia tomada como ponto de referência. Vários factores podem, no entanto, influenciar a percepção dos indivíduos – as "normas, hábitos e expectativas do decisor" -, como Tversky e Kahneman (1986: 257) reconhecem, contribuem também para a forma como o enquadramento da decisão pode afectar a escolha realizada, para além da descrição do problema de decisão.

Kahneman e Tversky desenvolveram situações experimentais, relativas à questão da escolha em contexto de incerteza, que procuram avaliar a reacção dos sujeitos quando colocados perante resultados que, apesar de equivalentes, se referem a situações descritas de forma diferente. Numa destas experiências, os sujeitos são colocados perante a necessidade de se adoptar um programa de combate a uma doença mortal, de entre um conjunto de programas alternativos (*The Asian Disease Problem*). No caso em que é salientada a certeza quanto a vidas salvas relativamente a uma situação equivalente descrita em termos probabilísticos os sujeitos tendem a evidenciar aversão ao risco, seleccionando a alternativa certa. Inversamente, quando é dada saliência à certeza quanto a vidas perdidas, os sujeitos experimentais manifestam propensão ao risco, preferindo arriscar que ninguém seja salvo do que seleccionar a alternativa certa que implica a aceitação explícita da perda de um determinado número de vidas.

Importa notar que estes estudos se circunscrevem, no entanto, à análise de situações experimentais que para além de hipotéticas, envolvem apenas um decisor individual. Existem, porém, estudos experimentais que têm como objectivo testar a vulnerabilidade da escolha ao enquadramento do problema de decisão em situações ditas interactivas, isto é, quando o resultado da escolha de cada sujeito depende das escolhas realizadas pelos outros sujeitos que participam na situação experimental. É disso exemplo a experiência conduzida por Brewer e Kramer (1986) que procura verificar a existência de uma relação entre a incidência de comportamentos cooperativos e a forma como é descrito o dilema social – jogo de bens públicos *versus* "Tragédia dos Comuns".

Segundo Brewer e Kramer (1986), a apresentação do dilema social enquanto situação experimental de bens públicos significa que os indivíduos têm de enfrentar a decisão sobre quanto estão dispostos a prescindir relativamente à sua dotação inicial – o montante de contribuição individual para um fundo comum -, o que acarreta a experiência de uma perda imediata e certa em favor de um benefício futuro e incerto. Na abordagem da *prospect theory*, os indivíduos comportam-se com propensão ao risco, preferindo incorrer num maior risco de perdas futuras, no caso em que no momento presente a certeza das perdas aparece salientada. Seria então de esperar a obtenção de comportamentos menos cooperativos. De forma inversa, na situação de "Tragédia dos Comuns" a decisão recai sobre a quantidade de apropriação individual em relação a um recurso comum, sendo que a dotação inicial de cada sujeito experimental é nula. Neste caso, os indivíduos tendem a comportar-se com aversão ao risco, preferindo um ganho certo imediato de menor dimensão do que arriscar num ganho de maior dimensão que poderia conduzir a uma maior perda no futuro. Isto significaria então a prevalência de comportamentos mais fortemente cooperativos. Este estudo experimental procura ainda testar a relação que outros factores, como a dimensão do grupo e a identidade, estabelecem com a estrutura de jogo apresentada.

Os resultados confirmam a vulnerabilidade da escolha ao tipo de estrutura de jogo em que o dilema social é representado – bens públicos ou "Tragédia dos Comuns". A situação de bens públicos é ainda mais afectada pela dimensão do grupo, que tende a ser mais importante do que o efeito de manipulação da identidade de grupo. No caso da "Tragédia dos Comuns", o efeito da identidade de grupo é tanto mais importante quanto maior é a dimensão do grupo, correspondendo à situação em que a pressão sobre o recurso colectivo é mais forte.

A investigação experimental conduzida por Cookson (2000) procura testar um outro tipo de efeito de enquadramento sobre a decisão na situação de bens públicos – trata-se do efeito de recomeço da experiência em resultado de se introduzir uma pequena pausa na sequência do jogo. A experiência corresponde a um jogo de bens públicos com repetição, em que cada grupo é formado por quatro jogadores. A situação experimental é apresentada aos sujeitos como sendo constituída por quatro fases com uma sequência de oito decisões em cada fase, o que se traduz num total de 32 iteracções. Em cada iteracção, os sujeitos experimentais têm de decidir quanto à afectação da sua dotação inicial a favor de um fundo comum. Este fundo comum, que assume as características de um bem público, será posteriormente dividido de forma equitativa pelos sujeitos experimentais. No final de cada uma das quatro fases é feita uma pequena pausa de cerca de 30 segundos e são apresentados os resultados em termos do total de contribuições para um fundo comum. No final de cada iteracção, os sujeitos são informados acerca dos seus próprios resultados (montante recebido do fundo comum) e do total de contribuições para o fundo comum. Existe anonimato em relação às contribuições individuais. O jogo desenrola-se sem comunicação verbal, embora os participantes possam ver-se uns aos outros.

A experiência mostra o decréscimo da soma das contribuições individuais ao longo de cada sequência de oito iteracções. No entanto, no final da pausa estas contribuições voltam a assumir o nível que tiveram no início de cada fase, verificando-se assim a repetição de um mesmo padrão em cada uma das quatro fases. O efeito de enquadramento assinalado por estes resultados experimentais sugere que a introdução de uma pausa tende a ser percepcionada pelos indivíduos como uma nova oportunidade para relançar os níveis de cooperação e alcançar melhores resultados colectivos.

Este tipo de resultados, que atestam a favor de uma vulnerabilidade da escolha ao enquadramento do problema de decisão, vêm contestar a consistência da *tese da contribuição zero* (Olson, 1998 [1965]) como a única solução dominante de um jogo não cooperativo, como é o caso da situação experimental de bens públicos. É possível falar então de múltiplos equilíbrios, sendo que o resultado final depende, entre outros factores, da forma como os sujeitos experimentais percepcionam o problema de decisão com que são confrontados. Importa porém notar, como o faz Cookson (2000), que a aplicação aos contextos experimentais de dilema social da *prospect theory* de Kahneman e Tversky, bem como da concepção de que a percepção é dependente de um referencial, requer alguma cautela. Considerando assim o jogo de bens públicos, o ponto de referência em relação ao qual a decisão individual é percepcionada compreende, por um lado, o resultado para cada indivíduo da sua própria escolha e, por outro lado, o resultado colectivo que decorre das escolhas realizadas por todos os sujeitos experimentais. Isto significa, como refere Cookson (2000), que a mesma situação poderá conduzir a diferentes percepções em termos de ganhos ou de perdas consoante a componente – resultado individual ou resultado colectivo – que se torna mais saliente para o indivíduo.

Esta não será no entanto a única consideração a fazer, nem, no sentido da argumentação em curso, a mais significativa. Na verdade, nas situações experimentais de dilema social cada sujeito é confrontado com uma decisão que implica a formulação de expectativas não só em relação às escolhas dos outros sujeitos ('O que eu penso que os outros vão fazer'), como também em relação ao que os outros sujeitos podem esperar da sua própria escolha ('O que eu penso que os outros pensam que eu vou fazer'). Esta dimensão intersubjectiva presente nas situações de dilema social, mas também nos dilemas pessoais, como será à frente argumentado, não é objecto de análise na *prospect theory* de Kahneman e Tversky. Em face desta dimensão intersubjectiva, a formulação de expectativas por parte dos sujeitos experimentais poderá ser afectada por uma forte incerteza e ambiguidade, dependendo da própria estrutura do jogo. Quanto maior esta incerteza e ambiguidade mais difícil será para os sujeitos formular expectativas acerca do comportamento dos outros e do que os outros esperam do seu próprio comportamento. Por exemplo, se o tipo de situação experimental facilitar aos sujeitos a revelação das intenções subjacentes à sua própria acção – mostrando que são pessoas em quem se pode confiar e que confiam nos outros – a escolha, do ponto de vista pessoal, mas também social, tornar-se-á menos dilemática. Isto implicaria, no entanto, reconhecer a existência de uma dimensão moral associada à dificuldade da tomada de decisão e aos enviesamentos a que ela tende a dar lugar, para além da dimensão meramente computacional geralmente enfatizada pelos trabalhos de Kahneman e Tversky.

De facto, apesar de Kahneman (2003) considerar que a sua abordagem não se limita a apontar uma racionalidade de tipo limitada, o que, como o autor reconhece, deixaria incólume a arquitectura fundamental do modelo de 'decisão racional', mantém, no entanto, a perspectiva do indivíduo como um ser isolado, asocial, cuja acção não tem inscrição numa dimensão temporal. Esta abordagem, partindo do reconhecimento da importância dos processos cerebrais automáticos e da dependência face ao contexto, oferece uma perspectiva da tomada de decisão como um processo meramente interno, isto é, contido ao nível de um sujeito da escolha que é despido da sua natureza social e, concomitantemente, da sua capacidade moral. Sem a consideração destas dimensões defende-se aqui que a compreensão do processo de escolha e do comportamento individuais será ainda insuficiente.

É disso mesmo exemplo o resultado experimental evidenciado por Cookson (2000). De facto, a justificação e a dimensão do efeito de enquadramento, que se considerou estar associado à introdução de pequenas pausas na sequência do jogo, dependem de: a) os sujeitos experimentais compreendendo o significado do dilema social com que são confrontados e as consequências da sua decisão individual, valorizarem de forma positiva a obtenção de um melhor resultado conjunto. Poder-se-á supor que os indivíduos experimentam assim um sentimento de fracasso pelo falhanço da cooperação; b) os sujeitos experimentais esperarem que este entendimento possa ser partilhado e que os outros também cooperem. Porém, estas condições não são só por si suficientes para se garantir uma cooperação sustentada. Como já é conhecido de vários resultados experimentais na situação de bens públicos, a possibilidade de sustentabilidade da cooperação depende de um conjunto de outras condições, como, por exemplo, a comunicação, ausente na experiência de Cookson (2000).

No âmbito da investigação realizada em Psicologia, o trabalho de McGraw *et al.* (2003) distingue-se por colocar a ênfase numa dimensão social e interpessoal que os autores consideram influenciar o comportamento dos indivíduos, designadamente ao nível do consumo. Os autores procuram assim olhar sobre uma outra perspectiva alguns dos enviesamentos cognitivos frequentemente identificados na literatura de economia comportamental, como são os casos do 'efeito de dotação' e do estabelecimento de categorias mentais ('*mental accounting*'). Segundo McGraw *et al.* (2003), os indivíduos atribuem um significado normativo, moral e emocional aos bens que possuem, que decorre do contexto relacional ou interpessoal em que estes bens foram transmitidos, com efeito ao nível das decisões de transacção destes bens. Mesmo no caso do dinheiro, os autores também consideram que a natureza relacional da sua proveniência influencia as decisões dos indivíduos quanto à sua forma de utilização.

Os resultados das experiências conduzidas por McGraw *et al.* (2003) sugerem que os bens que os sujeitos experimentais descrevem como tendo sido transmitidos no âmbito de relações comunitárias, envolvendo relações familiares ou de amizade próximas, são mais valorizados comparativamente ao seu preço efectivo, evidenciando os sujeitos uma maior dificuldade em se desfazerem destes bens, mesmo que isso ocorra ao preço que os indivíduos indicaram como sendo o preço mínimo a que estariam dispostos a vender. Os sujeitos experimentam assim uma maior tensão emocional quando confrontados com propostas de compra deste tipo de bens. Inversamente, os bens descritos como tendo sido obtidos por intermédio de relações de mercado são menos valorizados em relação ao seu preço efectivo, são mais facilmente cedidos para transacção e os indivíduos experimentam uma menor tensão emocional em face de propostas de aquisição destes bens. As situações em que os bens foram descritos como tendo sido transmitidos no contexto de relações de autoridade, em que as partes que compõem a relação ocupam posições diferenciadas em termos de poder, prestígio, experiência ou autoridade, ou de relações de igualdade, que se estabelecem, por exemplo, entre amigos menos próximos ou entre colegas de trabalho, evidenciam resultados intermédios em face dos outros dois casos acima apresentados.

Noutra situação experimental, os indivíduos revelaram uma maior disponibilidade a pagar por um bem que se considera ter pertencido a um familiar com quem se teve uma relação muito próxima, ou a um professor que se reconheça ter tido uma forte influência. Noutra situação ainda em que os sujeitos são confrontados com a possibilidade de receber uma certa quantia de dinheiro por intermédio de uma de quatro esferas relacionais – comunitária, autoritária, igualitária e mercantil –, o resultado é que os indivíduos mostram-se mais cautelosos, isto é, mais relutantes em gastar esse montante de dinheiro quando se considera que ele foi oferecido por um familiar.

Para McGraw *et al.* (2003), a importância que o 'efeito de dotação' e o estabelecimento de categorias mentais podem ter sobre a escolha e o comportamento varia em resultado do significado social que os indivíduos atribuem aos bens e mesmo ao dinheiro. Os autores procuram assim superar o reducionismo com que as abordagens comportamentalistas e da teoria da decisão tendem a tratar estes enviesamentos, que são geralmente considerados, como McGraw *et al.* (2003: 228) referem, "em termos "asociais" como seja a concavidade ou a convexidade dos ganhos e das perdas na *prospect theory*" e com uma grande ênfase nos processos de decisão meramente cognitivos.

À parte deste reducionismo, que voltará a ser referido mais tarde, os contributos da Psicologia, aqui salientados, convergem na demonstração da vulnerabilidade do pressuposto do modelo de 'decisão racional' quanto à exogeneidade e à estabilidade das preferências, dada a variação da escolha em função do contexto de decisão. Neste domínio, os resultados empíricos sugerem a necessidade de compreender melhor o processo de formação das preferências.

As limitações do modelo de 'escolha racional': a importância das dimensões normativas na decisão

A evidência acumulada pela economia comportamental e pela economia experimental tem vindo a revelar agentes reais que não se comportam como simples maximizadores do interesse próprio. Em relação às situações experimentais representativas de dilemas sociais, como é o caso do jogo de bens públicos, é mesmo possível enumerar um conjunto de factos que reúnem evidência comum nesta área. Assim: a) os sujeitos experimentais tendem a contribuir com montantes consideráveis das suas dotações iniciais (40 a 60%) em jogos com uma só repetição ('*one-shot game situations*'); b) em situações experimentais com repetição os níveis de contribuição são elevados na 1ª repetição, mas decrescem ao longo do jogo; c) os níveis de contribuição obtidos dependem fortemente do contexto em que a interação tem lugar (por exemplo, a existência ou não de comunicação face a face); d) os indivíduos mostram-se dispostos a punir os que não cooperam, mesmo quando isso é obtido com um custo individual; e) a existência de mecanismos externos (incentivos selectivos) pode ter um efeito perverso sobre a disposição voluntária a cooperar.

Nas situações experimentais de jogo de confiança ('*trust game*'), em que os sujeitos tomam as suas decisões de forma sequencial, o primeiro jogador a escolher incorre num custo de oportunidade ao prescindir de um ganho certo, tendo em vista a obtenção de um benefício futuro superior (individual e colectivo). Este jogador assume assim um risco ao confiar no segundo jogador. Por sua vez, o segundo jogador mostra um comportamento de reciprocidade face ao primeiro jogador, se recusar escolher a alternativa que corresponderia à sua estratégia dominante, o que lhes permitirá atingir um resultado global superior. O facto controverso para o modelo de 'escolha racional' que este tipo de situação experimental põe a descoberto é, fundamentalmente, o comportamento do segundo jogador. Não representando esta situação uma interacção continuada, em que se pudesse justificar a existência de uma ameaça de retaliação e/ou de efeitos reputacionais, o segundor jogador, comportando-se estritamente em função do seu interesse próprio, deveria seleccionar a sua estratégia dominante, o que implicaria defraudar a expectativa do primeiro jogador em relação à possibilidade de um benefício conjunto superior. Em alternativa, os resultados geralmente obtidos neste tipo de situação experimental sugerem que os indivíduos não só valorizam o facto de poderem demonstrar confiança nos outros, como também de expressarem que são pessoas em quem se pode confiar.

Este tipo de estrutura de jogo tem sido utilizado na implementação de experiências que pretendem ser representativas de situações relacionadas com o mercado de trabalho ('*gift exchange*'). Nestas experiências, o primeiro jogador, assumindo o papel de empregador, tem de seleccionar o nível de salário que estaria disposto a oferecer. O segundo jogador, representando aqui a posição do trabalhador, tem de decidir se aceitaria a proposta do primeiro jogador e em caso afirmativo terá de indicar o nível de esforço que está na disposição de empreender. Estas experiências permitem ainda diferenciar as situações de completude das de incompletude contratual. Pode, por exemplo, ser dada a possibilidade ao primeiro jogador – o empregador – de escolher entre uma situação de completude contratual, em que é possível averiguar o esforço empreendido pelo trabalhador e aplicar uma sanção quando o esforço verificado é inferior ao pré-estabelecido, e uma situação de incompletude, em que o empregador não tem condições de verificar a escolha realizada pelo trabalhador. Na primeira situação, o empregador terá de suportar os custos de monitorização do comportamento do trabalhador.

Na perspectiva do modelo de 'decisão racional', seria de esperar que o empregador preferisse a situação de completude contratual à situação de incompletude e que o trabalhador procurasse escolher sempre o menor nível de esforço possível. Porém, o estudo experimental de Fehr *et al.* (2000)

mostra que na maior parte dos casos os sujeitos experimentais escolhem o contrato incompleto e que o nível médio de esforço em situação de contrato incompleto é superior ao verificado em situação de contrato completo. Noutro estudo experimental, Fehr *et al.* (1998) salientam que as situações de incompletude contratual estão associadas a ganhos de eficiência, em virtude dos sujeitos experimentais na posição de trabalhadores seleccionarem níveis de esforço bastante superiores aos que se verificam em situação de completude contratual. O nível de salários oferecido em situação de incompletude é superior ao nível verificado em completude, mesmo no caso em que a experiência procura simular um contexto de concorrência onde a oferta de trabalhadores é superior à procura. Os trabalhadores tendem assim a recompensar as intenções de confiança sinalizadas pelos empregadores.

A resposta dominante na Economia a estes resultados controversos tem sido dada com o alargamento das preferências ao bem-estar dos outros, e mesmo a considerações morais, numa acepção ampla a que frequentemente é dada a designação de 'preferências sociais'. Estas formulações partem geralmente do pressuposto de que as motivações são plurais, podendo abarcar além do ganho monetário individual, outros valores.

Ilustrativo deste referencial teórico-analítico são os modelos que Falk *et al.* (2000) apresentam e que, de um modo geral, se caracterizam por procurarem incorporar nas preferências dos indivíduos a reciprocidade entendida como aversão pela desigualdade. Como referem Falk *et al.* (2000: 6), o que estes modelos têm em comum "é a premissa de que a utilidade dos jogadores [ou dos sujeitos experimentais] não depende unicamente do seu próprio pagamento mas também *dos pagamentos dos outros jogadores*".

Em particular no modelo de Fehr e Schmidt (1999), a que Falk *et al.* (2000) fazem referência, assume-se que os indivíduos experimentam uma desutilidade em virtude de resultados inequitativos, quer quando estes resultados lhes são desfavoráveis, quer quando lhes são favoráveis. Considera-se ainda que os indivíduos sofrem uma desutilidade maior quando os resultados materiais do jogo lhes são desfavoráveis do que no caso inverso.

McCabe *et al.* (2003) discutem a consistência de modelos como o de Fehr e Schmidt (1999) em situações em que a interpretação dos resultados do jogo (*payoffs*) pelos sujeitos experimentais difere consoante a percepção que estes têm das intenções dos outros jogadores. A obtenção por parte dos jogadores de um resultado global superior é apresentada por estes autores como dependendo do estabelecimento de um conjunto de crenças: o primeiro jogador deve considerar que a sua escolha vai ser interpretada pelo segundo jogador como um sinal de confiança e que em resultado disso este irá ter um comportamento de reciprocidade, assim como o segundo jogador só estará disposto a agir de forma recíproca se considerar que a intenção do primeiro jogador era estabelecer com ele uma relação de confiança. Os autores procuram assim mostrar que a formação de crenças acerca das intenções dos outros, a par da aversão que os sujeitos evidenciam por resultados desiguais, é também um factor que condiciona a emergência de um padrão de reciprocidade. A partir da experiência realizada, McCabe *et al.* (2003) sugerem ainda que a existência de ambiguidade em relação às intenções dos sujeitos presentes na interacção afecta negativamente a disposição para cooperar.

A reciprocidade é um conceito que tem adquirido centralidade nos modelos de 'preferências sociais'. Fehr e Gachter (2000) definem reciprocidade (positiva e negativa) como uma forma de cooperação condicional, que não se restringe à obtenção de ganhos futuros e, no entanto, se distingue da noção de altruísmo. Os autores apresentam evidência empírica que corrobora a existência de um padrão de reciprocidade como um traço fundamental do comportamento dos indivíduos em situações de dilema social.

Pode assim dizer-se que as 'preferências sociais' envolvem não só o alargamento das preferências a considerações normativas, como a própria resubstancialização das noções de preferência e de utilidade. O critério de maximização da utilidade individual deixa então de ter meramente subjacente um índice de preferências sem referência às motivações presentes na acção, uma lógica da escolha, para incorporar um conjunto de motivações que se consideram explicativas da acção. Porém, relativamente à concepção neoclássica de escolha, poder-se-á afirmar que esta acepção alargada da utilidade representa uma estratégia acomodatícia. Estes modelos continuam assim a aceitar acriticamente a redução unidimensional das diferentes motivações. De facto, o critério de maximização da utilidade, tendo agora como referência valores de diferente natureza ou tipo – considerações normativas, como a confiança, a justiça, ou o respeito pelos outros, e o pagamento monetário -, implica a admissibilidade e a legitimidade de todos os *trade-offs* entre as várias dimensões de valor do espaço de alternativas dadas. Este tipo de formulação partilha ainda com o modelo de 'escolha racional' um referencial teórico-analítico da escolha em que esta é vista como a selecção dos melhores meios para atingir fins dados.

Embora possa ser interpretada como uma reacção a modelos que se inserem na linha 'imperialista' de Becker, as 'preferências sociais' não os atingem no cerne dos problemas que eles suscitam. Opõem-se efectivamente a uma concepção estreita de utilidade, que a reduz à satisfação líquida proporcionada pelo consumo, mas não afectam Becker tendo em conta o entendimento ambíguo que ele tem das preferências.

De facto, para Becker (1993: 385), o modelo de 'escolha racional' é apenas um "método de análise", não envolvendo pressupostos particulares sobre motivações e não tendo a escolha racional que estar circunscrita por uma visão estreita do que constitui o interesse próprio. Segundo Becker (1993: 386), os "indivíduos maximizam o bem-estar *tal como eles o concebem*", legitimando assim a inclusão de todo e qualquer tipo de motivações numa função de utilidade única. Para Becker, todo o comportamento que envolva o confronto entre recursos escassos e objectivos ilimitados pode ser enquadrado e melhor compreendido na perspectiva do modelo de 'escolha racional', desde a análise da discriminação, à criminalidade, à educação e formação, ao casamento, divórcio, à fertilidade, às relações familiares e intergeracionais e mesmo à escolha pública e à política.

O que está assim em causa não é apenas uma concepção de interesse próprio demasiado estreita, que no entanto também existe, mas antes uma concepção do interesse pessoal que, embora mais abrangente, subsume na noção de preferências dimensões tão diversas como gostos e valores morais. Poder-se-á então argumentar que os modelos de 'preferências sociais' estão mais próximos das visões 'imperialistas' de Becker do que muitas vezes se supõe – ambos se traduzem na dissolução de todos os valores, incluindo os valores morais, numa função de utilidade unidimensional cuja maximização pressupõe a admissibilidade e a legitimidade de todos os *trade-offs*.

Por onde anda o indivíduo na Economia? Em torno de uma outra ontologia do agente

Os diferentes resultados experimentais que foram apresentados convergem na identificação dos limites do modelo de 'escolha racional' como modelo descritivo das escolhas dos indivíduos em contextos concretos. Agentes reais realizam escolhas que são susceptíveis de variar segundo a forma como percepcionam o contexto de decisão, comportando-se de forma inconsistente segundo os cânones da racionalidade, para além de nem sempre agirem como simples maximizadores do seu interesse próprio. Porém, apesar desta evidência acumulada, o esforço teórico tem sido de acomodação face ao paradigma neoclássico, não se verificando uma transformação mais profunda que crie as condições necessárias para uma revisão dos principais pressupostos da 'escolha racional'. De facto, não é possível descobrir nas extensões do modelo neoclássico uma nova ontologia do agente que o reconheça como um ser social e dotado de capacidades morais. E é por esta razão que a Economia continua a revelar uma grande dificuldade em compreender o modo como os indivíduos *efectivamente* escolhem e agem.

Poder-se-á afirmar que o próprio reducionismo com que algumas das abordagens sobre os limites da racionalidade tratam a escolha, restringindo-se a identificar os enviesamentos cognitivos e as heurísticas de decisão geralmente encontrados em contextos reais, contribui para a manutenção dos pressupostos do modelo de 'escolha racional'. Este modelo mantém-se assim como a referência normativa do que constitui a escolha racional e aqueles enviesamentos cognitivos como comportamentos 'anómalos', que poderão até vir a ser corrigidos caso se disponha de mais informação sobre os diferentes aspectos pertinentes do problema de decisão ou se o próprio enquadramento da escolha vier a permitir que ela se realize de forma mais satisfatória. Porém, as limitações do modelo de 'escolha racional' não residem apenas no facto de se mostrar demasiado exigente face às capacidades computacionais e de informação que os agentes reais geralmente exibem, mas também ao nível da própria concepção do que constitui a escolha racional e a deliberação.

Abordagens como a de Kahneman e Tversky, em que não existe reconhecimento da coloração social e normativa das escolhas e dos contextos que as enquadram, ou a das 'preferências sociais', em que se continua a considerar como admissível e legítimo todos os tipos de *trade-off* independentemente da natureza dos valores em confronto e do significado expressivo da própria escolha, não potenciam uma outra compreensão do que poderá constituir a escolha racional e a deliberação.

Estas abordagens, apesar de reconhecerem a influência que o contexto pode ter sobre a escolha, não conseguem, por exemplo, explicar como é que vários indivíduos podem construir diferentes percepções do mesmo contexto, ou como é que um mesmo indivíduo pode em diferentes momentos do tempo ter percepções distintas de um contexto que se mantém semelhante. A escolha continua aliás a ser vista, como no modelo neoclássico, em termos de uma sucessão discreta de deliberações. O facto do indivíduo de hoje revelar um comportamento de aversão ou de propensão ao risco em nada tem a ver com a sua experiência de lidar com situações de risco e de incerteza no passado, nem afectará a forma como o vai fazer no futuro. Por sua vez, o contexto é algo que é exterior ao indivíduo, que está separado dele e sobre o qual ele não tem capacidade de agir, sendo essencialmente percepcionado em termos de ganhos ou perdas em relação a um ponto de referência. Este ponto de referência é, no entanto, quase sempre determinado institucionalmente, podendo, por exemplo, ser estabelecido por uma determinada estrutura de direitos de propriedade. O que antes era visto apenas em termos de um ganho ou de uma perda, pode agora conter um significado que deriva de uma reflexão do sujeito acerca da desejabilidade da situação do ponto de vista da justiça, ou de outras dimensões valorativas e que pode variar caso o indivíduo apenas considere a sua situação pessoal ou a da sociedade de que faz parte.

Relativamente à acepção alargada do conceito de utilidade poder-se-á afirmar que ela preserva um determinado entendimento da racionalidade como maximização de preferências dadas, mesmo que se possa agora entender 'preferências dadas' como preferências endógenas ao contexto institucional (Bowles, 2004). Os agentes podem assim evocar diferentes valores consoante o contexto de interacção, representando as preferências uma "mistura heterogénea", que inclui desde "gostos (...), hábitos, emoções (...) e outras reacções viscerais" a "compromissos", "normas socialmente impostas" e "relações afectivas com os outros" (Bowles, 2004: 99), sem que os indivíduos incorram em qualquer tipo de dilema.

Tomando em consideração as situações experimentais de *gift exchange* apresentadas no segundo ponto, na perspectiva de Bowles (2004), os indivíduos ajustam as suas preferências e o seu comportamento ao facto de se estar numa situação de completude ou de incompletude contratual. Para o autor, enquanto a primeira situação é moralmente neutra, estando os vários interesses em confronto alinhados, a segunda envolve uma dimensão moral. Como "onde os contratos são completos, existe pouca razão económica para estarmos preocupados com as características psicológicas ou os compromissos morais do nosso parceiro na troca" (Bowles, 2004: 257), só quando os contratos são incompletos é que estas dimensões parecem ganhar relevância. Segundo Bowles (2004), em contexto de contrato completo, a perspectiva que se tem da escolha pode ser simplesmente a do modelo do *homo oeconomicus* oportunista.

Porém, em qualquer situação poderá haver lugar para escolhas que revelam ser moralmente difíceis, tendo em consideração a interpretação que o sujeito faz do contexto da acção e dos valores em confronto, bem como da possibilidade de efectivação de valores considerados importantes, ou, pelo contrário, da sua supressão. O não reconhecimento destes aspectos por parte da Economia resulta da ausência de uma certa ontologia do agente, que compreendendo os indivíduos como seres sociais, dotados de reflexão e de capacidade de acção, estenda a racionalidade aos fins da acção, não a circunscrevendo à mera selecção dos melhores meios para satisfazer fins dados.

Esta limitação da Economia estende-se ainda à sua concepção dos mercados como arenas de interacção moralmente neutras. Pelo contrário, quando os mercados são vistos como instituições que, ao mesmo tempo que facilitam a efectivação de certos valores, suprimem outros, a moralidade emerge como reflexão acerca dos valores que são efectivados (e/ou suprimidos), estando por isso inscrita nas próprias relações mercantis.

Chegados a este ponto coloca-se a questão que tem servido de orientação à argumentação aqui desenvolvida: por onde anda o indivíduo na Economia? O caminho que tem vindo a ser explorado propicia uma resposta, a de que o lugar para o indivíduo na Economia só poderá ser encontrado fora das extensões do modelo neoclássico, noutros contributos que a própria disciplina também soube ir construindo. Encontramos esses contributos de uma forma dispersa em autores como Smith, mas também em Hirschman e Sen, e na abordagem institucionalista.

A noção de metapreferências de Sen (1977) – preferências sobre as ordenações de preferências – e a distinção entre gostos e valores de Hirschman (1985) equivalem ao reconhecimento da capacidade que os indivíduos têm de reflectir sobre os fins da acção. A noção de metapreferências requer que os indivíduos não sejam unicamente movidos pelos seus gostos, sendo capazes de avaliar as consequências das suas escolhas para os outros e que com base nessa reflexão possam, em certas situações, proceder a escolhas que se baseiam num compromisso (*commitment*) que tem precedência hierárquica sobre todas as outras considerações presentes na escolha. Por seu turno, Hirschman (1985: 165) reconhece claramente que os seres humanos podem afastar-se "dos seus caprichos (*wants*), volições e preferências para perguntarem a si mesmos se realmente desejam ter esses caprichos (*real want these wants*) e preferir essas preferências formando em consequência metapreferências que podem diferir das suas preferências".

Destaque-se, finalmente, o velho institucionalismo norte-americano e a sua relação com a tradição pragmatista, onde é possível encontrar uma noção de deliberação e escolha racional profundamente divergente da perspectiva neoclássica. Em Dewey (1930 [1922]), a deliberação é um processo simultaneamente *criativo* e *imaginativo*, que não se restringe à selecção dos meios mais eficazes para alcançar fins dados, envolvendo antes a descoberta de novos fins e novos meios. À luz de Dewey (1930 [1922]), a 'escolha racional' de inspiração neoclássica não chegaria sequer a ser propriamente escolha, mas antes necessidade, que decorre da operacionalização de um algoritmo de maximização em que os fins são dados e as restrições conhecidas do agente.

Conclusão

Segundo Hirschman (1985), as incursões 'imperialistas' da economia neoclássica tomando de assalto todo e qualquer domínio da acção humana acabariam por expor os limites e as contradições da sua concepção de racionalidade.

Neste sentido, a evidência acumulada pela economia experimental e pela economia comportamental tem contribuído para tornar ainda mais claro a fragilidade do modelo neoclássico de escolha como modelo descritivo das escolhas de indivíduos reais em contextos concretos. As escolhas destes indivíduos afastam-se muitas vezes dos resultados previstos pelo paradigma neoclássico. A disciplina parece ter sido assim acometida por um novo enfoque, de que estes dois ramos recentes – a economia experimental e a economia comportamental – têm procurado dar conta. Há um esforço claro de identificação de regularidades comportamentais, geralmente associadas a um conjunto de enviesamentos cognitivos e de heurísticas de decisão. Este esforço tem sido ainda impulsionado por vários contributos oriundos de investigação fora da Economia, como é o caso da Psicologia e mais, recentemente, das Neurociências. Ao longo do texto procurou-se abordar os limites do modelo de 'escolha racional' que derivam, em particular, da escolha e do comportamento serem influenciados pelo modo como os indivíduos percepcionam o contexto de decisão e de estes não se comportarem muitas vezes como simples maximizadores do seu interesse próprio.

Porém, ao mesmo tempo que se mostrou a fragilidade do modelo de 'escolha racional', discutiu-se igualmente o alcance deste novo enfoque na Economia. Defendeu-se assim que o resultado tem sido essencialmente de um esforço de acomodação face ao paradigma neoclássico, de que os modelos de 'preferências sociais' constituem um bom exemplo. Os principais pressupostos da 'escolha racional' mantêm-se assim intactos. Estes pressupostos partilham uma determinada ontologia do agente, segundo a qual não é possível distinguir entre gostos e valores, não se reconhecendo assim capacidade de reflexão aos indivíduos, e em que a escolha é tratada unicamente em termos da selecção dos melhores meios para satisfazer fins dados. Este instinto de conservação por parte da disciplina em defesa de um corpo teórico-analítico que vê a escolha em termos da maximização de uma função de utilidade única tem como principal consequência a ausência de reconhecimento do indivíduo como um ser social, dotado de reflexão e de capacidade de acção.

Só a partir da consideração de como as escolhas podem ser moralmente difíceis, é que a Economia poderá estar apta a reconhecer como os contextos de acção, mercantis ou não, são também marcadamente morais. Neste sentido, os diversos arranjos institucionais que se vão construindo são o resultado de compromissos que se formam em torno de certos valores, ao mesmo tempo que levam à supressão de outros. A forma como estes compromissos vão sendo obtidos deriva sempre também do contexto institucional pré-existente. A capacidade de acção que aqui se perspectiva para o indivíduo nunca é em termos de uma acção isolada, mas sempre colectiva, e compreendida no reconhecimento simultâneo de como esta acção é enquadrada e moldada pelo contexto institucional e de como sendo parte integrante deste contexto pode contribuir para a sua transformação.

REFERÊNCIAS BIBLIOGRÁFICAS

BECKER, Gary (1993), "Nobel Lecture: The Economic Way of Looking at Behavior", *The Journal of Political Economy*, 101(3), 385-409.

BELL, David; Raiffa, Howard; Tversky, Amos (1988), *Decision Making. Descriptive, Normative, and Prescriptive Interactions*. Cambridge: Cambridge University Press.

BOWLES, Samuel (2004), *Microeconomics. Behavior, Institutions, and Evolution*. Nova York: Princeton University Press.

BREWER, Marilynn; Kramer, Roderick (1986), "Choice Behavior in Social Dilemmas: Effects of Social Identity, Group Size, and Decision Framing", *Journal of Personality and Social Psychology*, 50(3), 543-549.

COOKSON, R. (2000), "Framing Effects in Public Goods Experiments", *Experimental Economics*, 3, 55-79.

DEWEY, John (1930 [1922]), *Human Nature and Conduct. An Introduction to Social Psychology*. Nova York: The Modern Library.

FALK, Armin; Fehr, Ernst; Fischbacher, Urs (2000), "Appropriating the Commons – A Theoretical Explanation", *Institute for Empirical Research in Economics – Working Paper Series*, Working Paper n.º 55, 1-56.

FEHR, Ernst; Kirchler, Erich; Weichbold, Andreas; Gachter, Simon (1998), "When Social Norms Overpower Competition: Gift Exchange in Experimental Labor Markets", *Journal of Labor Economics*, 16(2), 324-351.

FEHR, Ernst; Schmidt, Klaus (1999), "A Theory of Fairness, Competition and Cooperation", *Quarterly Journal of Economics*, 114, 817-868.

FEHR, Ernst; Gachter, Simon (2000), "Fairness and Retaliation: The Economics of Reciprocity", *Journal of Economic Perspectives*, 14(3), 159-181.

GIGERENZER, Gerd; Selten, Reinhard (orgs.) (2001), *Bounded Rationality. The Adaptive Toolbox*. Cambridge MA: The MIT Press.

HIRSCHMAN, Albert (1985), "Against Parsimony: Three Easy Ways of Complicating some Categories of Economic Discourse", *Economics and Philosophy*, 1, 7-21.

KAHNEMAN, Daniel; Slovic, Paul; Tversky, Amos (1982), *Judgment under Uncertainty: Heuristics and Biases*. Cambridge: Cambridge University Press.

KAHNEMAN, Daniel; Tversky, Amos (1984), "Choices, Values and Frames", *American Psychologist*, 39, 341-350.

KAHNEMAN, Daniel (2003), "Maps of Bounded Rationality: Psychology for Behavioral Economics", *American Economic Review*, 93(5), 1449-1475.

MCCABE, Kevin; Rigdon, Mary; Smith, Vernon (2003), "Positive Reciprocity and Intentions in Trust Games", *Journal of Economic Behavior and Organization*, 52, 267-275.

McGraw, Peter; Tetlock, Philip; Kristel, Orie (2003), "The Limits of Fungibility: Relational Schemata and the Value of Things", *Journal of Consumer Research*, 30, 219-229.

Olson, Mancur (1998 [1965]), *A Lógica da Acção Colectiva. Bens Públicos e Teoria dos Grupos*. Oeiras: Celta Editora.

Robbins, Lionel (1984 [1935]), *An Essay on the Nature and Significance of Economic Science*. Nova York: New York University Press.

Sen, Amartya (1977), "Rational Fools", *Philosophy and Public Affairs*, 6(4), 317-344.

Simon, Herbert (1955), "A Behavioural Model of Rational Choice", *Quarterly Journal of Economics*, 69, 99-118.

Tversky, Amos; Kahneman, Daniel (1986), "Rational Choice and the Framing of Decisions", *Journal of Business*, 59(2), 251-278.

6. MODELOS RACIONAIS DE COMPORTAMENTOS IRRACIONAIS: UMA RI-ANÁLISE*

Marc Scholten

No meio de uma grande diversidade de caracterizações encontramos o economista como alguém que estuda a escolha sob escassez recorrendo a pressupostos de racionalidade. Neste capítulo abordo a validade e a utilidade destes pressupostos a partir de uma perspectiva psicológica. A minha exposição está organizada em redor de duas afirmações falaciosas que, segundo Thaler (1986), um dos fundadores da economia comportamental, ajudam a focar o debate entre a Psicologia e a Economia. Uma é que "todo o comportamento é racional". Outra é que "os modelos racionais são inúteis". Irei considerar estas duas afirmações sequencialmente.

"Todo o comportamento é racional"
A análise económica não costuma distinguir entre questões positivas ou descritivas (aquilo que as pessoas realmente fazem) e questões normativas ou prescritivas (aquilo que as pessoas racionais deviam fazer): pressupõe-se que as pessoas fazem o que deviam fazer (Thaler, 1980). Tanto a introspecção como a investigação empírica vêm questionar isto. Apresento a seguir uma amostra não-aleatória das anomalias à racionalidade detectadas ao longo das últimas décadas.

Irracionalidade no tratamento de custos comportamentais
A teoria económica dá directrizes claras sobre a forma como se deve tratar os custos comportamentais (Frank, 2002). As pessoas geralmente não seguem estas directrizes. Apresento quatro casos.
Dar mais peso a custos de bolso do que a custos de oportunidade. Um exemplo de Thaler (1980). O senhor João corta o seu próprio relvado. O filho do seu vizinho estaria disposto a fazê-lo por €8. O senhor João não estaria disposto a cortar o relvado do seu vizinho, igual ao seu, por €20. Uma lição elementar em Economia é que todos os custos são, de certa forma, custos de oportuni-

---

* Os meus agradecimentos a Ana Santos, José Faia Correia e Manuela Faia Correia pela correcção do português, e a Ana Santos e Ana Costa pelos comentários ao conteúdo deste capítulo.

dade: pagar €8 ao filho do vizinho significa não poder gastar €8 em outras coisas, e não receber €20 do vizinho significa não poder gastar €20 em coisas valiosas. Economicamente falando, o último é mais grave do que o primeiro. No entanto, o senhor João dá mais peso a pagar €8, um custo de bolso, do que a não receber €20, um custo de oportunidade. Este padrão, como muitas outras anomalias, explica-se pela função de valor da *prospect theory* (Kahneman e Tversky, 1979), ilustrada na Figura 1. Valor é conferido por mudanças de bem-estar, *não* por estados finais de bem-estar como a teoria económica pressupõe, e as mudanças negativas (perdas) pesam mais do que as mudanças positivas (ganhos), uma característica designada por *aversão às perdas*. Como se pode ver, perder €8 é mais doloroso do que não ganhar €20, i.e., $v(-8) < -v(20)$.[1]

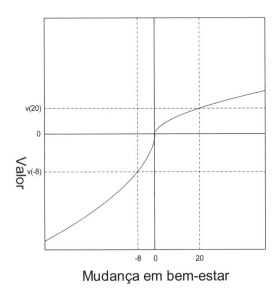

FIGURA 1: Custos de bolso e custos de oportunidade: as perdas são mais dolorosas do que os ganhos não obtidos

---

[1] Mais precisamente, assumindo que leva uma hora para cortar o relvado, o benefício líquido do filho do vizinho cortar o relvado é de $B(1h) - C(€8)$, o que dá um saldo negativo: O senhor João não quer este serviço. O benefício líquido de cortar o relvado do vizinho é de $B(€20) - C(1h)$, o que também dá um saldo negativo: O senhor João não quer este trabalho. Conjugando as duas coisas, temos $C(1h) - B(€20) > 0 > B(1h) - C(€8)$. Esta desigualdade verifica-se à medida que a aversão às perdas inflaciona $C(1h)$ e $C(€8)$.

Outro exemplo de Thaler (1980), desta vez com sustentação empírica. *Pergunta 1*: esteve exposto a uma doença que, uma vez contraída, conduz à morte rápida e sem sofrimento ao fim de uma semana. A probabilidade de contrair a doença é de .001. Qual o máximo que estaria disposto a pagar por uma cura? Resposta típica: $200. *Pergunta 2*: são precisos voluntários para uma investigação sobre uma doença que, uma vez contraída, conduz à morte rápida e sem sofrimento ao fim de uma semana. A única exigência da investigação é que os voluntários se exponham a uma probabilidade de .001 de contrair a doença. Qual o mínimo que teria de receber para participar nesta investigação? Resposta típica: $10.000. Ou seja, por mais de $200, o respondente típico aceita não voltar a ser saudável (custo de oportunidade, avaliado como um ganho não obtido), mas por menos de $10.000 não quer deixar de ser saudável (custo de bolso, avaliado como uma perda). Em termos gerais, verifica-se um *efeito de dotação* quando retirar um bem da dotação tem mais impacto do que acrescentar o bem à mesma.

Dar mais peso a perdas do que a custos de bolso. Apesar de sofrer um custo ser mais doloroso do que não obter um benefício, surge uma diferença psicológica entre um custo compensado por um benefício e uma perda não compensada. Resultados de Slovic *et al.* (1982) mostram isto mesmo. Na escolha entre uma perda certa de $50 e uma hipótese de 25% de perder $200, 80% dos participantes preferiu correr o risco. No entanto, apenas 35% dos participantes é que se recusou a pagar $50 para se proteger contra um risco de 25% de perder $200. Resultados de Kahneman e Tversky (1984) mostram a mesma coisa para perspectivas positivas. *Pergunta 1*: aceitaria um jogo em que pode ganhar $95 com uma hipótese de 10% ou perder $5 com uma hipótese de 90%? *Pergunta 2*: estaria disposto a pagar $5 para participar numa lotaria em que pode ganhar $100 com uma hipótese de 10%? Perante estas duas perguntas, 42% dos participantes mudaram de ideias, dos quais 76% rejeitaram o jogo na Pergunta 1 mas aceitaram a lotaria na Pergunta 2. Uma perda não compensada de $5 pesa mais do que um custo de $5 compensado por um benefício: a lotaria. Sendo $v(-5)$ o valor de uma perda de $5 e $\tilde{v}(-5)$ o valor de um custo de $5, temos $v(-5) < \tilde{v}(-5) < 0$.

Dar peso a custos históricos. Custos históricos são custos que não são recuperáveis no momento da decisão. Segundo a teoria económica, apenas os custos incrementais deviam ser considerados na tomada de decisão. Os custos históricos deviam ser ignorados. As pessoas, no entanto, não seguem esta directriz. Numa demonstração, os compradores de uma assinatura sazonal para o teatro, ao preço de $15, foram aleatoriamente divididos em três grupos: os que obtiveram um desconto de $7, os que obtiveram um desconto de $2 e os que não obtiveram desconto nenhum. Curiosamente, o último grupo visitou o teatro mais vezes do que os outros dois (Arkes e Blumer, 1985). Noutra demonstração, os visitantes de uma pizzaria "paga e come" pagaram $2,50 para entrar e foram aleatoriamente divididos em dois grupos: os que receberam, antes de começar a comer, o reembolso do preço de entrada e os que não receberam o reembolso. O último grupo comeu mais pizza do que o primeiro (Thaler, 1980; ver também Frank, 2002). A diferença psicológica entre um custo e uma perda poderá ajudar a explicar a consideração de custos históricos (Kahneman e Tversky, 1984). Digamos que o grupo reembolsado comeu até à dor da fartura ser igual ao prazer da pizza, i.e., v(pizza) + $\tilde{v}$ (fartura) = 0. Ou seja, estes senhores "comeram bem". Digamos também que o grupo não-reembolsado, tendo chegado ao mesmo ponto, considerou que restava ainda $1 para usufruir. Continuar a comer enquadra o dólar como um custo, parar de comer enquadra o dólar como uma perda. Uma vez que um custo é menos doloroso do que uma perda, continuou-se a comer, i.e., v(pizza) + $\tilde{v}$ (fartura) + $\tilde{v}$ (-1) > v(-1). Em geral, pagar pelo direito de usar um bem aumenta a taxa de utilização do bem (Thaler, 1980).

Dar peso a aparências no tratamento de custos. Na teoria económica, o custo de oportunidade de gastar um euro numa coisa é não poder gastar o euro noutra coisa. Um euro é um euro. As pessoas também não seguem esta directriz. Um exemplo (Tversky e Kahneman, 1981; ver também Thaler, 1980). *Situação 1.* Está perante a decisão de comprar um casaco por $125 e uma calculadora por $15. O vendedor informa-o que a calculadora está à venda a um preço promocional de $10 noutra sucursal da loja, a 20 minutos de distância. Desloca-se à outra sucursal? *Situação 2.* Está perante a decisão de comprar um casaco por $15 e uma calculadora por $125. O vendedor informa-o que a calculadora está à venda a um preço promocional de $120 noutra sucursal da loja, a 20 minutos de distância. Desloca-se à outra sucursal? Segundo a teoria económica, a questão é se a poupança de $5 compensa o custo (financeiro e temporal) da deslocação. No entanto, 68% dos participantes disse que sim na Situação 1, comparado com apenas 29% na Situação 2. Aparentemente, o bem em promoção serve como ponto de referência e poupar $5 em $15 parece mais do que poupar $5 em $125. Neste momento, os psicólogos reconhecem a lei Weber-Fechner, a qual é incorporada na função de valor da *prospect theory*: o impacto marginal de um custo (ou de um benefício) diminui com a sua magnitude. Esta característica, designada por *sensibilidade decrescente*, é ilustrada na Figura 2.

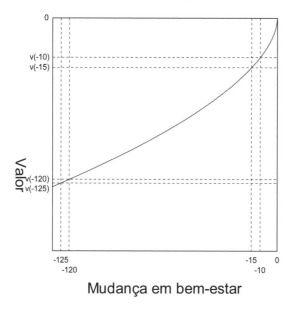

FIGURA 2: Aparências no tratamento de custos:
poupar $5 em $15 parece mais do que poupar $5 em $125.

Outro exemplo (Tversky e Kahneman, 1981). *Situação 1*. Decidiu ir ver uma peça de teatro. O preço do bilhete é de $10. Quando chega à bilheteria, repara que perdeu uma nota de $10. Pagaria $10 pelo bilhete? Aqui, 88% dos participantes disse que sim. *Situação 2*. Decidiu ir ver uma peça de teatro e pagou $10 pelo bilhete. Quando chega à sala, repara que perdeu o bilhete. Pagaria $10 por outro bilhete? Agora, apenas 46% disse que sim. Novamente, a explicação parece estar no ponto de referência induzido pelas situações. Acrescentar $10 às "despesas gerais", o ponto de referência induzido pela Situação 1, parece menos (sensibilidade decrescente) do que acrescentar $10 às "despesas para o divertimento" ou, ainda mais restritivo, as "despesas para o teatro", o ponto de referência induzido pela Situação 2.

Resumindo, as pessoas são manifestamente irracionais no seu tratamento de custos comportamentais. E poder-se-iam referir ainda outros casos: as pessoas não atribuem o devido peso aos custos de transacção e aos custos externos do seu comportamento, para além de pesarem indevidamente os custos (e benefícios) totais, em detrimento dos custos e benefícios marginais, do seu comportamento (Frank, 2002). Mas a irracionalidade no tratamento de custos é apenas *uma* manifestação da irracionalidade no estabelecimento de preferências. Segue uma análise mais abrangente e abstracta, em que identifico alguns axiomas da escolha racional bem como algumas violações dos mesmos.

Irracionalidade no estabelecimento de preferências

A teoria económica invoca vários axiomas da escolha racional que, em conjunto, caracterizam o comportamento de maximização (constrangida) de utilidade. Os axiomas definem a consistência do comportamento ("como escolher"), não a sua substância ("o que escolher"). A minha exposição confina-se a quatro axiomas. A *exaustividade*: a pessoa prefere uma opção à outra *ou* prefere a segunda à primeira *ou* então prefere as duas opções igualmente (indiferença). A *transitividade*: se uma pessoa prefere uma opção à outra, e a segunda opção a uma terceira, então prefere a primeira opção à terceira. A *dominância*: se uma opção é superior à outra opção em pelo menos um aspecto e não inferior à segunda opção em nenhum aspecto, então a opção dominante é escolhida. Por fim, a *invariância*: descrições diferentes do mesmo problema de escolha resultam em ordens de preferência idênticas (*invariância de descrição*) e procedimentos diferentes de eliciar a preferência entre as mesmas opções de escolha também resultam em ordens de preferência idênticas (*invariância de procedimento*). O estatuto normativo destes axiomas parece indiscutível, mas o seu estatuto descritivo é altamente questionável.

O efeito de dotação. Como foi referido anteriormente, retirar um bem da dotação tem mais impacto do que acrescentar o bem à mesma. Numa experiência de Knetsch (1995), este efeito conduziu a violações de três dos quatro axiomas supramencionados. Havia três bens: um copo, uma caneta e \$2.[2] Em grupos de participantes diferentes, cada um destes bens servia como a dotação incial, que podia ser trocado por cada um dos restantes bens, mais 5¢. Por exemplo, trocar um copo por uma caneta mais 5¢. Os 5¢ foram incluídos para desmotivar inércia. Primeiro, se o participante fosse indiferente entre o copo e a caneta, os 5¢ deviam impulsioná-lo para a troca. Segundo, se o participante fosse indiferente entre o copo e a caneta mais 5¢, a situação inversa devia impulsioná-lo para trocar uma caneta por um copo mais 5¢, um vez que,

---

[2] O "copo" era de facto uma "caneca", mas isto introduziria confusão evitável na tradução portuguesa.

pressupostamente, o segundo bem domina o primeiro. Os resultados estão resumidos na Tabela 1. A inércia é evidente: os participantes não quiseram trocar um bem por outro mas, na situação inversa, também não quiseram trocar o segundo bem pelo primeiro. Os resultados violam a exaustividade, porque, por exemplo, um copo ≻ uma caneta + 5¢ e, ao mesmo tempo, uma caneta ≻ um copo + 5¢.[3] A implicação destas preferências é que um copo ≻ um copo + 5¢, em violação à dominância. Os resultados também violam a transitividade, porque, por exemplo, um copo ≻ uma caneta + 5¢, uma caneta ≻ \$2 + 5¢ e \$2 ≻ um copo + 5¢. A implicação destas preferências é, novamente, que um copo ≻ um copo + 5¢, em violação à dominância. Em breve, o efeito de dotação, resultante da aversão às perdas, coloca um grande desafio aos axiomas da escolha racional.

Dotação inicial	Oferta alternativa	Dotação inicial	Oferta alternativa	Dotação inicial	Oferta alternativa
Copo 88%	Caneta+5¢ 12%	Copo 97%	\$2 + 5¢ 3%	Caneta 82%	\$2 + 5¢ 18%
Caneta 90%	Copo+5¢ 10%	\$2 82%	Copo+5¢ 18%	\$2 86%	Caneta+5¢ 14%

TABELA 1: O efeito de dotação: proporções de indivíduos que trocaram uma dotação inicial por uma oferta alternativa. Adaptado de Knetsch (1995).

Efeitos de enquadramento. Tal como a percepção verídica requer que a percepção da altura relativa de duas montanhas não se inverta com mudanças do ponto de vista, o paradigma racional requer que a preferência relativa entre duas opções não se inverta com mudanças de enquadramento. Tversky e Kahneman (1981) reportam uma das violações mais famosas deste requisito. Uma doença Asiática ameaça a vida de 600 pessoas. Têm sido propostos dois programas para combater a doença. Programa A: 200 pessoas serão salvas. Programa B: há uma probabilidade de $1/3$ de que 600 pessoas serão salvas e uma probabilidade de $2/3$ de que ninguém será salvo. Nesta situação, 72% dos participantes preferiu A. Outro grupo, no entanto, foi confrontado com uma descrição diferente do mesmo problema de escolha. Programa C: 400 pes-

---

[3] O símbolo '≻' indica 'é preferido a'.

soas irão morrer. Programa D: há uma probabilidade de Đ de que ninguém irá morrer e uma probabilidade de Đ de que 600 pessoas irão morrer. Nesta situação, apenas 22% preferiu C. Este resultado apresenta uma violação da exaustividade, sendo que A ≻ B mas D ≻ C, onde A = C e B = D. Também apresenta uma violação da invariância de descrição, uma vez que descrições diferentes do mesmo problema de escolha resultaram em ordens de preferência inversas. Este resultado é explicado facilmente pela função de valor da *prospect theory*: a sensibilidade decrescente contribui para aversão ao risco em ganhos (A-B) mas para propensão ao risco em perdas (C-D).

Inversões de preferência. A Figura 3 mostra dois instrumentos para medir o peso: uma balança de pratos e uma balança de gancho. Ao determinar qual de dois objectos é mais pesado, espera-se que os dois instrumentos dêem a mesma ordem. Do mesmo modo, o paradigma racional espera que, ao determinar qual de duas opções é a mais preferida, os instrumentos para medir a preferência dêem a mesma ordem. Por exemplo, diz-se que A é preferida a B quando A é escolhida em detrimento de B ou quando A tem um preço de reserva mais elevado do que B.[4] Tversky e Thaler (1990) reportam uma das muitas experiências em que isto não sucede. Pediu-se primeiro aos participantes para escolherem entre dois jogos com valor esperado aproximadamente igual. Um jogo, designada por jogo A ('A' de alta probabilidade de ganhar), tinha uma alta probabilidade de ganhar uma quantia relativamente pequena (ex. uma probabilidade de 8/9 de ganhar $4), enquanto o outro jogo, designado por jogo B ('B' de baixa probabilidade de ganhar), tinha uma baixa probabilidade de ganhar uma quantia relativamente grande (ex. uma probabilidade de 1/9 de ganhar $40). A maioria dos participantes, 71%, escolheu o jogo A. A seguir, pediu-se aos participantes para indicarem o preço de reserva de cada um dos jogos. Mais especificamente, o preço mínimo pelo qual estariam dispostos a vender o jogo se este lhes pertencesse. Uma maioria, 67%, atribuiu um preço de reserva mais elevado ao jogo B. Este resultado apresenta, obviamente, uma violação da exaustividade, sendo que A ≻ B e B ≻ A.

---

[4] O preço de reserva estabelece a indiferença entre adquirir e não adquirir um bem: um preço superior leva a pessoa a rejeitar a adquisição, um preço inferior leva a pessoa a aceitar a adquisição.

FIGURA 3: Uma balança de pratos (esquerda) e uma balança de gancho (direita).

Uma das explicações do resultado pode ser a violação da transitividade. Nesta explicação, a invariância de procedimento *não* é violada. Sendo C_A e C_B o preço de reserva do jogo A e B, respectivamente, a inversão de preferência sugere o seguinte padrão intransitivo de preferências: $C_A \sim A \succ B \sim C_B \succ C_A$.[5] Uma explicação alternativa é a violação da invariância de procedimento. Nesta explicação, a *transitividade* não é violada. Duas discrepâncias podiam gerar a inversão de preferência: sobrestimar o preço do jogo B, em que o participante preferiria o preço de reserva ao jogo numa escolha directa entre eles, i.e., $C_B \succ B$, ou subestimar o preço do jogo A, em que o participante preferiria o jogo ao preço de reserva numa escolha directa entre eles, i.e., $A \succ C_A$. Tversky *et al.* (1990) analisaram o assunto de forma mais aprofundada e concluíram que as inversões de preferência se devem principalmente à sobrestimação do preço do jogo B, ou seja, à violação da invariância de procedimento.

Mas qual é a causa desta sobrestimação? Aqui, Slovic *et al.* (1990) recorrem ao conceito de compatibilidade entre estímulo e resposta, emprestado dos *human factors*. Por exemplo, é mais fácil manejar um fogão de quatro bicos dispostos em quadrado quando os botões estão dispostos em quadrado também do que quando estão dispostos em linha. De modo mais geral, o peso de um atributo do estímulo no julgamento e na escolha é aumentado pela sua compatibilidade com a escala de resposta. Uma vez que o preço de reserva é expresso em dólares, a compatibilidade implica que as quantias monetárias,

---

[5] O símbolo '~' indica 'é igualmente preferido a' (indiferença).

que são expressas na mesma unidade, recebem um peso maior no estabelecimento de preços de reserva do que na escolha. E uma vez que a quantia monetária do jogo B é maior do que a quantia monetária do jogo A, a implicação é a sobrestimação do preço do jogo B. Qualquer que seja a explicação adoptada, as inversões de preferência levantam uma questão raramente colocada pelos economistas: como se deverá operacionalizar a noção da preferência?

Conclusão

Olhando para as mais diversas anomalias aos pressupostos de racionalidade, parece impossível defender que "todo o comportamento é racional". Talvez o comportamento de certas pessoas em determinadas circunstâncias seja racional, mas, como descrição genérica da realidade, como descrição do "agente representativo", os pressupostos da racionalidade parecem inválidos. Isto não quer dizer que sejam inúteis, como argumentarei de seguida.

"Os modelos racionais são inúteis"

A meu ver, os pressupostos da racionalidade continuam a ser úteis, não só para as análises normativas, que deram origem aos pressupostos, mas também para as análises descritivas.

Análises normativas

As análises normativas baseiam-se na lógica e, predominantemente, na matemática. O comportamento descrito por modelos normativos é igualmente lógico e matematicamente correcto. As análises *estritamente* normativas descrevem ou, melhor, prescrevem como as pessoas racionais se deviam comportar, idealmente falando. A Economia, enquanto ciência empírica, aplica os modelos normativos para descrever comportamento real. Nestas aplicações, a distinção entre análises normativas e análises descritivas começa a ficar indistinta: pressupõe-se que o comportamento real coincide com o comportamento ideal. É *nestas* aplicações, portanto, que os economistas acabam por afirmar que "todo o comportamento é racional".

Confrontados com as anomalias à racionalidade, os economistas têm tentado preservar a utilidade dos modelos racionais de duas maneiras. A primeira é abandonar os axiomas cujo estatuto normativo poderia ser questionado. A transitividade é um deles, abandonada por várias teorias, tais como as teorias de arrependimento na escolha sob incerteza (Bell, 1982; Loomes e Sugden, 1982). Um exemplo intuitivo de não transitividade na escolha sob certeza, inspirado em Fishburn (1970): alguém que é indiferente entre

(Volkswagen, €25.000) e (Seat, €24.000), e indiferente entre (Vokswagen, €25.050) e (Seat, €24.000), devia ser indiferente entre (Volkswagen, €25.000) e (Volkswagen, €25.050), contrariamente ao que acontece.[6] Será, então, uma boa iniciativa enfraquecer os modelos normativos, abandonando a transitividade e outros axiomas possivelmente questionáveis, para salvar o seu estatuto descritivo? Parece que não, por duas razões.

Primeira: não são violados apenas os axiomas cujo estatuto normativo poderia ser questionado; são violados também os axiomas que são indispensáveis ao paradigma racional, tais como a dominância e a invariância (Tversky e Kahneman, 1986). Isto sugere que uma análise normativa é uma coisa, uma análise descritiva é outra. As duas análises são incompatíveis: um modelo normativamente correcto não é descritivamente correcto e *vice versa*.

Segunda: não é claro a quem os modelos enfraquecidos da escolha racional se referem (Shafir, 1993). Por um lado, não se referem a agentes ilimitadamente racionais, porque *eles* comportam-se em conformidade com todos os axiomas e não vêem necessidade nenhuma de abandonar um ou outro. Regressando ao Volkswagen e ao Seat, acrescentar €50 ao preço do Volkswagen deveria dar vantagem ao Seat, caso contrário a pessoa não era verdadeiramente indiferente à partida. Se a = b, então a + c > b, para c > 0. Não se reformula a matemática porque as pessoas cometem erros sistemáticos na aritmética. Por outro lado, os modelos enfraquecidos da escolha racional não se referem a pessoas reais, porque elas violam *todos* os axiomas, inclusivamente os que são normativamente indispensáveis.

Em suma, enfraquecer os modelos normativos não parece uma boa ideia: Perde-se validade normativa sem ganhar (muita) validade descritiva. Mas os economistas têm tentado preservar a utilidade dos modelos racionais de outra maneira também: levantar argumentos *a priori* em defesa da racionalidade ilimitada. Alguns destes são argumentos pela negativa, descontando a relevância das anomalias à racionalidade: elas desapareceriam devido à força correctiva de incentivos, aprendizagem e competição, e devido também ao cancelamento de erro no processo de agregação. O alcance de cada um destes argumentos pode ser questionado (ver Conlisk, 1996; Thaler, 1986; Tversky e Kahneman, 1986), mas, à partida, o último parece ser o mais fraco, porque

---

[6] Tversky (1972) dá um exemplo inspirado em Savage: Alguém que é indiferente entre uma viagem a Roma e uma viagem a Paris, e indiferente entre uma viagem a Roma + $1 e uma viagem a Paris, devia ser indiferente entre uma viagem a Roma e uma viagem a Roma + $1, contrariamente à intuição.

o erro revelado pelas anomalias é sistemático. Outros são argumentos pela positiva: a protecção que um paradigma unificador fornece contra uma proliferação de teorias e hipóteses *ad hoc*, a elegância matemática do modelo da maximização constrangida de utilidade, e a validade paramórfica da teoria racional, pela qual as pessoas agem *como se fossem* ilimitadamente racionais. Cada um destes argumentos pode ser questionado também (ver Conlisk, 1996), mas aqui considero ainda outro argumento nesta categoria, o qual tem recebido pouca atenção: os modelos derivados dos axiomas da escolha racional fornecem, pela força intuitiva destes, uma descrição aceitável da realidade (Tversky e Kahneman, 1986).

Obviamente, não é pela força intuitiva dos axiomas que os modelos racionais fornecem uma descrição aceitável da realidade: o argumento não distingue entre questões normativas e questões descritivas. Mas a verdade é que os axiomas *têm* uma força intuitiva, não apenas para os economistas, mas também para os leigos, os mesmos que os violam com tanta facilidade (Shafir, 1993; Shafir e LeBoeuf, 2002). "5 euros são 5 euros": as pessoas não precisam de muita reflexão para ver a lógica disto. "Mas 5 euros em 15 parecem mais do que 5 euros em 125": a aparência persiste. À medida que as pessoas se comportam conforme a aparência, temos uma falha da teoria racional.[7] Mas isto não quer dizer que esta teoria seja inútil ao apontar qual o comportamento que seria normativamente correcto:

> The standard theory under attack is not just any theory, but a theory of rational behavior with normative force. Failures of rationality at the individual or collective level are not simply failures of a particular obsolete model but also a deeper challenge to intuitions about human behavior. (Prelec, 2006, p. 335)

Assim, as análises normativas voltam a ser análises *estritamente* normativas: apontar qual o comportamento que seria normativamente correcto. À medida que se transborda o domínio normativo ao aplicar os modelos racionais empiricamente, deve-se questionar se e como o comportamento real se desvia da racionalidade. Ou seja, a Economia deve, como qualquer outra disciplina,

---

[7] Temos uma falha da teoria racional, porque, com 5 euros, pagamos 2 pastéis, 1 água e 1 café, independentemente dos 5 euros serem poupados numa compra de 15 euros ou numa compra de 125 euros.

estar atenta às *discrepâncias* entre a teoria e a realidade. A detecção e explicação destas discrepâncias enquadram-se nas análises descritivas, discutidas abaixo.

Análises descritivas

Já constatámos que as análises normativas são incompatíveis com as análises descritivas: um modelo normativamente correcto não é descritivamente correcto e *vice-versa*. O objectivo das análises descritivas é construir modelos válidos do comportamento real. Estritamente falando, este objectivo podia ser cumprido sem consideração dos modelos racionais, mas as coisas não são assim tão simples.

Em primeiro lugar, como foi referido anteriormente, os axiomas dos quais derivam os modelos racionais têm uma força intuitiva, quer para os economistas, quer para os leigos. Faz todo o sentido, então, questionar-se se e como o comportamento real se desvia da racionalidade, e porquê. Em economia comportamental, a prática é normalmente essa: o investigador suspeita que o comportamento real se desviará do comportamento ideal, comprova isto empiricamente, e constrói um modelo descritivo que explique os desvios à racionalidade. Assim, os modelos racionais fornecem algo muito valioso às análises descritivas, algo que falta em muitas outras áreas de investigação: uma hipótese nula com credibilidade e autoridade. Nas outras áreas, a prática corrente é adoptar uma hipótese nula que prevê um *efeito* nulo, que é normalmente uma hipótese na qual ninguém acredita.[8] Estabelecer a racionalidade como hipótese nula dá-lhe o benefício da dúvida, o que poderá ser criticado também. De qualquer forma, enquanto hipótese nula, a racionalidade perde o seu estatuto privilegiado (ver Tversky e Kahneman, 1986) de verdade auto--evidente, idealização razoável e tautologia.

O uso da racionalidade como ponto de referência tem sido criticado por economistas que se interrogam: "onde é que está a teoria?" (Thaler, 1986). Neste sentido, tem sido argumentado que um catálogo de anomalias à racionalidade nada nos diz sobre o que se passa realmente na tomada de decisão (Machina, 1999). Facto é, no entanto, que *há* teorias descritivas que nos dizem alguma coisa, sendo a *prospect theory* uma das grandes conquistas. Pelo menos, serviu para um Prémio Nobel. Ironicamente, a *prospect theory*

---

[8] Conlisk (1996, p. 684-685) queixa-se da mesma coisa em economia e diz: "This [practice] is somewhat like arm wrestling a rag doll; it doesn't prove anything – unless the rag doll wins".

emergiu como uma tentativa de explicar todas as anomalias conhecidas na altura no quadro de um universo reduzido de escolhas sob risco, com o *mínimo* de alterações à teoria da utilidade esperada (Kahneman, 2000). Ou seja, a teoria normativa serviu como ponto de referência para a construção de uma teoria descritiva.

Em segundo lugar, as normas da racionalidade geralmente são respeitadas quando a sua aplicabilidade é transparente, mas são violadas quando a sua aplicabilidade passa despercebida. Neste sentido, a racionalidade torna-se um *fenómeno*, como outro qualquer. Um excelente exemplo deve-se a Tversky e Kahneman (1986). Consideremos uma escolha entre duas lotarias, descritas pela percentagem de berlindes de cores diferentes em cada urna e a quantia de dinheiro que se ganha ou perde dependente da cor de um berlinde tirado ao acaso.

A	90% branco €0	6% vermelho Ganha €45	1% verde Ganha €30	1% azul perde €15	2% amarelo perde €15
B	90% branco €0	6% vermelho Ganha €45	1% verde ganha €45	1% azul perde €10	2% amarelo perde €15

Confrontados com esta escolha, 100% dos participantes escolheu B, em conformidade com a teoria racional, porque B domina A. Agora a seguinte escolha.

C	90% branco €0	6% vermelho Ganha €45	1% verde Ganha €30	3% amarelo perde €15
D	90% branco €0	7% vermelho Ganha €45	1% azul perde €10	2% amarelo perde €15

Confrontados com esta escolha, 58% escolheu C, em violação à teoria racional, porque C é dominada por D. Segundo a *prospect theory*, o comportamento variável surge da aplicação de heurísticas diferentes. Na escolha entre A e B, a relação de dominância é transparente e as pessoas recorrem à heurística "detecção de dominância". Na escolha entre C e D, a relação de dominância não é nada transparente. Para ver tal relação, as pessoas deviam usar os seguintes óculos:

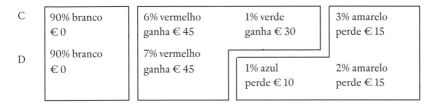

Aparentemente, isto não é a forma natural de ver as coisas. Em vez disto, as pessoas usam os seguintes óculos:

C	90% branco € 0	6% vermelho ganha € 45	1% verde ganha € 30	3% amarelo perde € 15
D	90% branco € 0	7% vermelho ganha € 45	1% azul perde € 10	2% amarelo perde € 15

Vendo as coisas assim, as pessoas recorrem à heurística "simplificação": elas ignoram as pequenas diferenças entre 6% e 7% e entre 3% e 2%, e focalizam no ganho de € 30 e a perda de € 10. Evidentemente, se nós emprestássemos os óculos do *homo economicus* às pessoas, elas detectariam a dominância e escolheriam D. Mas tira-lhes estes óculos, e elas voltam a pôr os óculos de *homo sapiens*, e assim voltam a sentir que C é melhor do que D. Desta vez, no entanto, *sabendo* que C é dominada por D, elas provavelmente escolheriam D.

A situação das escolhas entre as lotarias é semelhante ao que acontece com ilusões visuais. Considere a famosa ilusão Müller-Lyer na Figura 4.

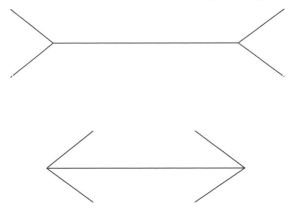

Figura 4: A ilusão Müller-Lyer.

Qual destas linhas é mais comprida? O ser humano diz: "a de cima". (Há pessoas que dizem que as linhas são iguais, mas elas dizem o que *sabem*, não o que *vêem*.) Agora, passando para a Figura 5, vamos acrescentar um apoio ao campo visual.

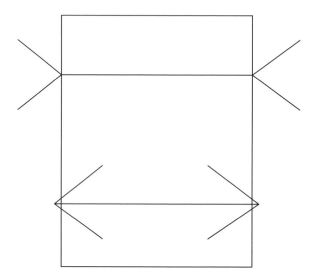

FIGURA 5: A ilusão desaparece ao acrescentar um apoio no campo visual.

Com este apoio, vemos que a linha de cima não é mais comprida. Mas as linhas também não são iguais. (Neste momento, as pessoas que disseram isto ficam muito caladinhas. E com razão, porque acabaram de ser apanhadas pela *curse of knowledge*.) Vemos que a linha de baixo é mais comprida. Mas ao tirarmos o apoio voltamos a ver a linha de cima como mais comprida. Ou seja, a ilusão é real, desaparece ao acrescentar um apoio no campo visual, mas reaparece ao eliminar o apoio. Isto ilustra o papel da teoria normativa: há uma forma correcta de ver as coisas. Também ilustra o papel da teoria descritiva: há formas diferentes de ver as coisas, o que precisa se uma explicação. Para além disto, ilustra o papel da teoria normativa na análise descritiva: sem auxílio da teoria normativa, passaria despercebido que se trata de uma ilusão.

Reconstrução da racionalidade?
A ciência avança pela detecção de anomalias às teorias incumbentes e pela explicação das anomalias com base em teorias alternativas, melhor ajustadas

à realidade. Se as teorias antigas não se tornam obsoletas é porque continuam a servir como uma aproximação razoável da realidade ou então como um caso específico de uma teoria mais geral. A teoria racional da tomada de decisão é uma das grandes excepções a esta regra: não é uma aproximação razoável da realidade, não é um caso específico de uma teoria mais geral, mas também não se tornou obsoleta. Porquê? Primeiro, porque as pessoas (cientistas inclusivé), apesar de violarem os pressupostos da racionalidade, reconhecem, no entanto, a sua força normativa. Segundo, porque as pessoas respeitam os pressupostos da racionalidade quando a sua aplicação é transparente. (Pode-se questionar, no entanto, em que medida, num mundo complexo, tal transparência existe.) Desta forma, a teoria racional continua ser útil para as análises normativas (o que as pessoas devem fazer) e para as análises descritivas (o que as pessoas realmente fazem; frequentemente, desrespeitar as normas).

A minha perspectiva opõe-se a uma que visa reconstruir a própria racionalidade em função das anomalias detectadas, partindo do princípio que uma teoria normativa deve ser um boa teoria descritiva. Por exemplo, se a *prospect theory* descreve melhor a tomada de decisão do que a teoria racional, então a primeira tem maior poder normativo do que a segunda. Num caso concreto, se os custos de bolso são mais pesados para as pessoas do que os custos de oportunidade, então deve-se evitar os custos de bolso. Para apreciar esta proposta, voltemos ao caso do senhor João, no início deste capítulo, que não quer cortar o relvado do vizinho por €20, mas também não quer que o filho do vizinho corte o seu relvado por €8. Temos que dizer ao senhor João que faz muito bem e que tem toda a razão? Ou temos que apontar que, cortando o seu relvado e não o do vizinho, está a sacrificar €12, sem nada de real em troca? Na minha perspectiva, a segunda opção é a normativamente correcta.

Nota final

Neste texto abordei a validade e a utilidade do paradigma racional a partir de uma perspectiva psicológica. Mas não é necessário ser *psicólogo* para adoptar esta perspectiva: muitos economistas infiéis, que hoje em dia se chamam economistas comportamentais, ajudaram a construí-la. Também não é *suficiente* ser psicólogo para apreciar a perspectiva aqui adoptada: muitos psicólogos são (irracionalmente?) avessos à ciência económica e, devido a isto, indiferentes perante as questões colocadas pelo paradigma racional. Assim, podemos terminar com uma pequena conversa imaginária entre três cientistas. O economista: "a racionalidade funciona". O economista comportamental: "a racionalidade não funciona". O psicólogo: "porque é que a racionalidade havia de funcionar?"

REFERÊNCIAS BIBLIOGRÁFICAS

ARKES, Hal; Blumer, Catherine (1985), "The psychology of sunk cost", *Organizational Behavior and Human Decision Processes, 35*, 124-140.

BELL, David (1982), "Regret in decision making under uncertainty", *Operations Research*, 30, 961-981.

CONLISK, John (1996), "Why bounded rationality?", *Journal of Economic Literature*, 34, 669-700.

FISHBURN, Peter (1970). "Intransitive indifference in preference theory: A survey", *Operations Research*, 18, 207-228.

FRANK, Robert (2002), *Microeconomics and behavior*. Boston, MA: McGraw-Hill/Irwin.

KAHNEMAN, Daniel (2000), "Preface", *in* Daniel Kahneman; Amos Tversky (org.), *Choices, values, and frames*. Cambridge, MA: Cambridge University Press, ix-vxii.

KAHNEMAN, Daniel; Tversky, Amos (1979), "Prospect theory: An analysis of decision under risk", *Econometrica*, 47, 363-391.

KAHNEMAN, Daniel; Tversky, Amos (1984), "Choices, values, and frames", *American Psychologist*, 39, 341-350.

KNETSCH, Jack (1995), "Asymmetric valuation of gains and losses and preference order assumptions", *Economic Inquiry*, 33, 134–141.

LOOMES, Graham; Sugden, Robert (1982), "Regret theory: An alternative of rational choice under uncertainty", *Economic Journal*, 92, 805-824.

MACHINA, Mark (1999), "A challenge to the "econoclasts": A commentary on "Rationality for economists?", *Journal of Risk and Uncertainty*, 19, 107-108.

PRELEC, Drazen (2006), "Rebuilding the boat while staying afloat: The modeling challenge for behavioral economics", *Journal of Marketing Research*, 43, 332-336.

SHAFIR, Eldar (1993), "Intuitions about rationality and cognition", *in* Ken Manktelow; David Over (org.) *Rationality*. Londres: Routledge, 260-283.

SHAFIR, Eldar; LeBoeuf, Robyn (2002), "Rationality", *Annual Review of Psychology*, 53, 491-517.

SLOVIC, Paul; Fischhoff, Baruch; Lichtenstein, Sarah (1982), "Response mode, framing, and information-processing effects in risk assessment", *in* Robin Hogarth (org.), *New directions for methodology of social and behavioral research: Question framing and response consistency*. San Francisco: Jossey-Bass, 21-36.

SLOVIC, Paul; Griffin, Dale; Tversky, Amos (1990), "Compatibility effects in judgment and choice", *in* Robin Hogarth (org.), *Insight in decision making. A tribute to Hillel J. Einhorn*. Chicago: University of Chicago Press, 5 – 27.

THALER, Richard (1980), "Toward a positive theory of consumer choice", *Journal of Economic Behavior and Organization*, 1, 39-60.

THALER, Richard (1986), "The psychology and economics conference handbook: Comments on Simon, on Einhorn and Hogarth, and on Tversky and Kahneman", *Journal of Business*, 59, S279-S284.

TVERSKY, Amos (1972), "Elimination by aspects: A theory of choice", *Psychological Review*, 79, 281-299.

TVERSKY, Amos; Kahneman, Daniel (1981), "The framing of decisions and the psychology of choice", *Science*, 211, 453-458.

TVERSKY, Amos; Kahneman, Daniel (1986), "Rational choice and the framing of decisions", *Journal of Business Research*, 59, S251-S278.

TVERSKY, Amos; Slovic, Paul; Kahneman, Daniel (1990), "The causes of preference reversal", *American Economic Review*, 80, 204-217.

TVERSKY, Amos; Thaler, Richard (1990), "Anomalies: Preference reversals", *Journal of Economic Perspectives*, 4, 201-211.

7. TERÁ CHEGADO O TEMPO DOS ARQUITECTOS E DESIGNERS ECONÓMICOS?*

Ana Cordeiro Santos

Economia é Política

Períodos de convulsão interna, como os que agora se vivem em resultado da actual crise económica, sempre existiram e, não é arriscado conjecturar, sempre existirão na ciência económica. Estes episódios de forte turbulência disciplinar estão geralmente associados a períodos de crise que interpelam especialmente os economistas. De facto, estes cientistas sociais surgem, não raras vezes, como co-responsáveis pelas más orientações de política que conduzem à crise, ou parecem desentender-se quanto às soluções para problemas que exigem resposta imediata. É nestes períodos que propostas entretanto esquecidas são reconsideradas e novas pistas de reorientação da disciplina são apresentadas. O resultado deste processo é sempre incerto. Mas a reconfiguração interna da disciplina, enquanto actividade organizada de produção de conhecimento, é inevitável.

Enquanto cientistas sociais, os economistas, mesmo aqueles que se têm dedicado ao trabalho mais abstracto da disciplina, sempre tiveram a preocupação de publicamente demonstrar a relevância prática da sua actividade. Os actores políticos, por sua vez, sempre privilegiaram os conselhos destes cientistas sociais. As recomendações de política inspiradas pela ciência económica contêm, assim, um potencial de transformação da sociedade, aproximando a realidade socioeconómica dos modelos idealizados pelos economistas. Aliás, a performatividade da Economia, isto é, o estudo dos efeitos da teoria económica sobre a realidade que supostamente deveria apenas descrever, é actual-

---

* A autora agradece os comentários de João Ferreira do Amaral, José Maria Castro Caldas, Marc Sholten e dos participantes do seminário 'A Economia e o económico', que decorreu em Coimbra, nos dias 23 e 24 de Janeiro de 2009. Agradece também as sugestões e comentários de João Rodrigues. Todos os erros e omissões são naturalmente da minha inteira responsabilidade.

mente uma profícua área de estudos da ciência e tecnologia (Callon, 2007; Mackenzie, 2006).[1]

Neste texto proponho-me reflectir sobre duas propostas recentes de política – a arquitectura da escolha, proposta por Richard H. Thaler e Cass R. Sunstein (2008), e o design económico, proposto por Alvin Roth (2002) – que são produtos derivados de uma área emergente da ciência económica, a economia experimental, que segundo alguns autores já faz parte da nova ortodoxia da ciência económica (Davis, 2008).

A arquitectura da escolha e o design económico têm o método experimental como denominador comum, o qual, até há bem pouco tempo, se julgava indisponível para os economistas.[2] As experiências de laboratório da economia, cada vez mais utilizadas no estudo da tomada de decisão individual assim como no estudo comparado de mecanismos de mercado, têm mostrado que os agentes económicos nem sempre agem em conformidade com o modelo de decisão racional, e que os mercados são instituições complexas que exigem um laborioso esforço de engenharia, ao contrário do que é assumido pela corrente económica neoclássica. Rompendo com o modelo de racionalidade e a concepção dominante de mercado, a arquitectura da escolha e o design económico têm como objectivo conceber arranjos institucionais que procuram promover a racionalidade individual e a afectação eficiente de recursos. O seu potencial é evidente e está bem patente na proliferação de empresas de consultoria que prestam serviços de aconselhamento para a reconfiguração das mais variadas instituições socioeconómicas.[3]

---

[1] Ver também Santos e Rodrigues (2009).

[2] Paul Samuelson e William Nordaus declaravam há pouco mais de 30 anos, no manual mais popular da disciplina, *Economics*, que os economistas tinham de conformar-se a observar a realidade uma vez que não poderiam realizar as experiências de laboratório típicas das ciências naturais. Diziam: "Um modo possível de descortinar as leis económicas [...] é através de experiências controladas [...] Os economistas [...] não podem levar a cabo as experiências controladas que os químicos e os biólogos realizam porque não conseguem controlar factores cruciais. À semelhança dos astrónomos e dos meteorologistas, os economistas devem contentar-se a observar" (1985: 8).

[3] Thaler foi consultor da campanha de Barack Obama e é actualmente consultor do líder conservador britânico David Cameron. Thaler é também fundador da empresa de investimentos Fuller & Thaler Asset Management, Inc. Sustein é actualmente o responsável pelo gabinete de assuntos de informação e regulação (Office of Information and Regulatory Affairs) da Casa Branca. Roth tem prestado serviços de consultoria para várias entidades públicas norte-americanas, nomeadamente na proposta de mecanismos de afectação de

A arquitectura da escolha e o design económico constituem-se, assim, como pontos de entrada relevantes para avaliar o sentido de evolução da ciência económica. Como argumentarei as implicações de política que se retiram do conhecimento produzido são elementos relevantes para a avaliação do potencial de transformação da ciência económica.

Racionalidade, comportamento e arquitectura da escolha

Uma das definições mais populares de Economia caracteriza-a como a ciência da escolha em condições de escassez.[4] Esta definição tem subjacente um modelo de decisão racional segundo o qual as pessoas seguem o curso de acção que maximiza a utilidade individual. Esta concepção de escolha pressupõe que as pessoas são dotadas de racionalidade ilimitada, isto é, elas são capazes de calcular os custos e benefícios esperados da adopção de cursos de acção alternativos e de escolher aquele que lhes confere o máximo benefício (líquido) individual. Segundo este modelo, a acção humana depende exclusivamente das preferências individuais e dos constrangimentos que os indivíduos enfrentam na tomada de decisão, nomeadamente, os recursos ao seu dispor e os custos e benefícios, explícitos e implícitos, das várias alternativas disponíveis.

As implicações de política que decorrem deste modelo de comportamento centram-se inevitavelmente no indivíduo. Considerando que cada indivíduo está em melhor posição para avaliar o que é mais vantajoso para si, ao decisor político compete apenas criar as condições que expandam, tanto quanto possível, as opções de escolha à disposição de cada um. Só assim se garantirá a maximização das preferências individuais, que são subjectivas. De acordo com a corrente neoclássica, a melhor forma de alcançar este objectivo é garantir que o mercado funcione sem qualquer interferência do Estado. O mercado, ancorado no mecanismo de preços, fornecerá a informação relevante sobre as oportunidades disponíveis e os incentivos necessários para a multiplicação das opções de escolha. Fornecerá também a informação necessária para que todos possam decidir racionalmente, criando as condições para a maximização do bem-estar colectivo, que não passa de um somatório do bem-estar dos indivíduos.

---

itens tão variados como vagas em escolas, estágios para médicos recém-formados em hospitais, e rins para doentes renais.

[4] Esta definição de Economia foi originalmente apresentada, nestes termos, por Lionel Robbins (1932), encontrando-se ainda bem presente na ciência económica.

O Estado deve restringir a sua acção à correcção das chamadas falhas de mercado porque, neste caso, os preços já não reflectem correctamente todos os custos e benefícios da acção individual. De acordo com esta corrente, o Estado deve fazê-lo através da manipulação da estrutura de incentivos dos indivíduos, evitando o recurso à coerção por via de medidas legislativas. Ao invés de restringir a acção humana, o governo pode modificar o comportamento dos indivíduos introduzindo criteriosamente recompensas (ou sanções) pecuniárias que visam accionar (ou conter) os cursos de acção desejáveis (indesejáveis). Por esta via se compatibiliza o interesse individual com o interesse colectivo. A acção sobre a estrutura de incentivos pecuniários é, assim, o instrumento de política privilegiado pela Economia que se define a si mesma como a ciência da escolha racional.

A utilização de incentivos como instrumento de política pressupõe que os indivíduos reagem de uma forma instrumentalmente racional à alteração dos custos e dos benefícios pecuniários. Contudo, os resultados da economia experimental, e de disciplinas como as ciências cognitivas e a psicologia social, têm chamado a atenção para a existência de padrões de comportamento que divergem de forma sistemática das previsões deste modelo de decisão racional, as chamadas 'anomalias' comportamentais.

Estes 'desvios' comportamentais resultam de um conjunto muito variado de factores (Thaler, 1992; Kahneman e Tversky, 2000).[5] Podem dever-se à utilização de procedimentos heurísticos, isto é, de regras que simplificam e facilitam o processo de deliberação mas que, por vezes, dão azo a erros que se repetem de uma forma sistemática (Tversky e Kahneman, 1974). Por exemplo, as pessoas são muitas vezes influenciadas por informação que é mais facilmente seleccionada pela memória, como a informação relativa a acontecimentos recentes, em detrimento de outros factores relevantes, como a frequência desses acontecimentos, o que pode conduzir a escolhas inferiores.

Os desvios comportamentais relativamente ao modelo de escolha racional podem também ser o resultado de factores motivacionais, como a resistência à mudança que faz com que as pessoas preservem a situação presente mesmo quando as vantagens da sua revisão são evidentes (Kahneman et al., 1991). A tendência para procrastinar, sobretudo em situações em que o desfasa-

---

[5] Thaler divulgou estes resultados na sua coluna 'anomalies' no prestigiado *Journal of Economic Perspectives*, entre 1987 e 1990. O seu influente livro *The Winner's Curse: Paradoxes and Anomalies of Economic Life*, publicado em 1992, reúne alguns destes artigos.

mento temporal entre os custos e benefícios da acção é significativo, poderá levar ao adiamento sucessivo de acções com custos relativamente diminutos no imediato mas com grande impacto no médio e longo prazo. Do mesmo modo, as pessoas podem levar a cabo cursos de acção que conferem gratificação imediata mas que acarretam elevados custos no médio e longo prazo (O'Donoghue e Rabin, 1999a, 1999b).

A mera linguagem utilizada para descrever o problema de decisão pode também ter um efeito não negligenciável nas escolhas dos indivíduos (Kahneman e Tversky, 2000). Diferentes descrições da mesma situação, ao tornarem salientes determinados aspectos do problema em detrimento de outros, influenciam as decisões que são tomadas. Por exemplo, as pessoas reagem de forma diferente quando o problema de decisão torna mais saliente os ganhos ou as perdas envolvidas.[6]

Estes resultados contrariam o pressuposto de que as preferências individuais e os custos e os benefícios das opções disponíveis são os principais determinantes comportamentais. Quer isto dizer que as pessoas não só ignoram aspectos que a teoria económica convencional considera relevantes, como são também influenciadas por factores que esta teoria negligencia.

No entanto, os economistas neoclássicos encaram estes resultados com cepticismo. Consideram que no mercado as pessoas não se enganam desta forma. Ao contrário do que sucede em contextos laboratoriais, no mercado, alegam os críticos, os incentivos para a tomada de decisão racional, a possibilidade de aprendizagem com a experiência, e os mecanismos de selecção que recompensam aqueles que agem 'como se' fossem maximizadores racionais, conseguem corrigir ou eliminar todas as anomalias. Este argumento é, contudo, contrariado por estudos experimentais que mostram que as anomalias persistem não obstante a existência de incentivos pecuniários para a tomada de decisão racional (Camerer e Hogarth, 1999). Estudos sobre os mercados financeiros – os quais supostamente mais se aproximam do modelo ideal de mercado perfeito – mostram que as 'anomalias' não são corrigidas pela força correctora do mercado. Aliás, o forte 'contágio social' das crenças prevalecentes, característico destes mercados, tende mesmo a amplificá-las (Shiller, 2000, 2008).

---

[6] Por restrição de espaço não me é possível apresentar com detalhe as anomalias comportamentais. Contudo, neste volume, Ana N. Costa e Marc Scholten descrevem com maior pormenor alguns exemplos destes padrões comportamentais.

A arquitectura da escolha, defendida por Thaler e Sunstein (2008), tem como propósito a concepção e o desenho de contextos que facilitem a decisão individual. Segundo os autores, os contextos de escolha devem propiciar a selecção do curso de acção que melhor contribui para a satisfação do interesse individual. À semelhança dos projectos de arquitectura de edifícios, que devem levar em conta as características e as necessidades dos indivíduos, evitando criar obstáculos físicos à acção e à interacção humanas, também a concepção e o desenho de contextos de escolha deve considerar o modo como os indivíduos percepcionam e como procuram dar resposta aos problemas que enfrentam.

A arquitectura da escolha toma como ponto de partida a "propensão humana para o erro", desafiando o pressuposto segundo o qual "a maioria das pessoas, na maior parte dos casos, efectua escolhas que melhor servem o seu interesse ou que pelo menos são melhores do que as escolhas que poderiam ser realizadas por outros" (Thaler e Sunstein, 2008: 9). Como os estudos empíricos referidos anteriormente parecem indicar, os indivíduos efectuam, com impressionante frequência, escolhas que são inferiores, isto é, seguem cursos de acção que não seriam prosseguidos se fossem dotados de racionalidade ilimitada e do mais rigoroso auto-controlo.

Nada disto é surpreendente, afinal, como Thaler e Sunstein afirmam, os indivíduos são 'humanos' e não 'homo economicus'. O comportamento é influenciado por uma multiplicidade de variáveis contextuais e motivacionais, e por uma variedade de procedimentos de decisão, mais ou menos deliberativos ou instintivos, que estão muito aquém e para além do simples e mecânico cálculo dos custos e benefícios de cada acção.

Tomando como ponto de partida o modo como os indivíduos efectivamente escolhem, ao economista compete, então, organizar o contexto de tomada de decisão. O objectivo é dirigir a tomada de decisão individual para a acção que melhor contribua para o bem-estar individual, tal como é avaliado pelo próprio indivíduo, sem constranger o leque de opções à sua disposição. O objectivo é modificar o comportamento humano sem que isto implique a proibição de quaisquer opções ou a alteração da estrutura de incentivos (Thaler e Sunstein, 2008: 3-6).[7]

A arquitectura da escolha inscreve-se no quadro de uma posição 'libertária' revista, designada por 'paternalismo libertário', que procura preservar o

---

[7] Os autores referem-se aqui exclusivamente a incentivos pecuniários.

ideal de liberdade de escolha, tal como foi definido por Friedman (1962).[8] O objectivo da arquitectura da escolha é portanto facilitar, sem restringir, o exercício de liberdade de escolha, entendido, de forma muito estreita, como possibilidade de escolher, entre o leque de opções disponíveis, aquela que melhor serve os interesses do indivíduo. Os arquitectos da escolha devem fazê-lo através da concepção de subtis indutores de comportamento ('nudges'), em vez de recorrer ao 'comando', a 'condicionalismos' e a 'proibições'. Estes indutores devem orientar a decisão individual para os cursos de acção que melhor promovam o bem-estar individual, por exemplo, para opções de consumo que se traduzam em modos de vida mais saudáveis. Existe, assim, uma relutância em limitar o conjunto de alternativas disponíveis, mais que não seja porque o arquitecto também pode errar. Como Thaler e Sunstein afirmam, "a liberdade de escolha é a melhor protecção face à má arquitectura de escolha" (2008: 11).

Os arquitectos podem conceber contextos de escolha que ajudem os indivíduos a evitar comportamentos indesejáveis ou a levar a cabo cursos de acção benéficos, mas que são gorados pela tendência humana para procrastinar. Os arquitectos da escolha podem conceber soluções-base ('defaults') para determinados tipos de decisão, facilitando assim a escolha. Estas soluções são concebidas tendo em vista os melhores interesses dos indivíduos, mas é possível, se estes assim entenderem, introduzir alterações à solução--base. Em determinadas circunstâncias, as soluções-base poderão mesmo ser automaticamente seleccionadas, protegendo os indivíduos da sua inércia. Mas Thaler e Sunstein (2003) alertam que a inscrição automática só deverá ser implementada se for suficientemente claro que a solução-base seria escolhida caso os indivíduos se submetessem ao processo de tomada de decisão, isto é, se não procrastinassem. Esta proposta é recomendada para um conjunto variado de situações, como a constituição de planos de poupança, no contexto de sistemas de segurança social por capitalização, em que as pessoas são automaticamente inscritas nos planos das suas empresas, e a doação de órgãos, em que as pessoas são consideradas dadoras se não expressarem a sua vontade em contrário.

Estas propostas seriam inúteis se as pessoas fossem dotadas de racionalidade ilimitada pois, neste caso, escolheriam sempre a melhor opção independentemente das soluções apresentadas. No entanto, a experiência mostra

---

[8] Ver também Thaler e Sunstein (2003).

que as soluções-base são escolhidas pela maioria das pessoas, especialmente se forem acompanhadas por uma indicação explícita de que constituem soluções superiores ou desejáveis (Thaler e Sunstein, 2008: 83).

O arquitecto da escolha pode também conceber dispositivos de informação especialmente preparados para enquadrar o problema de decisão, tornando saliente as variáveis consideradas pertinentes e fornecendo informação relevante para a tomada de decisão. Em vez de induzir o comportamento humano em determinada direcção, neste caso procura-se preparar a tomada de decisão, que cabe formalmente ao indivíduo.

Thaler e Sunstein propõem estes instrumentos para enquadrar as decisões de crédito ao consumo que são particularmente complexas e difíceis, do ponto de vista computacional e emocional, em resultado do diferimento temporal dos custos e benefícios. Se, por um lado, o recurso ao crédito permite prover à satisfação de necessidades presentes, por outro lado, os encargos do crédito só serão suportados no futuro, sendo difícil o planeamento a longo prazo do reembolso dos encargos do crédito em face da volatilidade e imprevisibilidade do rendimento, que está à mercê das mais variadas contingências, pessoais e sociais. O crédito ao consumo exige também uma extraordinária capacidade de auto-controlo porque os benefícios da acção são particularmente salientes no presente face aos custos que só serão suportados no futuro. Acresce, ainda, o recente crescimento e sofisticação do mercado de crédito que tornou ainda mais difícil a comparação das múltiplas condições e encargos do crédito oferecido pelas várias instituições bancárias. Nestas circunstâncias, como Thaler e Sunstein notam, os consumidores "menos sofisticados", isto é, os consumidores menos informados e com menores qualificações, encontram-se mais vulneráveis perante vendedores e credores que procuram tirar proveito da opacidade do mercado de crédito, dissimulando o seu interesse em conselhos aparentemente profissionais e bem-intencionados (2008: 134). De facto, um estudo de Susan Woodward (2008), citado pelos autores, não só dá conta da variedade de condições de oferta de crédito para habitação, como mostra que as condições oferecidas variam muito entre as várias camadas da população, sugerindo que os credores tiram partido da opacidade do mercado, oferecendo melhores condições apenas aos consumidores que aparentam estar melhor informados e, portanto, dotados de um maior poder negocial.

Contudo, Thaler e Sunstein não defendem que o acesso ao crédito deva ser controlado ou que se introduzam novas formas de regulação no sector. Tais medidas reduziriam as opções dos consumidores, o que não é considerado desejável. A solução passa por forjar uma adequada arquitectura da escolha que ajude as pessoas a melhorarem as escolhas que efectuam, evitando, deste modo, a exploração das suas vulnerabilidades. Para isso basta exigir mais e melhor informação aos credores sobre as condições de crédito e conceber dispositivos de disseminação desta informação que facilitem a comparação das condições de oferta, tornando, ao mesmo tempo, o mercado de crédito mais competitivo (Thaler e Sunstein, 2008: 137-8).

Em suma, a partir de uma visão mais realista sobre o modo como as pessoas processam a informação e tomam (ou não) decisões, a arquitectura da escolha concebe contextos de escolha que induzam decisões superiores. O arquitecto da escolha pode desenhar soluções-base que procuram ultrapassar a inércia natural dos seres humanos, ou desenhar dispositivos de disseminação de informação que facilitem o cálculo dos custos e dos benefícios de opções alternativas, cabendo ao indivíduo seleccionar aquela que melhor contribui para o seu bem-estar. A arquitectura da escolha evita alterar a estrutura de incentivos do problema de decisão. O objectivo é informar os consumidores dos preços e não defini-los (Thaler e Sunstein, 2008: 93).

Embora a arquitectura da escolha se apresente como uma solução complementar a outras propostas de política, sobretudo as que visam alterar o comportamento humano por via da alteração da estrutura de incentivos, a ideia de que os 'erros' humanos se resolvem com pequenos ajustamentos ao contexto da escolha, nomeadamente com a disponibilização de mais e melhor informação, é preponderante. Esta confiança é, contudo, dissonante com o reconhecimento do real risco de exploração das camadas da população mais vulneráveis (mas não só), que se revelam financeiramente iletradas em economias altamente financiarizadas, em que os sectores empresariais e financeiros adquiriram um excessivo poder, cujas consequências estão, agora, bem visíveis (Shiller, 2008).

Os arquitectos da escolha não propõem soluções que vão para além da recomendação de 'mais e melhor informação' para a eliminação ou correcção destes abusos. Seguramente que mais e melhor informação é desejável. Mas não deixa de ser surpreendente que Thaler e Sunstein, que tomam como ponto de partida a constatação que 'os indivíduos erram' e que 'o contexto importa', acreditem, por exemplo, que o problema de sobreendividamento das famílias mais pobres, particularmente grave nos Estados Unidos da América em resultado da chamada crise do *subprime*, se resolve com mais e melhor informação. De facto, é cada vez mais reconhecido que o crescente sobreendividamento das famílias, registado nos países mais desenvolvidos, se deve à forte desregulação dos mercados financeiros, e consequente proliferação de novos e sofisticados produtos financeiros, que promoveu uma concessão demasiado facilitada de crédito que não cuidou devidamente dos riscos associados (Teles, 2009).

Design económico e a construção de mecanismos mercantis

O design económico, tal como Alvin Roth (2002) o define, atribui ao economista um papel bastante mais activo. O economista assume agora o papel de engenheiro social. À semelhança da engenharia civil, que aplica os princípios da física e da mecânica na construção de pontes e edifícios, o design económico aplica os princípios da análise económica na construção de mecanismos de mercado, ou mecanismos que mimetizam formas de transacção mercantil, para assegurar a afectação de itens tão variados como vagas hospitalares para médicos-estagiários, licenças de utilização de espectro electromagnético para as telecomunicações e rins para doentes renais.

O design económico ancora-se no conhecimento do contexto histórico e institucional onde se irá implementar o novo mercado e nos recursos fornecidos por três dinâmicas áreas da ciência económica: a teoria dos jogos, a economia computacional e a economia experimental. Enquanto a teoria dos jogos fornece o quadro conceptual para a definição das 'regras do jogo', a economia computacional fornece as ferramentas para tratar problemas complexos que não são passíveis de resolução analítica; já as experiências de laboratório são instrumentais para testar os novos mecanismos em contextos que procuram replicar as condições dos mercados a implementar (Roth, 2002: 1373-4).

O design económico desenvolveu-se a partir dos anos 1990, quando os economistas começaram a ser contratados como consultores para a concepção de novos mecanismos de afectação de recursos. Estes mecanismos deveriam resolver complicações técnicas de vária ordem para as quais não era expectável encontrar soluções na teoria ou na experiência passada. Caberia aos economistas a proposta de novos mecanismos de afectação de recursos capazes de alcançar os objectivos definidos pelo regulador público. Os economistas deveriam, então, conceber mecanismos que conduzissem a acção individual para fins socialmente desejáveis, isto é, deveriam propor mecanismos ditos compatíveis em termos de incentivos (*incentive-compatible*).

Um dos casos mais conhecidos e celebrados de construção de novos mecanismos de mercado diz respeito aos leilões do regulador norte-americano de comunicações, a *Federal Communications Commission* (FCC). Em 1993, a FCC anunciou a sua intenção de substituir o procedimento de afectação de licenças de utilização do espectro electromagnético para telecomunicações, que até então se realizava através de um sorteio, por um leilão que atribuiria as licenças aos utilizadores que mais as valorizassem, estando por isso dispostos a oferecer os preços mais elevados por elas.[9] A FCC, como é habitual sempre que há alteração de procedimentos administrativos, abriu uma audição pública a todos quantos seriam afectados pela alteração das regras administrativas para que se pronunciassem sobre o novo mecanismo de afectação. O convite da FCC à participação de economistas da área da teoria dos jogos foi inédito. No entanto, este convite motivou a contratação destes economistas pelas companhias de telecomunicações para que as ajudassem a definir as suas estratégias no processo de criação do novo mecanismo.[10]

Quando a FCC lançou o anúncio público não era claro qual seria o tipo de leilão mais adequado para a afectação das licenças. A criação de um mercado para a venda de licenças levantava inúmeras questões de ordem técnica, relacionadas com a substituibilidade e a complementaridade das licenças, para as quais não existiam respostas, na experiência passada ou na teoria económica.

Seguindo de perto o relato dos próprios participantes na construção dos leilões (McMillan, 1994; McAfee e McMillan, 1996; McMillan *et al.*, 1997, Milgrom, 2000), o objectivo do leilão era desenhar e conceber um mecanismo que procedesse de uma forma transparente e célere, à afectação dos direitos de utilização do espectro electromagnético e que contribuísse para a eficiência do sector das telecomunicações. Até 1982, as licenças eram atribuídas gratuitamente através de audições, um procedimento reconhecidamente lento e pouco transparente. A partir de 1982, as licenças passaram a ser vendidas através de um sorteio, melhorando substancialmente a celeridade e a transparência do procedimento administrativo. Contudo, não se conseguiam evitar comportamentos oportunistas que desvirtuavam os objectivos do regulador, uma vez que as licenças poderiam ser adquiridas por compradores que não tinham a intenção de utilizá-las, mas sim de vendê-las, apropriando-se

---

[9] Inicialmente, o congresso norte-americano definiu um conjunto bem mais abrangente de objectivos que incluíam, por exemplo, o desenvolvimento de novas tecnologias e produtos e a promoção da concorrência no sector. Ver Nik-Khah (2008) para uma descrição do processo de decisão política que envolveu a construção deste leilão.

[10] Paul Milgrom, Robert Wilson e Charles Plott foram contratados pela *Pacific Bell*, Preston McAfee pela *Airtouch Communications*, Peter Cramton pela *MCI*, John Ledyard e David Porter pela *National Telecommunications and Information Administration* e, finalmente, John McMillan pela FCC.

de uma forma ilegítima de receitas geradas pela comercialização de um bem comum.

O leilão deveria atribuir as licenças aos utilizadores que mais valorizassem as licenças, os quais supostamente fariam o melhor uso e pagariam o preço mais elevado por elas. Para tal, o mecanismo de afectação deveria ser capaz de induzir a revelação do valor das licenças através das ofertas de compra em leilão.

Depois de apresentadas e discutidas as várias propostas, o regulador adoptou o leilão que veio a ser conhecido como o leilão simultâneo de rondas múltiplas e independentes (simultaneous – multiple-round – independent auction).[11] Este leilão permite aos participantes a apresentação de ofertas de compra em vários mercados, o que possibilita a composição desejada de licenças, e durante várias rondas, o que facilita a revisão do conjunto de licenças a adquirir caso a selecção preferida se torne inviável. As licenças são, então, atribuídas aos compradores que licitam os preços mais elevados e que pagam estes valores por elas.

A construção do leilão obedeceu a uma divisão de trabalho em que os teóricos dos jogos definiram o modelo do leilão e as suas regras de funcionamento, e os economistas experimentais ficaram encarregues de codificar estas regras num leilão electrónico, que está em funcionamento desde 1994. Os papéis da teoria de jogos e da economia experimental na construção dos leilões estão envoltos em controvérsia (Nik-Khah, 2008; Mirowski e Nik-Khah, 2007). Contudo, os teóricos dos jogos foram céleres em colher os louros de um leilão, no qual participaram grande parte das empresas norte-americanas de telecomunicações apostadas em adquirir milhares de licenças disponíveis num processo que permitiu ao tesouro norte-americano, desde então, encaixar largos milhares de milhão de dólares. A magnitude dos valores envolvidos levou a que o leilão da FCC tenha sido aclamado como o maior leilão de sempre (McAfee e McMillan, 1996). Os leilões da FCC constituíram-se, assim, como um estudo de caso de aplicação prática da teoria económica (McMillan *et al.*, 1997), sendo apresentados como um triunfo dos teóricos dos jogos (*Fortune* apud McAfee e McMillan, 1996).

Embora os intervenientes no processo de construção do leilão admitam que é difícil avaliar se a afectação de licenças foi eficiente, devido à impossibilidade de aferir o seu valor para os utilizadores e, consequentemente,

---

[11] Ver Guala (2001) e Nik-Khah (2008) para uma descrição mais detalhada deste leilão.

de determinar se os preços das licenças reflectem este valor, os teóricos do jogos consideram que a evidência empírica existente permite apontar para o sucesso deste mecanismo. Por exemplo, as elevadas receitas arrecadadas pelo regulador são apresentadas como um bom indicador do elevado valor das composições de licenças obtidas pelos compradores. Mas também há alguns sinais de ineficiência, como a revenda de licenças a preços superiores indicando que estas haviam sido transaccionadas a preços inferiores aos valores de mercado. Perante a dificuldade de operacionalizar um critério de eficiência, Peter Cramton (1998), outro bem sucedido consultor, acaba por reconhecer que só é possível concluir que o leilão emergiu como uma solução superior aos procedimentos anteriores, já que permitiu ao tesouro arrecadar milhares de milhão de dólares (p. 735).

Mas há uma outra versão da história que também pode ser apresentada. A partir da análise da informação disponibilizada pela FCC, o relatório expressivamente intitulado 'O Fracasso dos Leilões de Spectrum da FCC', de Gregory F. Rose e Mark Lloyd (2006), do instituto de investigação *Center for American Progress*, conclui que o formato do leilão contribuiu para a concentração do sector e para o fortalecimento do poder oligopolista das principais empresas de telecomunicações. Argumentam que as grandes empresas norte-americanas de telecomunicações conseguiram contornar as regras do leilão através da adopção de estratégias de dissuasão (ex. apresentando ofertas muito elevadas na primeira ronda) e de retaliação (ex. participando em mercados em que não tinham intenção de comprar licenças para fazer elevar os seus preços), inibindo a participação dos seus principais concorrentes e conseguindo, desta forma, obter as licenças a menor custo.

A partir de um aturado trabalho de arquivo, Nik-Khah (2008) dá conta da dimensão política do processo de criação do novo mecanismo de mercado, salientando a influência exercida pelas grandes empresas de telecomunicações e o papel activo dos teóricos dos jogos neste processo. As grandes empresas de telecomunicações contrataram teóricos dos jogos para que estes propusessem a arquitectura do leilão que lhes era mais favorável, fizessem pressão junto do regulador em sua defesa, e, finalmente, definissem as suas estratégias de licitação. As empresas tinham noção de que o formato do leilão era determinante. De facto, Charles Plott, um reputado economista experimental que foi contratado pela *Pacif Bell*, reconheceu explicitamente que "[a]s empresas tinham presente que as regras e o tipo de leilão influenciava quem comprava o quê e por quanto" (1997: 606). Ao contrário do que os teóricos dos jogos repetem até à exaustão (ex. McMillan, 1994), o leilão da FCC não foi apenas guiado por questões científicas, como nunca poderia sê-lo. Nik-Khah conclui que em resultado da influência exercida pelos economistas junto do regulador, o leilão terá contribuído para a instabilidade do sector, traduzida numa onda de fusões e aquisições e de falências que acabaram por gerar uma maior concentração no sector.

Embora os teóricos dos jogos teimem em apresentá-lo como uma vitória da ciência sobre a política, a construção do leilão da FCC foi na realidade um processo político que envolveu negociação e compromisso em face da desestabilização dos interesses em presença. Foi também um processo de engenharia social e política que envolveu recursos muito variados (ex. teoria dos jogos e experiências de laboratório), o que torna difícil determinar o seu contributo isolado e medi-lo a partir de princípios e critérios que se aplicam apenas a esses recursos. Como vimos, a confirmação do sucesso 'científico' do leilão da FCC, tal como os teóricos dos jogos o definiram, exigiria que se aferisse o valor das licenças para os seus utilizadores, o que não é possível. Requeria também que o regulador fosse capaz de exercer um forte controlo sobre as suas acções, dentro e fora do mercado, impedindo estratégias que desvirtuassem os objectivos da criação do novo mercado, o que também não é possível (Santos e Rodrigues, 2009).

O design económico ao definir como objecto de estudo a (re)configuração das instituições económicas torna patente que os mercados são construções sociais passíveis de múltiplas configurações, as quais determinam quem pode ou não participar, como deve fazê-lo, e quais os resultados em termos da distribuição de recursos, de poder e de oportunidades. A ideia de que os mercados são instituições de geração espontânea e que fornecem uma estrutura adequada de incentivos e a informação necessária para a tomada de decisão racional já não é sustentável. Como Roth reconhece:

> A lição relevante a retirar é que o design é importante porque os mercados nem sempre crescem como ervas daninhas – alguns são como orquídeas. É necessário definir o tempo e o lugar, reagrupar mercadorias afins, reorganizar mercados de forma a lidar com complementaridades, resolver problemas de incentivos, etc. (Roth, 2002: 1373-4)

Para além dos problemas de ordem técnica, como o tratamento de complementaridades e o desenho da estrutura de incentivos, o economista, enquanto designer, deve também levar em conta outro tipo de problemas, que emergem, sobretudo, quando procura implementar modos de interacção de tipo mercantil em esferas da vida social tradicionalmente orientadas por outras lógicas.

A discussão em torno da criação de mercados de órgãos humanos ilustra bem este segundo tipo de problemas. Como nota Roth (2007), a expansão de formas de transacção mercantil gera resistências, apelidadas de "reacções de repugnância", expressas em controvérsias públicas que confrontam os argumentos dos designers económicos, baseados no cálculo de custos e benefícios e em esquemas de recompensa, com argumentos baseados noutras lógicas e noutros tipos de discursos. Neste caso, a missão dos economistas-designers passa também a ser a de encontrar solução para este tipo de resistências. Segundo Roth:

> Os economistas não devem desistir do importante papel educativo de exposição das ineficiências e dos *tradeoffs*, dos custos e benefícios [...] O reconhecimento das causas da repugnância torna a discussão mais frutífera, quanto mais não seja porque permite distinguir as questões que são fundamentalmente empíricas – como o efeito de *crowding out* sobre as doações altruístas – de debates que não são, na sua essência, empíricos. (Roth, 2007: 53-4) [12]

Os economistas, enquanto designers de mecanismos de tipo mercantil, percepcionam os mais variados problemas sociais como manifestações de uma desadequada estrutura de incentivos, cuja correcção passa por modificar o cálculo dos custos e benefícios das diferentes alternativas de escolha. O caso da escassez de rins para transplante resolver-se-ia simplesmente criando um mercado para a compra e venda de rins, capaz de fazer elevar a oferta para níveis mais próximos da procura através do mecanismo de preços.

Arquitectura da escolha, design económico e Economia

A arquitectura da escolha e o design económico rompem com dois pressupostos fundamentais da teoria económica neoclássica. Consideram que os agentes económicos nem sempre agem em conformidade com o modelo de decisão racional, e que os mercados são instituições complexas que exigem um laborioso esforço de engenharia. Ao fazê-lo admitem a relevância dos

---

[12] Ver a discussão, no *Journal of Economic Perspectives*, vol. 21, nº 3, em torno da criação de um mercado para a venda de rins humanos.

arranjos institucionais, quer para a tomada de decisão individual, quer para o funcionamento dos mercados.

A constatação de que as pessoas fazem escolhas inferiores e o reconhecimento de que os mercados são instituições sociais complexas promoveram uma abordagem que transforma a economia em engenharia, dedicada à construção das condições para a tomada de decisão racional e de mecanismos eficientes de coordenação das interacções humanas. Há, no entanto, uma clara divisão de trabalho. Enquanto a concepção de novas arquitecturas de escolha se limita a modificar o enquadramento da tomada de decisão, evitando alterar os custos e benefícios monetários de acções alternativas, o design de novos mecanismos de mercado recorre frequentemente à manipulação de incentivos pecuniários para promover ou conter determinados cursos de acção. Mas tanto as propostas de reconfiguração institucional da arquitectura da escolha como do design económico centram-se na análise dos custos e benefícios dos vários cursos de acção, tornando-os mais salientes ou alterando-os.

Não obstante o esforço de reconfiguração das mais variadas instituições sociais, esta abordagem, em última análise, retém o modelo de decisão racional, bem como os ideais de mercado e de liberdade de escolha que lhe estão subjacentes. Consideram que se possuírem uma correcta estrutura de incentivos, suficientes opções de escolha, informação relevante e dispositivos que facilitem o cálculo dos custos e benefícios das várias alternativas, então os indivíduos estarão em condições de maximizar o seu bem-estar individual. A actuação do Estado deverá ser limitada, centrando-se na reconfiguração da estrutura de incentivos, e não no 'comando', em 'condicionalismos' ou 'proibições'.

Estas propostas continuam, portanto, a conceber o económico como o domínio da escolha racional entre cursos de acção alternativos, e atribuem superioridade económica e ética ao mercado, enquanto espaço privilegiado de eficiência e liberdade de escolha. Mas o impacto das múltiplas reconfigurações de instituições socioeconómicas deve ser objecto de avaliação empírica e não meramente assumido. Esta avaliação deve incluir a análise de quem pode ou não participar em transacções de tipo mercantil, como deve fazê-lo, e quais os resultados em termos da distribuição de recursos, de poder e de oportunidades.

Neste domínio, existe, ainda, uma diferença entre a arquitectura da escolha e o design económico que importa reter. Apenas a arquitectura da escolha, que se declara tributária da filosofia política libertária de Milton Friedman, assume que o "exit" é sempre uma opção viável. Isto é, assume que os indivíduos estão sempre em condições de rejeitar transacções indesejáveis. Quer isto dizer que a arquitectura da escolha não considera, ou não dá a devida atenção, aos constrangimentos da tomada de decisão, que comprometem o ideal de liberdade de escolha, em que a escolha é reduzida à selecção de uma entre um conjunto de alternativas, que não são discutidas, como não são discutidas as circunstâncias da escolha.

Como vimos, o ponto de partida da arquitectura da escolha é que 'o contexto importa'. A partir da análise do efeito do contexto sobre o comportamento dos indivíduos, Thaler e Sunstein propõem que os arquitectos da escolha concebam ambientes que facilitem o cálculo económico e por esta via a decisão racional. Não consideram o poder que o arquitecto detém para, por acção ou omissão, induzir comportamentos que servem os seus interesses e não os dos indivíduos. Assumem que a existência de um amplo espaço de opções de escolha protege os indivíduos da 'má arquitectura de escolha'.

Mas a confiança depositada em soluções de "exit" não é fundamentada. Como é mostrado por estudos empíricos, que os próprios autores referem, as pessoas estão vulneráveis à manipulação do contexto de decisão, grau de vulnerabilidade que aumenta com as desigualdades sociais, económicas e políticas. Ao considerarem que a 'liberdade de escolha' é solução para a 'má arquitectura de escolha', Thaler e Sunstein esquivam-se a discutir os fins da arquitectura da escolha que comprometem o objectivo de racionalidade, definido estreitamente como a maximização da utilidade individual.

Muito embora o design económico vise conceber mecanismos de transacção de tipo mercantil, a tentativa de introduzi-los em contextos organizados em torno de outros princípios e lógicas tornou saliente os vários constrangimentos que se colocam quando os indivíduos se confrontam com determinados tipos de escolha. O debate em torno da criação de um mercado para a venda de órgãos humanos, por exemplo, tornou saliente o poder coercivo das recompensas monetárias, que tornariam particularmente vulneráveis as camadas da população mais desfavorecidas, que seriam confrontadas com escolhas indesejáveis por razões de extrema necessidade económica (Roth, 2007: 46).[13] Este debate também tornou claro que a introdução de incentivos pecuniários pode conduzir a resultados contrários aos pre-

---

[13] Ver nota de rodapé anterior.

tendidos devido ao efeito de *crowding out* sobre as motivações intrínsecas dos indivíduos (Frey, 1997, Frey e Jegen, 2001), que inibe a doação de indivíduos altruístas que deixariam de querer doar um órgão seu a troco de uma recompensa monetária.

No entanto, não são considerados os efeitos de médio e longo prazo da introdução de incentivos pecuniários. A introdução do cálculo económico dirige a atenção dos indivíduos para a melhor estratégia do ponto de vista racional e pessoal, e, ao fazê-lo, parafraseando Steve Turnbull (*apud* Frohlich e Oppenheimer, 2003: 290), atrofia os 'músculos éticos' dos indivíduos que deixam de ser devidamente exercitados. A disposição para agir em conformidade com normas e valores que sustentam a vida em sociedade é, assim, seriamente afectada. A tensão entre a melhor estratégia do ponto de vista estritamente pessoal e a melhor estratégia do ponto de vista social, pelo contrário, mantém activo o imperativo ético na resolução de dilemas sociais. Em suma, as preferências e os valores dos indivíduos são endógenos, constroem-se e moldam-se a partir das práticas sociais (Bowles, 1998).

Como vimos, o design económico assenta na proposta de mecanismos de tipo mercantil, que são apresentados como soluções de aplicabilidade geral. Mesmo em circunstâncias em que a legitimidade do uso de incentivos é posta em causa, suscitando "reacções de repugnância", Roth instiga os economistas a não desistirem do "importante papel educativo de exposição das ineficiências e dos *trade-offs*, dos custos e benefícios". Os economistas deverão, neste caso, encontrar o nível óptimo de incentivos que minimize o seu poder coercivo, por exemplo, substituindo parte das recompensas monetárias por outro tipo de recompensas (Roth, 2007: 50). Quer isto dizer que se, por um lado, o design económico reconhece que as transacções mercantis contêm elementos coercivos, e podem ser moralmente perniciosas, por outro lado, continua a promover a ideia de que os mecanismos de coordenação de tipo mercantil são de aplicabilidade geral.

Em suma, a avaliação do impacto de políticas públicas deve estar para além do cálculo dos custos e benefícios. A arquitectura da escolha e o design económico, enquanto propostas de políticas públicas, requerem a discussão dos objectivos, dos constrangimentos da escolha, e dos valores que são nutridos. A racionalidade individual e a eficiência económica não são os únicos objectivos legítimos de política pública. Nem todos os problemas socioeconómicos se resolvem através da multiplicidade de opções de escolha mercantil e de uma adequada estrutura de incentivos. Importa também reflectir sobre os valores que os novos arranjos institucionais promovem e o seu impacto sobre as preferências e motivações dos indivíduos. Esta reflexão requererá a mobilização de recursos teóricos que não se encontram nem na arquitectura da escolha nem o design económico.

REFERÊNCIAS BIBLIOGRÁFICAS

BOWLES, Samuel (1998), "Endogenous Preferences: The Cultural Consequences of Markets and other Economic Institutions", *Journal of Economic Literature*, XXXVI, 75–111.

CALLON, Michel (2007), "What Does it Mean to Say that Economics is Performative?", *in* Donald MacKenzie *et al.* (orgs.), *Do Economists Make Markets? On the Performativity of Economics*. Princeton: Princeton University Press, 311-57.

CAMERER, Camerer F.; Hogarth, Robin M. (1999), "The Effects of Financial Incentives in Experiments: A Review and Capital-Labor-Production Framework", *Journal of Risk and Uncertainty*, 19, 7-42.

CRAMTON, Peter (1998), "The Efficiency of the FCC Spectrum Auctions", *Journal of Law and Economics*, 41, 727-36.

DAVIS, John B. (2008), "The turn in recent economics and return of orthodoxy", *Cambridge Journal of Economics*, 32, 349-366.

FRIEDMAN, Milton (1962), *Capitalism and Freedom*. Chicago: University of Chicago Press.

FROHLICH, Norman; Oppenheimer, Joe (2003), "Optimal Policies and Socially Oriented Behavior: Some Problematic Effects of an Incentive Compatible Device", *Public Choice*, 117, 273-93.

FREY, Bruno (1997), *Not Just For The Money – An Economic Theory of Personal Motivation*. Aldershot: Edward Elgar Publishing.

FREY, Bruno; Jegen, Reto (2001), "Motivation Crowding Theory", *Journal of Economic Surveys*, 15: 589-611.

GUALA, Francesco (2001), "Building Economic Machines: The FCC Auctions", *Studies in History and Philosophy of Science*, 32, 453-77.

KAHNEMAN, Daniel; Tversky, Amos (orgs.) (2000), *Choices, values, and frames*. Cambridge, U.K.: Cambridge University Press.

KAHNEMAN, Daniel; Knetsch, Jack; Thaler, Richard (1991), "The Endowment Effect, Loss Aversion, and Status Quo Bias", *Journal of Economic Perspectives*, 5, 193-206.

MCAFEE, R. Preston; McMillan, John (1996), "Analyzing the Airwaves Auction", *Journal of Economic Perspectives*, 10, 159-75.

MACKENZIE, Donald (2006), "Is Economics Performative? Option Theory and the Construction of Derivative Markets", *Journal of the History of Economic Thought*, 28, 29-55.

MCMILLAN, John (1994), "Selling Spectrum Rights", *Journal of Economic Perspectives*, 8 145-62.

MCMILLAN, John; Rothschild, Michael; Wilson, Robert (1997), "Introduction", *Journal of Economics and Management Strategy*, 6, 425-30.

MILGROM, Paul (2000), "Putting Auction Theory to Work: The Simultaneous Ascending Auction", *Journal of Political Economy*, 108, 245-72.

MIROWSKI, Philip; Nik-Khah, Edward (2007), "Markets Made Flesh: Performativity, and a Problem in Science Studies, Augmented with Consideration of the FCC Auctions", *in* Donald MacKenzie *et al.* (orgs.) (2007), *Do Economists Make Markets? On the Performativity of Economics.* Princeton: Princeton University Press, 190-224.

NIK-KHAH, Edward (2008), "A Tale of Two Auctions", *Journal of Institutional Economics*, 4, 73-97.

O'DONOGHUE, Ted; Rabin, Matthew (1999a), "Doing It Now or Later", *The American Economic Review*, 103, 118-20.

O'DONOGHUE, Ted; Rabin, Matthew (1999b), "Procrastination in Preparing for Retirement", *in* Henry Aaron (orgs.) *Behavioral Dimensions of Retirement Economics.* Washington, D.C.: Brookings Institution and Russell Sage Foundation, 125-156.

PLOTT, Charles (1997), "Laboratory Experimental Testbeds: Application to the PCS Auction", *Journal of Economics and Management Strategy*, 6, 605-38.

ROBBINS, Lionel (1932), *An Essay on the Nature and Significance of Economic Science.* Londres: Macmillan.

ROSE, Gregory; Lloyd, Mark (2006), *The Failure of FCC Spectrum Auctions.* Center for American Progress.

ROTH, Alvin (2002), "The Economist as Engineer: game theory, experimentation, and computation as tools for Design Economics", *Econometrica*, 70, 1341-78.

ROTH, Alvin (2007), "Repugnance as a Constraint on Markets", *Journal of Economic Perspectives*, 21, 37-58.

SAMUELSON, Paul; Nordhaus, William (1985), *Economics.* Nova York: McGraw-Hill.

SANTOS, Ana C.; Rodrigues, João (2009), "Economics as social engineering? Questioning the performativity thesis", *Cambridge Journal of Economics*, 33(5), 985-1000.

SHILLER, Robert (2000), *Irrational Exuberance.* Princeton: Princeton University Press.

SHILLER, Robert (2008), *The Subprime Solution.* Princeton: Princeton University Press.

TELES, Nuno (2009), "O Estado Ausente? Da liberalizaçao dos mercados financeiros à crise do capitalismo sob hegemonia da finança", *in* Renato Carmo; João Rodrigues (orgs.), *Onde Pára o Mercado? Políticas Públicas em Tempo de Crise.* Lisboa: Nelson Matos.

THALER, Richard (1992), *The Winner's Curse: Paradoxes and Anomalies of Economic Life.* Princeton: Princeton University Press.

THALER, Richard; Sunstein, Cass (2003), "Libertarian Paternalism", *The American Economics Review*, 93, 175-79.

THALER, Richard; Sunstein, Cass (2008), *Nudge: Improving Decisions About Health, Wealth, and Happiness.* New Haven & Londres: Yale University Press.

TVERSKY, Amos; Kahneman, Daniel (1974), "Judgement and Uncertainty: Heuristics and Biases", *Science*, 185, 1124-31.

WOODWARD, Susan (2008), *A Study of Closing Costs for FHA Mortgages*. U.S. Department of Housing and Urban Development.

8. MOTORES, FOTOS, QUIMERAS E MONSTROS: QUÃO PERFORMATIVA É A CIÊNCIA ECONÓMICA?*

Rafael Marques

Procurei neste texto, reflectir sobre a Economia e o "económico" de uma forma especulativa, mas recorrendo ao que Mills chamou a imaginação socio-lógica, ou seja, parto de um conjunto de princípios conhecidos e de teorias correntes para tentar traçar um cenário definidor dos problemas da ciência económica contemporânea. Ao fazê-lo, incorro certamente em generaliza-ções abusivas, caricaturas, simplificações teóricas e reducionismos mais ou menos graves, mas importou-me sobretudo salientar até que ponto uma certa visão da ciência económica tem comprometido a constituição de um saber mais completo e complexo da vida económica, como parcela significativa da vida social. O termo Economia é usado ao longo do texto de uma forma que corresponde ao que economistas experimentais como, entre outros, Fehr, Falk ou Gächter chamam o modelo padrão (Fehr e Gächter, 1998) e não pretende descrever ou definir todo o trabalho económico contemporâneo.

Desde a sua constituição enquanto disciplina autónoma, a Economia gozou sempre de um estatuto à parte no quadro das ciências do social. A sua matematização precoce e a sua obediência a modelos físicos granjeou-lhe um prestígio único. Recentemente, e muito em função dos contributos teóricos da Sociologia Económica e dos chamados Estudos Sociais sobre a Ciência, os conceitos de incrustação e de performatividade (Granovetter, 1985, MacKen-zie, 2006) têm-se assumido como pedra de toque de leitura do económico por outros cientistas sociais. Aproveitando, como ponto de partida, as metá-foras da foto e do motor criadas por Donald MacKenzie (2006), explorarei, neste texto, algumas zonas críticas de evolução da Ciência Económica, cen-tradas nalguns eixos básicos e na resposta a algumas questões fundadoras.

A ontologia do *homo œconomicus* racional esteve na base da construção da economia neoclássica e dos paradigmas contemporâneos de estudo da rea-lidade económica. Será que os novos contributos teóricos e experimentais oriundos não só do mundo económico, mas também de outras ciências como

---

* Agradeço aos comentadores e aos participantes do Encontro que deu origem a este texto, as sugestões, correcções e emendas que me enviaram.

a Psicologia Cognitiva colocarão em causa os modelos chave da Economia? A "Art of Trespassing" (Hirschman, 1981) instalar-se-á como modelo a seguir? A emergência da ideia de um actor social movido mais pela equidade do que pela maximização da utilidade forçará a Economia a uma reaproximação às ciências morais de que se libertou em séculos anteriores? A epistemologia realista do "é" terá de ceder o passo a um conjunto de considerações ético-políticas do "deve"? Será este um caminhar no sentido da destruição da tese da imaculada concepção da disciplina económica, ou seja, da ilusão da sua neutralidade axiológica?

A Economia Colonizadora do Social: Moral e Valores

Como definir a Economia no âmbito das restantes ciências sociais? O que é que a torna tão distintiva e ao mesmo tempo tão susceptível de ser ouvida por decisores políticos e interessar de forma evidente a jornalistas e formadores de opinião? Qual a razão que a leva a ser a única disciplina social com lugar na parada anual de estrelas que recebe do rei da Suécia um prémio de mérito por trabalhos publicados, por obras valorosas ou por carreiras distintas e reconhecidas pelos pares? Por que é que existe uma maior indulgência para os erros de análise e para os desvios de previsão dos economistas, em face dos pares de outros domínios do social? E por que é que escutamos os economistas? Por que é que tomamos atenção aos conselhos de investimento de um guru da Bolsa, quando sabemos que a *performance* média de um *portfolio* totalmente aleatório (escolhido por um macaco, por exemplo) é semelhante ao da média das escolhas dos especialistas? A resposta a estas questões mais ou menos retóricas não reside numa suposta institucionalização precoce da Economia. De facto, e do ponto de vista da sua autonomização, a Economia conquista a sua carta de alforria mais tardiamente do que a Sociologia, a Antropologia ou a Psicologia, embora seja a filha dilecta da Economia Política e de projectos vários do século das Luzes. Dificilmente se acreditaria há cem anos que a ciência económica se tornaria a mais prestigiada e poderosa ciência social, capaz de influenciar decisores e escolhas políticas e nortear a vida dos actores sociais. No início do século XX, a Economia parecia ser apenas uma vaga promessa de descrição de alguns fenómenos interessantes, mas estaria longe de poder ser considerada a ciência imperial que se tornou.

A resposta passa sobretudo pela constatação evidente de a Economia abordar o económico e este ter hoje um papel na vida social incomparavelmente mais nítido do que no passado. "É a Economia, estúpido", parece ser uma frase descritora das ansiedades, aspirações e convicções de parte significativa da população. Poucas são as realidades sociais contemporâneas que passam imunes à influência da esfera do económico. A linguagem e a retórica económicas, a lógica do cálculo e da eficiência, a regulação exercida pelo mercado, os saberes leigos sobre inflação, desemprego, ou crescimento fazem parte de práticas sociais a que nos habituámos há muito e que moldam escolhas, adiam ou antecipam actos sociais, constrangem previsões e regulam mesmo formas de pensar. Esta dimensão invasiva de que o económico se dotou pode ser recebida entusiasticamente ou vista como uma perda ou ameaça, mas não pode ser negada nos seus efeitos. Mas esta presença avassaladora da economia nas vidas diárias de cada um de nós, não pode ser entendida sem um desenvolvimento paralelo da ciência económica que a descreve, explica e prevê, e que também é, parcialmente, seu produto.

A Economia ocupa obviamente um lugar à parte no seio das ciências sociais. Menos umbilical que as suas parceiras, entretidas frequentemente em guerras escolásticas ou em discussões hagiográficas, a Economia parece cumprir o sonho da cumulatividade teórica que a aproxima das suas irmãs das ciências naturais. Metodologicamente, a Economia é, para parafrasear Hirsch, Michaels e Friedman (1987), uma disciplina de modelos limpos, por contraposição com a Sociologia (ou a Antropologia) que seriam claramente dominadas por mãos mais ou menos sujas. Tal ficaria a dever-se ao facto de a Economia se poder abstrair dos sujeitos, dos grupos e das suas realidades diárias, operando num patamar superior. O trabalho empírico na Economia assumia uma feição totalmente diferente da pesquisa de terreno dos sociólogos e dos antropólogos. Quando muito, o economista estaria interessado nalguns inquéritos, como seria o caso de inquéritos ao consumo das famílias, mas a observação (participante ou não) seria não só desnecessária e inútil, mas provavelmente enganadora. O desenvolvimento de modelos passaria assim a ser o cerne, o núcleo duro do trabalho do economista, e as simulações um modo operativo por excelência. Por outro lado, a Economia não dispensaria certamente uma boa dose de imaginação económica que pudesse colocar sobre a mesa um conjunto de hipóteses e de conjecturas que necessitariam de ser trabalhadas dentro do quadro de raciocínio definido por modelos matemáticos, físicos e por metáforas e analogias mecânicas.

À Economia importa pouco a desmistificação ou o encontrar das causas mais esconsas. Do mesmo modo, interessam-lhe pouco os avisos do passado ou a ideia de uma permanente repetição dos factos. Se se aprende alguma coisa com a história é que os homens colocados em situações semelhantes agem de forma semelhante. A Economia também está pouco receptiva às chamadas de atenção para acções não conformes com o modelo mercantil que a condiciona. Interessa-lhe muito pouco que o bazar seja diferente do mercado ou que as negociações entre agentes possam ser mais importantes que o preço da transacção. As descrições antropológicas de outras culturas e de outros mundos económicos não lhe dizem respeito e não alteram em nada a sua capacidade de prever o que se passará amanhã e como evoluirão cotações e câmbios. Ao afirmar a menor influência biográfica estamos a afirmar duas condições simultâneas – por um lado, a socialização dos profissionais é menos centrada em grandes figuras do que acontece na Sociologia. Por outro lado, a construção teórica está mais imune à experiência social e pessoal de cada autor. Dito por outras palavras, as formalizações económicas de Krugman ou Barro ou Friedman não são obviamente independentes das suas escolhas e orientações ideológicas, mas serão mais imunes à sua história pessoal e contactos sociais do que as obras de Weber, Freud ou Lévi Strauss.

Se o Iluminismo Escocês, com Smith certamente, mas também com Ferguson, Hutcheson, Hume, Reid, se ocupou da ideia de valor, não é menos verdade que a Economia enquanto disciplina autónoma, e especialmente depois da revolução marginalista, tendeu a ignorar a polissemia do valor, circunscrevendo o conceito à sua dimensão mais ou menos utilitária, deixando de lado as suas expressões moral e estética, por aparentemente, não terem qualquer impacto na definição de escolhas e estratégias dos actores. Ignorou também toda a componente smithiana do princípio da simpatia e a sua lógica tipicamente interaccionista de um espectador imparcial que surge como avaliador da transacção entre actores. É por esta razão que à Economia lhe escapam tantos intangíveis, a menos que possam ser levados de modo mais ou menos rigoroso e de acordo com uma metrologia específica a um balanço económico e se possam materializar numa categoria reconhecida pelos reguladores contabilísticos. Esta é uma situação que levou há alguns anos, o economista Waldfogel (1993) a declarar que o Natal significava uma "deadweight loss", em termos de valor. A sua lógica era simples e cristalina – se somarmos o quanto custou a compradores de presentes, as suas aquisições, esse valor superará de um modo significativo, o valor subjectivamente atribuído aos presentes por quem os recebeu. Ou seja, seria mais eficiente economicamente doar directamente o dinheiro de uns para outros. Como é bom de ver, este estudo revela a concepção unilinear de valor que encontramos em muitas das teorizações económicas contemporâneas.

Mais importante do que a suposta frieza moral que caracteriza uma ciência económica que põe toda a sua esperança e fé no funcionamento de um mercado anónimo e transparente, é a manifesta incapacidade de perceber a dimensão extra económica do valor e da sua construção. O valor social de um laço pode facilmente implicar uma subordinação total do valor económico de um objecto. Muitos agentes económicos, sem qualquer formação de economistas, têm aliás uma noção clara dessa dimensão. Pense-se em alguém que entra numa casa de penhores com um anel de casamento para empenhar. Fácil é perceber que nenhuma simplificação económica de valor permitirá descortinar o valor atribuído ao anel. Desde logo, não existe um mercado secundário para anéis de casamento, a menos que estes estejam imbuídos de uma associação valorativa de tipo estético-reputacional, nomeadamente terem sido usados por uma vedeta falecida (factor que tornará irrelevante a natureza do bem); em segundo lugar, o valor estabelecido na oferta do prestamista será resultado muito simplesmente de uma avaliação objectiva do estado subjectivo do cliente. Existem duas razões básicas para empenhar um anel de casamento: desespero ou fim do estado emocional de ligação entre os membros do casal (assumindo que quem empenha é verdadeiramente o proprietário e não tomou posse do bem por meios ilícitos). O avaliador não vai determinar o valor potencial do bem (ou a quantidade de ouro que nele existe), nem nenhum valor meramente estético. A avaliação vai incidir, sim, sobre a situação real de tipo emocional que está por detrás da acção de empenhar o anel. A experiência indicará ao prestamista se é o desespero ou a indiferença emocional que estão na razão directa do recurso ao penhor e actuará de acordo com essa avaliação.

O Problema da Incrustação

Uma das linhas de crítica das ciências sociais *soft* à Economia, e que aliás constitui a pedra de toque do artigo pioneiro de Granovetter (1985), respeita à suposta concepção sub-socializada dos actores sociais, ou posto em linguagem mais economicista, dos agentes económicos. O texto de Granovetter marca não só a redescoberta da lógica da incrustação, fugindo um pouco ao sentido original que lhe tinha sido dado por Polanyi (1957), como sobretudo abre as portas a uma via de colaboração de fronteira entre economistas e sociólogos no terreno do económico e isso é sobretudo feito graças a uma nova modelização dos fenómenos de confiança que ultrapassem as formulações sociológicas tradicionais (exclusivamente normativas) e as visões económicas, estritamente reputacionais. A aceitação de um paradigma maximizador de utilidade sob constrangimentos orçamentais pareceria fazer tábua rasa de qualquer entrave à escolha optimizadora dos agentes económicos. Mesmo que as escolhas tivessem sido adaptadas a uma modelização mais temperada e limitada de racionalidade permanecia uma conceptualização extremamente avessa à integração de limites normativos, tradições, costumes, regras morais diversas, interditos ou factores emotivos. É bem evidente que a resposta óbvia é que esses factores estariam subentendidos no próprio conceito de racionalidade limitada e que o agente ao escolher sob a alçada de determinados factores limitativos, os integrava na sua função utilidade. Deste modo, salvava-se a racionalidade e não se comprometia totalmente o modelo.

A ideia da incrustação social da economia surge assim como um dos modos de desmontagem de algumas das virtudes dos modelos da ciência económica. A ideia de partida é relativamente simples e evidente. Todos os fenómenos económicos são por natureza sociais, uma vez que se desenvolvem no interior de sociedades ou agrupamentos já constituídos e que possuem regras próprias de funcionamento que transcendem a simples actividade económica. Assim sendo, estamos no campo de uma linha de crítica com alguma tradição e que podemos, sem incorrer em regressões ao infinito, remontar às robinsonadas de que falava Marx. Ora se os actos económicos têm lugar em sociedades ou grupos organizados, será de esperar que múltiplos factores possam entravar ou coadjuvar o curso das transacções e de todos os fenómenos que daí derivam. Do mesmo modo, o mercado pode ser visto não só como o espaço físico onde se realizam as trocas, mas também uma construção social que obedece a um conjunto de regras institucionalizadas que limitam a sua acção. Em todo o caso, não basta afirmar a evidência de o mercado ou de todas as variáveis económicas serem construções sociais, é forçoso afirmar que tipo de influências são exercidas e a que níveis constrangem a dinâmica económica.

As influências políticas assumem aqui papel determinante. A ligação entre Economia e Política é crescentemente evidente e, mesmo para um observador descomprometido, parece claro que os problemas sociais têm sofrido uma operação reducionista que os conduz a uma subordinação ao económico. Curiosamente, os adversários de Marx encarregaram-se de lhe assegurar uma vitória histórica ao defenderem eles mesmos um certo primado da infra-estrutura económica sobre a superstrutura e os aparelhos ideológicos do estado. Qualquer problema social é hoje apresentado como consequência directa ou indirecta do estado da economia e das percepções que os agentes formam sobre ela. Assim sendo, os problemas políticos e os sociais sofrem uma operação de conversão que os torna não autónomos e dominados pela lógica do funcionamento dos vários mercados. O problema surge porque este reducionismo implica também a limitação das soluções para os problemas levantados. A redução do social ao económico implica a utilização de receitas económicas para resolver um *stock* de problemas crescentes, com um conjunto restrito de soluções que não vogam entre o tentado e o não tentado, mas entre o tentado muitas vezes e o tentado algumas vezes. A dominação do económico sobre o político, dentro de um sistema económico orientado por princípios aceites pelos grandes partidos do sistema, implica a criação de uma dinâmica de oposição e de uma dinâmica de governos, com um choque retórico entre partidos dominantes, mas com uma larga convergência de acção política centrada sobre três ou quatro grandes questões que, no caso da União Europeia, tendencialmente transcendem a esfera de actuação e autonomia dos governos nacionais.

Poder-se-á mesmo dizer que as soluções limitadas escolhem os problemas, conduzindo ao que chamei anteriormente o princípio da indiferença governativa em sentido fraco, ou seja, a escolha política torna-se irrelevante porque se circunscreve a uma escolha sobre políticas económicas convergentes (Marques, 2002). Mais ainda, como o *stock* de políticas é diminuto em face dos problemas e as políticas escolhidas se repetem, os resultados de uma escolha deliberada começarão a aproximar-se em termos de resultados de um gigantesco gerador aleatório de políticas – aquilo a que chamo o princípio da indiferença governativa em sentido forte (*idem*). Existe um conservadorismo decisional e uma ortodoxia de escolhas que resultam, por um lado, do medo de errar e de estar a agir sem rede e por outro da existência de ciclos eleitorais curtos que tenderão a penalizar a escolha de políticas não testadas. Temos então dois efeitos, a redução do político e do social ao económico e a actuação política sobre o económico com base em princípios consensuais que implicam poucos saltos. Tudo correrá pelo melhor, desde que não existam alterações estruturais profundas nas dinâmicas sociais, política e económica. Mas será que nada está a mudar? Ou será que deveremos dizer à boca pequena – *eppur si muove*!

Uma Ciência Performativa

Recentemente, a tendência para as formalizações construtivistas no universo das ciências sociais, acabou por conduzir a um outro tipo de problematização do económico. Se frequentemente a ciência é vista como uma forma de descrever, explicar e prever o conjunto de fenómenos que estão sob a sua alçada e que são adequadamente abordados por um conjunto de estratégias de investigação e de métodos e técnicas específicas, haverá também lugar para considerar que a ciência transcende esta dimensão fotográfica da realidade, enclausurando-a em tipologias, fórmulas, ou modelos de cálculo. A ciência tem uma outra dimensão para além do simples *snapshot* da realidade e esse aspecto é mais criativo que descritivo e mais potenciador de transformações que arauto de previsões. A ideia da performatividade diz exactamente respeito a essa dimensão criativa que todas as ciências possuem em maior ou menor grau, mas que, no caso da Economia, assume uma dimensão altamente significativa. A performatividade da Economia assenta na construção de dispositivos que organizam a acção humana e ao fazê-lo transformam a realidade, aproximando-a da teoria. A utilização generalizada de uma fórmula fará com que esta seja capaz de descrever e prever a evolução dos preços de um determinado mercado. Do ponto de vista teórico, o conceito de performatividade, possui um passado ilustre que não discutiremos, neste espaço, mas que se associa muito directamente à conceptualização mertoniana das profecias auto-realizadas. E a este nível convém afirmar que o potencial de performatividade está intimamente ligado, por um lado, à capacidade que os modelos têm de ser seguidos e adoptados por uma comunidade de crentes, independentemente do acordo entre modelo e a realidade supostamente reproduzida, e por outro, à capacidade que agentes proponentes e modelos subjacentes têm de se legitimar perante comunidades mais alargadas que possam interpretar e incluir o modelo nos seus modos de fazer, competências práticas e lógicas diárias.

Os modos performativos da economia asseguram um corte decisivo entre a ideia de descrever e de explicar substituindo-os por uma certa realidade alternativa e por uma lógica de que é assim "que as coisas são". Daí que MacKenzie (2006), um dos principais proponentes desta formalização fale de um motor que substitui uma câmara como forma de identificar estes processos transformativos, prestando particular atenção às dinâmicas dos mercados de capitais e ao desenvolvimento e aplicação da fórmula Black and Scholes nos mercados de capitais, ao nível dos derivados.

Mas não são apenas os académicos que geram estes efeitos performativos. Quando os economistas leigos se apropriam da teorização económica é irrelevante que a percebam ou que a interpretem de forma correcta ou consentânea com a justeza da teoria. Sempre que um leigo actua com base em teorias por si percebidas, ele leva uma prática social e uma apropriação específica para o terreno que é geradora de consequências sociais significativas. Ou seja, o potencial performativo da Economia não resulta apenas dos saberes científicos, mas também destes conhecimentos tácitos e interpretações várias que gerarão efeitos reais. Pouco importa se o agente leigo sabe bem o que é ou o que não é a inflação, basta considerar que ele vai agir com base num conjunto de leituras da realidade que têm como base o seu entendimento de fenómenos que assumiu como decisivos. Assim, ele adiará ou antecipará aquisições, transferirá investimentos, mudará depósitos, recorrerá ou não ao crédito, escutará ou não especialistas. Pese embora o facto de na maior parte das sociedades existir uma enorme iliteracia económica que se prolonga mesmo a uma incapacidade de proceder a cálculos simples, os agentes actuam sempre numa base *as if* – agem como se entendessem ou conhecessem bem a realidade económica.

Quando falamos de performatividade, falamos, pois, de um duplo círculo. A Economia retrata uma realidade que ela própria ajudou a criar, da mesma forma que alguns agentes económicos podem criar de raiz um mercado onde ele não existia, como é o caso clássico do mercado de morangos em Sologne (Garcia-Parpet, 2003). Neste aspecto, a ideia da performatividade assemelha-se um pouco à ideia de invenção da tradição. A tradição criada com intuitos comerciais, folclóricos, turísticos ou nacionalistas tem o condão, ao ser aceite, de se tornar uma tradição tão importante ou mais do que hábitos que existiram de forma milenar. É nesse estrito sentido que falar de genuinidade, autenticidade ou identidade faz pouco sentido nos quadros socio-económicos actuais. Mas talvez mais importante do que reafirmar esta dimensão performativa dos mercados, será sublinhar até que ponto o movimento performativo é acompanhado por retóricas específicas de auto-convencimento. O economista convence(-se) ao criar os instrumentos que actuam sobre a realidade económica.

Mas o potencial performativo da Economia apenas atinge a dimensão que tem nas sociedades actuais pelo facto de, como vimos supra, as economias capitalistas avançadas exibirem uma certa colonização do mundo social pelo mundo económico. Não só o económico se tornou invasivo da vida social, graças à centralidade que estas escolhas desempenham no quotidiano das sociedades, mas também as metáforas que gera e as lógicas que produz se tornaram bitola e medida evidente para muitos fenómenos sociais até há bem pouco tempo imunes a estas considerações. O potencial invasivo da lógica economicista pode ser visto na adopção de modelos de medição de desempenho, de eficiência, de lógicas de redução de custos e de aumento de produtividade. O próprio conceito de capital com todo o seu potencial e limitações se vê trasladado para o restante universo dos fenómenos sociais, falando-se hoje largamente de capital social, cultural, simbólico ou humano.

Esta dimensão performativa dos mercados é claramente visível na actual crise económico-financeira. Consideremos algumas transformações de valores sociais que antecipam, em grande medida, o desencadear da crise económica. O facto de a teoria económica ter postulado as vantagens da alavancagem financeira, pelo recurso ao crédito, teve efeitos alargados a nível social. Não só as empresas escutaram bem os conselhos dos manuais de *Corporate Finance*, endividando-se em vez de recorrer a capitais próprios, aproveitando o tratamento fiscal favorável do endividamento, como se gerou uma onda social favorável ao acumular de dívidas. Agentes individuais e empresas iniciaram o mesmo tipo de comportamento, projectando no futuro o pagamento do serviço da dívida contraída aqui e agora. Este processo reforçou uma tendência já em aberto que conduziu à aceitação das virtudes do crédito e do endividamento como forma de não adiar as gratificações de uma sociedade de consumo, antes aproveitando as vantagens que são concedidas pelo recurso generalizado ao crédito.

Passou-se do "greed is good" dos anos 80, com a dinâmica das *junk bonds*, para um universo mais pautado pela completa desmaterialização – *all that solid melts into thin air*. A economia libidinal do final do século postulava que os desejos podiam ser cumpridos, desde que se contraísse o crédito que alimentava o onírico. Se cruzarmos essa dimensão de desejo com uma lógica generalizada de direito a ter e a não ser excluídos dos ganhos de uma economia em expansão, tem-se o cenário aberto para uma economia que encontra no crédito a sua receita secreta não só para a expansão, mas também para a redução da conflitualidade social. Independentemente dos rendimentos e dos salários desiguais, todos poderão usufruir ou beneficiar das delícias do sistema, desde que recorram à receita secreta que possibilita o cumprimento dos desejos ilimitados. O sistema financeiro toma à letra esta lógica e concede créditos no limite do aceitável ou para lá dele, assumindo um cenário cândido em que tudo se passará no melhor dos mundos.

Os créditos são concedidos primeiro numa base de alavancagem potenciadora de maiores ganhos, depois concede-se um empréstimo com base em recebimentos futuros e termina-se, alimentando o crédito com base em hipotéticos ganhos em horizontes incertos. As próprias empresas abandonam os cálculos conservadores de valorização e recorrem sistematicamente a modelos baseados na lógica do DCF – *discounted cash flow*, onde uma mistura de optimismo excessivo e de extrapolação simples de tendências leva quase sempre ao ignorar de sinais de alarme. A sociedade creditícia generaliza-se, invertendo-se tradições de poupança e de conservadorismo financeiro em nome de cumprimento de sonhos. Aqueles que não recorrem ao crédito parecem ser pouco menos do que *suckers* que vêem passar ao seu lado um mundo de oportunidades que olimpicamente descartam sem cuidarem de viver as *benesses* de um novo mundo de delícias.

A gama de produtos oferecidos alarga-se de uma forma ilimitada – compra-se a casa, o vestuário, os móveis, mas também as viagens paradisíacas, as acções de companhias que não podem falhar; acumulam-se cartões de crédito que vão servindo para alimentar uma espiral de consumo. Mas tal como esta economia de desejos se alimenta por ondas de contágio feliz ou de exuberância irracional (Shiller, 2006), para estar mais próximo da linguagem económica dominante, também uma oscilação de pequena perturbação tem o efeito de rapidamente gerar uma onda de pânico, por vezes não menos irracional. Se a isto acrescentarmos falhas claras de regulação ou ausência dela, bem como variadíssimos exemplos de incompetência e má fé, estão criadas as condições para que as famosas bolhas rebentem. A economia contemporânea exibe mesmo características que nos levam mais para o terreno dos jogos de confiança do que para a confiança ela mesma. Os *con games* (contos do vigário), alargam-se a grandes construções como o esquema Ponzi (ou Dona Branca) de Madoff que podem mesmo atingir níveis impensáveis em economias avançadas. Em todo o caso, e de uma forma quase Tardiana, diríamos que as ondas de propagação eram claras e visíveis nos fenómenos de repetição universal e no contágio intermental que se desenvolve entre os vários agentes sociais.

A simples vontade de se manter em contacto com os pares e de não ser ultrapassado por eles de uma forma significativa (os desejos) e os sistemas normativos que implicam que o recurso ao crédito e à alavancagem dos rendimentos actuais sejam definidos idealmente como algo a seguir (as crenças) são forças suficientemente poderosas para precipitar ondas de sinais contrários que se desenvolvem até atingir um patamar crítico intransponível. Ou seja, a acreditarmos neste modelo, não existe propriamente uma crise, mas uma forma económica que se alimenta de ondas de *bubble* e *bust* e que oscila entre a criação súbita de modelos que enchem até atingirem o seu máximo para rapidamente se deflacionarem. Mas estão errados aqueles que pensam que este ciclo actual testemunha ou marca o fim de um sistema e o embrião de uma nova lógica social e económica. Aqui e ali apercebemo-nos da capacidade de regeneração do próprio sistema que vai substituindo uns agentes por outros e acaba por criar novas formas de produção de valor e de riqueza. O *meltdown* de valor que foi originado por esta crise já está dar os seus frutos para a construção de uma nova lógica e novos ganhos dentro do mesmo sistema. As hipotecas não cumpridas implicam leilões onde aparentemente se gera uma perda líquida de valor, mas que de facto apenas causa a criação de uma nova cadeia de valor, transferindo ganhos de uns agentes para outros, tendo estes novos intervenientes no mercado a capacidade de especular com bens que adquirem a preços favoráveis e que poderão subtrair ao mercado, até haver condições para uma nova injecção potenciada pelas baixas nas taxas de juro até níveis que são propiciadores da reentrada em cena dos mais afectados.

Novas agências de aconselhamento acabarão por colocar os seus serviços no terreno, recomendando aos agentes submetidos à crise a opção pela bancarrota que lhes permitirá um novo começo, sem perda de potencial de endividamento e sem lhes limitar o acesso aos benefícios do sistema. A regeneração do modelo é possibilitada pela criação deste mergulhar num hiato de recuperação que passa pela afirmação do *mea culpa* de alguns agentes caídos em desgraça, mas que não compromete a dinâmica do próprio sistema.

Da Imaculada Concepção aos Monstros Teóricos

O conceito de necessidade e a ideia concomitante de satisfação de necessidades, ainda que subsumidos na lógica da racionalidade, das preferências e das utilidades são elementos importantes na formalização económica. No entanto, a teorização em torno do que constitui ou se assume como necessidade (um pouco como os gostos e as preferências) parece surgir do nada. Esta a-historicidade das necessidades e a dificuldade de problematizar a dimensão social da sua construção estabelece-se como um limite às formalizações económicas. Se existe uma exigência de definir com clareza este conceito, deveremos recorrer a uma série de indagações genealógicas que nos permitam definir o porquê e o como de cada necessidade e uma busca arqueológica das origens da mesma. Tal revela uma preocupação de combater um duplo mito dominante na Economia: a) o teorema da imaculada concepção dos grandes referenciais teóricos (isentos de contaminações sociais, de confrontações e de mãos visíveis e manipulativas) e b) a ilusão da transparência total dos conceitos usados que são claros, evidentes e simples de entender, não possuindo polissemias.

No caso vertente, isto equivale a afirmar que as necessidades não são neutras, nem transparentes; não são fruto de uma naturalidade total, possuem uma história que implica que são estas, mas poderiam ser outras, que têm graus de fixação e de permanência que variam no tempo e no espaço, que possuem formas precisas de propagação e de sentido das mesmas e que têm possibilidades de transformação e de conversão que alimentam novas produções e constituem novos mercados. Poder-se-á perguntar até que ponto o tratamento económico das necessidades, ainda que evidentemente simplificante, não produz, do ponto de vista prático, resultados que podem ser considerados eficientes, ou seja, até que ponto a complexificação do modelo não acabará por acarretar custos excessivos para os resultados que permitirá engendrar. Esta é aliás uma das linhas mais sistemáticas de defesa da ciência económica. Sabemos que os modelos usados são simplificações abusivas da realidade, mas os resultados que produzimos com eles são suficientemente próximos do que desejamos, não devendo ser descartados ou substituídos por outros supostamente mais precisos, mas mais difíceis de operacionalizar, com custos superiores e com hipotéticos resultados que seriam apenas marginalmente superiores, do ponto de vista da aproximação à realidade e da capacidade de previsão.

Se os conceitos de necessidade, gosto, ou preferência sofrem dos problemas listados sob a designação de teorema da imaculada concepção e de ilusão de transparência, outros sofrem de problemas não menos graves. Tomemos como exemplo os conceitos de mercado e de mercadoria e encontraremos na Economia, e em boa verdade nas demais ciências sociais, provas evidentes de um outro problema teórico grave a que chamaremos o mito da irredutibilidade das categorias ou da dicotomização simplista. Na generalidade dos casos, as ciências constroem tipologias que ajudam a categorizar os fenómenos que observam e que auxiliam as previsões e as diferenciações fenomenológicas. Sendo o mercado e a mercadoria duas variáveis importantes no universo económico não será de espantar que as encontremos opostas a outras variáveis que supostamente as contradizem de forma total. E é neste campo que a economia, mas também a sociologia e a antropologia têm tendência a radicalizar discursos e a fazer opções que são frequentemente mais o produto de um *parti pris* ideológico do que de uma análise cuidada e algo desencantada. Assim, o mercado, ao opor-se ao *bartering*, à reciprocidade ou à redistribuição, é visto, por uns, como um modo de regulação eficiente e único compatível com economias avançadas ou modernas e por outros, como um elemento radical de contaminação e perversão do social. O mercado, mais do que uma categoria de análise, transforma-se num esquema de autojustificação que substitui as ideias de transparência, eficiência, equilíbrio ou, num esquema de demonização, que significa perversão, escravidão e desigualdade. Mas o problema não é apenas ideológico ou político. A questão vai mais fundo e corta a ideia de categorias de oposição. Mercado e reciprocidade, da mesma forma que mercadoria e dádiva transformam-se em categorias extremas num espaço de oposição: irreconciliáveis, diametralmente opostas e de difícil convivência. Para muitos, há que escolher entre uma e outra ou deixá-las coexistir num espaço e em tempos distintos – arcaísmo de um lado e modernidade do outro.

Esta forma de colocar os problemas e de ver ou construir oposições, ilude, no entanto, algumas das mais interessantes dinâmicas contemporâneas do estudo da economia, nomeadamente aquilo a que chamaríamos a necessidade de estudar os monstros, formas híbridas que resultam da conjugação de pais aparentemente incompatíveis. Mas se os ligres parecem ser o produto estéril do cruzamento de tigres e leões da mesma forma que o cruzamento de um burro e de uma égua gera uma mula igualmente estéril, o cruzamento de categorias tidas como irreconciliáveis pode dar origem a instrumentos socio-económicos não só interessantes do ponto de vista heurístico, mas sobretudo profícuos, ao nível dos resultados que poderemos alcançar. A atenção às formas híbridas, às quimeras e, por vezes, aos monstros produzidos, tem de nos conduzir a uma teorização específica sob os mecanismos sociais de conversão ou de transformação de categorias e de variáveis. De facto, se dirigirmos o olhar para as economias contemporâneas veremos com facilidade que muitos dos problemas não residem no mercado ou na reciprocidade, mas na forma em como estes dois elementos se conjugam para dar origem a novos fenómenos que possuem impactos reais e decisivos na vida social diária. A este nível é importante que não falemos separadamente de dádivas e de mercadorias mas que sejamos capazes de perceber as formas como umas e outras se podem converter no seu suposto contrário, saindo ou entrando no mercado, abandonando ou regressando ao mundo dos dons. Não é preciso ir muito longe para reconhecer até que ponto o mundo das ofertas e das dádivas tem um papel importante na economia contemporânea, não é necessário grande esforço de imaginação para perceber como voluntariado e trabalho assalariado convivem em múltiplos sectores. Não é problemático verificar até que ponto novas áreas de transacção como os órgãos para transplante vivem na fronteira entre um domínio e outro e como rapidamente existem invasões recíprocas. Para entender estes fenómenos, necessitamos de uma formalização que nos permita entender como se dão estas conversões, a que "taxas" são efectuadas e que sistemas de valor estão presentes em cada momento. Esta é aliás uma carência que encontramos em muitos dos estudos contemporâneos que reflectem sobre o relacionamento entre capital social, cultural e económico e que não oferecem nenhuma explicação sobre as modalidades de conversão e de reconversão de uns para outros, sabendo nós até que ponto isso é crítico para perceber as modalidades de reprodução social e de mobilidade intergeracional, mas também e frequentemente como se constituem conselhos de administração e como se forja o acesso a crédito bancário e a alianças estratégicas e também como se constituem as chamadas elites do poder.

Nota Final

A Economia necessita de um regresso à História e à Geografia, ao estudo das instituições e à compreensão das mãos visíveis do poder. Os fenómenos económicos são fenómenos de poder. Quando se observa a forma como o mercado de electricidade se formou nos EUA e adquiriu as características básicas que hoje são visíveis para todos, há que reconhecer que a forma adoptada mais do que um traço de eficiência ou de racionalidade económica foi produto de um sistema de alianças políticas que se moldaram em favor do paradigma edisoniano e contra os potentados já instalados que dominavam a indústria consolidada do gás. Sem as redes sociais de apoio que Edison construiu seria provável que os sistemas de distribuição de electricidade que hoje conhecemos não se baseassem em formas de massa, mas estivessem assentes em pequenas unidades de produção ligadas entre si. Talvez a grande discussão que ocorre hoje nos EUA sobre o arcaísmo do seu sistema energético não tivesse lugar. As escolhas económicas são escolhas políticas e isso implica um novo sentido e uma nova percepção do que é o económico nas sociedades contemporâneas. Diríamos, pois, sem qualquer traço de originalidade que a Economia necessita de uma operação que se paute pelo *Bringing History Back In*, mas onde poderemos acrescentar que no lugar da História deveremos ter também instituições, nomeadamente o Estado, fenómenos políticos, redes sociais, emoções.

Por outro lado, a economia necessita de modelos de acção e de interacção, mais do que necessita de modelos de decisão ou de deliberação. Vale isto por dizer que a Economia precisa urgentemente de entender o papel das lógicas sociais e dos esquemas de acção norteados e activados por rotinas e quadros normativos definidos por situações contingentes e pela quantidade e qualidade de experiência passada de cada actor em cenários de interacção. A Economia subentende troca e interacção entre agentes, daí que se assuma que modelos que se baseiam em comportamentos racionais descontextualizados e independentes dos outros não fazem sentido. A interacção com memória e repetição é um elemento chave para criar modelos económicos mais precisos, mas necessita também de um modelo genérico de reciprocidade comportamental que faça da racionalidade não uma condição, mas uma possibilidade crítica de comportamento dos agentes, envolvidos em trocas sequenciais complexas e evolutivas.

Se a interacção define a própria natureza da evolução da troca, então a economia precisa urgentemente de modelos dinâmicos de interacção, onde as preferências e as escolhas não são fixas, mas elas próprias contingentemente resultantes da forma como cada interacção evolui. Os agentes não possuem um quadro único de preferências, mas esquemas base que se adaptam a cada encontro social particular, o que os leva a privilegiar lógicas diferentes em função do momento e do agente com quem troca. Mesmo um esquema de confiança não é definido universalmente. A confia em B é uma asserção indefinida e sem qualquer potencial heurístico. Será necessário afirmar que A confia em B, para fazer X, sob as condições a,b,c... Estes modelos contingentes são a única forma de romper com uma tradição simplista das acções económicas. O lugar do(s) outro(s) tem de integrar qualquer visão do fenómeno económico. O outro pode ser um alvo objectivo, um modelo a seguir ou a recusar, um elemento de cópia sobre o qual nos moldamos ou um traço que deveremos inverter.

A Economia, como as restantes disciplinas do social, encontra-se num momento de impasse e terá de ultrapassar um duplo problema fundamental: não afirmar de uma forma técnica e sofisticada o que pode ser reduzido a evidências e construir esquemas inteligíveis para abordar a complexidade. Muitos dos ensinamentos económicos podem ser substituídos por ditados populares sem qualquer diferença prática. A Economia tem de ser mais do que isso – tem de resolver problemas, explicar melhor e prever de uma forma que não se limite a minimizar as falhas. A primeira aula de Economia não pode reduzir-se a "grão a grão enche a galinha o papo", nem a primeira aula de Mercados de Capitais se pode limitar a "não ponhas todos os ovos no mesmo cesto".

REFERÊNCIAS BIBLIOGRÁFICAS

FEHR, Ernst; Gächter, Simon (1998), "Reciprocity and Economics: The Economic Implications of Homo Reciprocans", *European Economic Review*, 42, 845-859.

GARCIA-PARPET, Marie France (2003), "A Construção Social de um Mercado Perfeito: o Caso de Fontaines-en-Sologne", *Estudos Sociedade e Agricultura*, 20, 5-44.

GRANOVETTER, Mark (1985), "Economic Action and Social Structure: The Problem of Embeddedness", *American Journal of Sociology*, 91:3, 481-510.

HIRSCH, Paul; Michaels, Stuart; Friedman, Ray (1987), ""Dirty hands" versus "clean models"", *Theory and Society*, 16(3), 317-336.

HIRSCHMAN, Albert (1981), *Essays in Trespassing: Economics to Politics and Beyond*, 2ª ed.. Cambridge: Cambridge University Press.

MACKENZIE, Donald (2006), *An Engine, Not a Camera: How Financial Models Shape Markets*. Cambridge, MA: MIT Press.

MARQUES, Rafael (2002), "A Advertência de Peter Comestor: Um breve excurso sobre as hipóteses de reforma do Estado em sociedades democráticas", *Actas do Encontro de Ciência Política*. Lisboa: Bizâncio.

MILLS, C. Wright (2000), *The Sociological Imagination*. Oxford: Oxford University Press.

POLANYI, Karl (1957), *Trade and Market in the Early Empires: Economies in History and Theory*. Nova York: Free Press.

SHILLER, Robert (2006), *Irrational Exuberance*, 2ª ed. Nova York: Broadway Press.

WALDFOGEL, Joel (1993), "The Deadweight Loss of Christmas", *American Economic Review*, 83(5): 1328-1336.

9. É A ECONOMIA, ESTÚPIDO VS. É A DÁDIVA, ESTÚPIDO: REFLEXÕES DE UM ANTROPÓLOGO SOBRE O ENSINO DA ANTROPOLOGIA A FUTUROS ECONOMISTAS.*

Filipe Reis

Este texto resulta da minha experiência de dar aulas a jovens estudantes de economia, sendo eu antropólogo e sendo suposto ensinar "Antropologia Económica". Esta experiência levou-me a pensar e a questionar a utilidade destas e de outras matérias para a formação de futuros economistas e a repensar a forma de as comunicar.[1] Trata-se de uma reflexão inspirada nessa prática de ensino, que se prolongou por vários anos, e está marcado pelas minhas convicções acerca da utilidade da Antropologia e da relevância do conhecimento que produz para entender o mundo contemporâneo.

É pois neste quadro que se devem entender as minhas considerações e interrogações sobre a relevância que a Antropologia Económica pode assumir para actuais e futuros profissionais da Economia.

Encontros e desencontros entre Antropologia e Economia

Se há disciplina onde a definição de "económico" desencadeou um aceso e fracturante debate interno, essa disciplina é a Antropologia. Em finais do século XIX a Economia e a Antropologia estavam já demasiado afastadas, pelo que, o seu encontro, quando finalmente se dá, só podia ser sido tumultuoso. Como assinala Jean Poillon, bastaram umas linhas de Malinowski a propósito do conceito de *homo oeconomicus* (em nota de rodapé entre as centenas que

---

* Gostaria de agradecer ao Rafael Marques pelos comentários e sugestões feitos à primeira versão deste texto e ao José Castro Caldas que gentilmente o editou. Como é evidente isso não os vincula às opiniões nele expressas, que são da exclusiva responsabilidade do autor.

[1] Entretanto essa cadeira semestral foi, no quadro da adequação ao processo de Bolonha, retirada do plano de estudos do curso de Economia. Era, ao que parece, a única cadeira (de tronco comum) de Antropologia a integrar um plano de estudos de uma licenciatura de Economia, e isso foi possível, em grande medida, porque quando o curso de Economia do ISCTE foi criado em 1997 se designava por Economia e Desenvolvimento.

compõem *Os Argonautas*) para criar o mito segundo o qual ele seria o herói fundador da Antropologia Económica. Malinowski pode não ser um *founding father* da antropologia económica, (note-se que a visão retrospectiva de Poillon remonta aos anos 70 e é feita no quadro do estruturalismo marxista), mas aquelas observações sobre o *homo economicus* podem, em qualquer caso, ser vistas como uma centelha, um início de combustão que se consumiu em centenas de artigos e livros, entre meados dos anos 50 e o início dos anos 70 (o auge da produção bibliográfica é 1964, cf. Wilk 1996:5); esta foi a época ao longo da qual a Antropologia Económica se funda, ultrapassando o pendor essencialmente descritivo e iniciando uma discussão teórica com a Economia.

Sintomaticamente o livro que relança a discussão é *Trade and Markets of Early Empires*, onde Karl Polanyi escreve o famoso artigo "*The Economy as Instituted Process*" (Polanyi, 1992 [1957]), a peça que institui, em grande medida, o que ficou conhecido na Antropologia como a posição substantivista. Tanto é assim que as reacções a esta posição adoptaram a ideia da "definição formal" de economia de Polanyi, auto-designado-se de formalistas. Se há, de facto, um mito fundador da antropologia económica, ele está condensado nesse artigo, que institui essas duas metades em oposição.

Que se pode aprender deste debate? Como apresentá-lo a estudantes de Economia?

Parece fazer todo o sentido aproveitar esse debate para apresentar os seus fundamentos filosóficos e epistemológicos e dar a perceber a sua ancoragem nas tradições filosóficas que influenciaram ambas as disciplinas. Simplificando muito as coisas, pode-se começar por pensar nas convicções que animam formalistas e substantivista a oporem-se uns aos outros: uns reconhecem na ideia de maximização e de racionalidade (que remonta à ideia Iluminista de Razão, à busca de universais do comportamento humano, à ideia de utilidade) um bom ponto de partida para analisar as acções das pessoas, onde quer que elas se encontrem e sejam quais forem as condições em que se encontrem; os outros, pelo contrário, partem da ideia de que o comportamento das pessoas é mais complexo e não redutível a categorias como racional/irracional e, ainda, que essas categorias são construídas em contextos sociais, históricos e culturais específicos e não podem ser tomados como meras abstracções, aquilo a que Marx chamava, por evocação do célebre personagem do romance de Daniel Defoe, "Robinsonnadas".

É possível estimular os alunos a reconhecer que, em vários campos disciplinares, estas convicções se complexificaram, assumindo contornos e matizes diversos, mesmo na sua. A tradição cartesiana produziu formas de iluminismo mais radical ou mais moderado. Há iluministas (Spiro, 1998) moderados, desenvolvimentistas como Piaget, ou proponentes de formas de "racionalidade limitada" (cf. Hodgson, 1994 [1988]), assim como há moderados entre os teóricos do relativismo, construtivistas na linha da Psicologia Cognitiva de Vigostski ou relativistas radicais, como por exemplo antropólogos como Rosaldo (1980), Shweder (1997) entre outros (Spiro, 1998, designa-os por Românticos).

A noção de racionalidade tem na Antropologia um papel de destaque e, na verdade, pode dizer-se que parte substancial dos seus grandes debates se fizeram em torno desta noção. Uma concepção desenvolvimentista da racionalidade é bem visível no evolucionismo intelectualista de finais do século XIX (em Tylor e Frazer) e terá ainda seguidores fiéis no século XX, em Lévy-Bruhl, por exemplo, que pensava que os "primitivos" pensavam, mas mal, e comparava-os às crianças. Levi-Brull é bem o exemplo das dificuldades e dos perigos de conceber a alteridade a partir de pressupostos cartesianos ou desenvolvimentistas. Sugerir que os primitivos pensam como as crianças abre a porta para pensar que certos grupos, por exemplo "mulheres", "negros", "colonizados", "imigrantes", sofrem do mesmo problema; ora, como se sabe, estas são não apenas ideias que ainda perduram em formas elementares de senso comum; foram também em muitos casos, legitimadas e levadas à prática. Em última análise estamos perante um problema de ordem moral, que os antropólogos continuaram a discutir mas que para a maior parte dos economistas deixou simplesmente de se colocar. Assim, enquanto na Economia se consolidava o postulado da acção racional (ver Godelier, *Rationalité et Irrationalité en Anthropologie et en Économie*) os antropólogos tornavam-se mais e mais desconfiados relativamente a essa noção. É esta desconfiança que Malinowski (1979 [1920]) exprime brevemente, ao questionar a aplicação da ideia de *homo economicus* ao contexto trobriandês e ao assinalar que a maioria das coisas que a Economia Política tinha dito acerca das sociedades "primitivas" carecia de rigor e não parecia ter correspondência com os factos que ele observara. Malinowski, mais tarde, dedicou um artigo à "economia primitiva" dos trobriandeses onde descrevia as principais actividades económicas dos indígenas (agricultura, pesca e comércio inter-ilhas) e procurava mostrar como estavam ligadas, na verdade profundamente entretecidas, com a organização política (a chefatura) o sistema de parentesco matrilinear e o sistema de crenças. Esta etnografia, ao mostrar como, na ausência de instituições propriamente económicas (se bem que ele chame ao chefe Kiriwina o "banqueiro tribal") a economia está subsumida noutras dimensões da vida social e é delas inseparável, servirá mais tarde a Polanyi para ilustrar a sua noção de economia "*embedded*".

É pois necessário retomar a questão inicial: é possível aprender (e ensinar) a partir das controvérsias que os antropólogos mantiveram (e ainda mantêm) sobre o que é o económico? Como pode o exame dessas discussões servir para a formação de futuros economistas?

O debate entre formalistas e substantivistas parte de assunções divergentes sobre o que motiva os seres humanos a agir (por exemplo, a trabalhar). Mais uma vez simplificando muito as coisas, enquanto uns supõem que as pessoas agem sobretudo por interesse próprio (*self interest*) e que, independentemente do sistema de valores que partilham, guiarão a sua acção pelos princípios da lógica, da razão e da maximização, os outros consideram que tais princípios não são universais, e sim produto de um quadro de valores específico decorrente da experiência histórica das sociedades ocidentais onde a Economia pode passar a ser vista como uma parte autónoma da realidade; daí não poderem aplicar-se às sociedades de pequena escala pré-industriais. Deste modo, ao interesse pessoal, egoísmo ou busca incessante do lucro dos formalistas, os substantivistas contrapõem as ideias de altruísmo, generosidade e solidariedade. Nos sistemas de dádiva, só os muito generosos sobrevivem, e a generosidade parece ser a condição de funcionamento de pequenas economias onde todos dependem de todos, e onde os bens circulam reforçando os laços entre as pessoas e entre as pessoas e as coisas.

Sabemos que esta discussão não levou a nenhum sítio porque, como vários autores têm sublinhado (Godelier, 1969; Wilk, 1996; D'Argemir Comas, 1998), assentou em assunções sobre a natureza humana nos quais cada uma das partes acreditava cegamente, em vez de as testar. Há, no entanto, razões para considerar que vale a pena fazer o esforço de examinar as duas posições, ao menos razões pedagógicas. Em primeiro lugar, e reconhecendo a natureza ideológica do debate, um estudante de economia poderá começar a questionar-se porque motivo, na história do pensamento económico, perspectivas cada vez mais sofisticadas sobre maximização e comportamento racional parecem ter triunfado até ao ponto de um ilustre economista (da corrente institucionalista) ter afirmado, num denso e sistemático capítulo sobre a "hipótese da maximização", o seguinte:

> Na verdade, questionar, nos círculos da economia, a ideia de que os agentes humanos são racionais é arriscar-se a ser alvo de desaprovação, exílio ou pior ainda. Um economista que levante esses problemas será provavelmente confrontado com a acusação de estar a abandonar a própria economia. (Hodgson 1994 [1988]:74).

Note-se, no entanto, que o facto de os economistas (ou pelo menos uma parte significativa deles) se recusarem a discutir o conceito de Racionalidade não significa que não aceitem o argumento de que os sistemas morais e de valores variam. Há pessoas que acreditam que os sistemas morais são mandamentos eternos dos deuses ou dos profetas e que portanto são leis naturais, imutáveis e universais; todavia, uma boa parte dos cientistas sociais tende a considerar que os sistemas morais são produtos culturais de tempos e espaços particulares. Como refere Richard Wilk (1996) muitos economistas não têm problemas em aceitar este segundo princípio, uma vez que não estão preocupados em saber de onde vêm estes princípios. Mas acreditam que logo que um grupo social possui um determinado sistema de valores irá usá-lo de forma bastante semelhante e previsível. Nesta perspectiva não interessa a que cultura as pessoas pertençam uma vez que todas elas usam as mesmas ferramentas lógicas para traduzir os seus valores em preferências ordenadas e para as maximizar de uma forma racional e previsível. Os antropólogos estão frequentemente em desacordo com os economistas em relação a este ponto, se bem que, em determinados momentos, são eles próprios apanhados na armadilha.

Um bom exemplo do que acabo de dizer encontra-se nas análises acerca do funcionamento do sistema de clãs das terras altas da Papua Nova Guiné. Ao longo dos anos 60 a Austrália que administrava o território, iniciou uma campanha de pacificação das frequentes escaramuças entre clãs, construiu estradas e iniciou-se a instalação de missões (sobretudo pentecostais) e a endoutrinação das populações no cristianismo. Estes factos permitiram que muitos clãs, chefiados por "*big men*" (uma instituição de liderança, não hereditária, baseada quase exclusivamente na capacidade de mobilização do "*big man*" e na distribuição de bens entre os seus aliados) se dedicassem com sucesso à plantação de café. Disto resultou uma acumulação de riqueza entre os clãs. Após a independência (outorgada pela Austrália em 1975) e no contexto de emergência do Estado da Papuásia, a guerra tribal voltou às Terras Altas. As novas relações de poder decorrentes da emergência do estado e os altos preços do café desestabilizaram as relações entre clãs rivais e os assassinatos e as dívidas de sangue (agora pagas em dinheiro) aumentaram. As mulheres, afastadas dos grandes negócios apenas reservados aos homens, e tradicionalmente ocupadas com a horticultura, passaram também a vender os seus produtos nos mercados locais, gerindo pequenas somas de dinheiro. Na língua franca local (o *pidjin*, derivada do inglês) o termo *bisnis* passou a fazer parte do léxico das pessoas para designar negócios ou empreendedorismo; pelos anos 80 vários observadores da região (antropólogos, funcionários de ONG's e de agências governamentais) previam que o estilo de liderança dos "*big man*" encaixava na perfeição no modelo do empreendedor capitalista e que estavam reunidas condições para que todos prosperassem. Ora a antropóloga Marilyn Strathern quando voltou pela 3ª vez às Terras Altas em meados dos anos 90, encontrou uma situação muito diferente. As mulheres continuavam a gerir as suas pequenas maquias (com as quais financiavam, por exemplo, o pagamento de taxas escolares), os homens continuavam ocupados com os grandes *bisnis*, o dinheiro circulava e isso estava a ter importantes consequências nas formas de relacionamento entre os géneros e os grupos de parentesco. As coisas (um porco, um fardo de palha para cobrir as casas) passavam a ter um preço, e o dinheiro, ao contrário das conchas e dos porcos, era divisível, criando novas possibilidades e introduzindo mudanças no sistema de reciprocidade entre homens e mulheres e entre clãs. A moeda e o *bisnis* não estavam a transformar os habitantes de Hagen em empreendedores capitalistas, estava, diz-nos Strathern, a inflacionar o sistema de dádiva:

> A inflação em uma economia de mercado, baseada no consumo produtivo [...] implica reajustes segundo as proporções relativas de bens e dinheiro. O que seria a inflação em uma economia da dádiva, baseada na produção consumptiva? Presumivelmente, acarretaria mudanças nas taxas de reprodução das relações. A inflação em uma economia da dádiva poderia, assim, ser definida como um aumento na quantidade de coisas, bens ou dinheiro, em detrimento da capacidade que as relações têm de absorvê-las, ou seja, de se reproduzirem por meio delas. (Strathern 1998: 125).

Voltarei, mais à frente, à questão da dádiva e de economias baseadas em sistemas de dádiva. Registe-se, para já, apenas o facto de, exemplos como este, nos fazerem pensar que concepções unilineares da história (herdadas do evolucionismo) não são, necessariamente, as que melhor captam ou nos ajudam a interpretar os processos de mudança social (outro exemplo disto é a análise da introdução do machado de aço, entre os Sianne, cujos efeitos não foram aqueles que a teoria clássica prevê: o aumento de eficácia que a nova ferramenta trouxe não aumentou a produtividade dos Sianne, ou estimulou a produção de excedentes escoados para o mercado; os Sianne passaram a usar o tempo livre para falar e contar histórias).

O debate entre formalistas e substantivistas, nunca superado, até porque ambas as posições não se excluem necessariamente, é, no entanto, marcado pela extraordinária ferocidade com que os contendentes atacam o lado contrário. Na origem da controvérsia, hoje parte da história do sub-campo da Antropologia Económica, está uma divergência básica que substantivistas e formalistas mantiveram, teimosamente, sobre a utilidade de alguns dos postulados centrais da Economia Clássica (por exemplo, escassez e racionalidade) para a análise dos sistemas económicos das sociedades pré-industriais, ou pré-capitalistas, de que tradicionalmente se ocuparam os antropólogos e, por outro, no cesurismo que tanto formalistas quanto substantivistas praticavam como bons herdeiros da tradição funcionalista. Na história da Antropologia Económica este debate é normalmente apresentado, retrospectivamente, como tendo chegado a um impasse, finalmente abandonado quando, nos anos 60, o legado marxiano, redescoberto por, entre outros, Maurice Godelier, Maurice Bloch, Jack Goody, Raúl Iturra, voltar a refundar o debate sobre os escombros da discussão entre defensores do paradigma do "bom selvagem" e glosadores do conhecido refrão – "é a economia, estúpido".

Segundo Richard Wilk (1996:12), há pelo menos dois aspectos deste debate que podem ser resgatados. O primeiro diz respeito à oposição entre egoísmo e altruísmo:

> [...] o próprio debate evoca temas que parecem ser muito universais nos assuntos humanos. Muitas sociedades debatem acerca do egoísmo e do altruísmo, da possibilidade dos seres humanos individuais mudarem as suas vidas ou a sociedade como um todo e acerca dos méritos relativos do pensamento lógico e da compreensão intuitiva, ou emoção. O debate formalismo-substantivismo incidiu sobre questões humanas universais, profundas e importantes.

É possível explorar esta ideia, do ponto de vista pedagógico, pedindo aos estudantes que identifiquem e recolham exemplos de discursos e/ou práticas que se aproximem mais de um ou de outro destes pólos e dando alguma margem para exprimirem as suas convicções sobre cada um deles, quer a partir da sua própria experiência pessoal, quer a partir de discursos institucionais (campanhas de solidariedade, publicidade a bens e serviços, ideários políticos, etc.). Subsequentemente é necessário chamar a atenção para o facto de as principais correntes da teoria social partirem de pressupostos acerca da natureza humana que não são questionados pelos seus proponentes, formando aquilo a que Boland designa por "núcleo duro" (*apud* Hodgson, 1994 [1988]: 87) e que filósofos como Kant, Kuhn ou Lakatos afirmam serem "pressupostos 'metafísicos' que 'não estão sujeitos a nenhum teste empírico [...] mas não [são] tautologias" (*ibidem*). Richard Wilk, cujo livro, já aqui várias vezes citado, constitui uma excelente introdução aos principais problemas, correntes e temas da Antropologia Económica, apresenta de forma clara estes "núcleos duros" das 3 grandes correntes da teoria social e que o autor designa por "teoria da escolha racional", "teoria social" e "teoria cultural" (Wilk, 1996; ver também, do mesmo autor, o desenvolvimento desta ideia aplicada ao consumo em Wilk, 2002). Após familiarizar os estudantes com estas grandes correntes, por referência aos seus proponentes clássicos e às suas principais ideias pode propor-se um exercício (que pode ser feito em aula, primeiro em pequenos grupos e depois colectivamente) com o seguinte teor: solicitar aos alunos que pensem num determinado "problema social", como por exemplo, a pobreza, o desemprego ou a crise dos mercados financeiros e os passem pelo crivo de cada um dos modelos teóricos. Trata-se de levar os estudantes a reflectir sobre os limites e as implicações (por exemplo em termos de políticas públicas) de pensar a pobreza como o resultado de más escolhas individuais, como uma questão social que deriva da desigual repartição de recursos ou, ainda, como um problema de ordem cultural que se produz e reproduz em contextos e situações específicas. Quando bem conduzido e realizado com empenho, este tipo de exercícios ajuda os estudantes a perceberem as implicações dos postulados teóricos em questão, a formarem a suas próprias convicções e a exporem ideias de forma coerente e informada (é claro que a apresentação desses postulados deve poder estender-se por várias sessões, acompanhadas de leituras, e deve adequar-se ao nível de formação dos estudantes).

Quando estas ideias estiverem suficientemente consolidadas, o que significa, que se é capaz de ter uma posição irónica sobre elas (ironia no sentido que lhe era dado pelos gregos, ou seja, a ideia de que o mundo continua a sua marcha, independentemente do que eu pense sobre ele) é possível começar a dar a ler textos de Antropologia contemporânea aos estudantes. Normalmente opto por textos de colegas portugueses cujo trabalho conheço bem, como por exemplo, a análise, de inspiração marxiana que Raúl Iturra faz das estratégias dos camponeses e criadores de vacas de Vilatuxe face à instalação de uma multinacional na região, um processo que ele descreve como "maximização da reciprocidade", a análise da propriedade, organização do trabalho e construção da masculinidade numa vila alentejana (Vale de Almeida), a cuidadosa e sensível etnografia de Joana Afonso sobre o trabalho e a vida numa companhia de circo que é uma empresa familiar, ou ainda, também no domínio das empresas familiares, a articulação entre estruturas de parentesco e formas de organização empresarial, entre emoção e razão, que Antónia Lima descobre ao investigar as genealogias, estratégias matrimoniais e empresariais de grandes grupos económicos em Portugal.

A segunda razão aduzida por Richard Wilk (1996:13), para revisitar o debate formalismo/substantivismo é a seguinte:

> [...] durante este debate os antroólogos começaram finalmente a colocar questões amplas acerca da mudança social e a evolução e a perguntar de que modo a economia se relaciona com outros objectos de estudo antropológico como parentesco e ritual. O debate suscitou importantes questões subsidiárias [...], nomeadamente: os seres humanos são sempre racionais? Como definir racionalidade? Como saber se alguém actua ou não por interesse próprio? A diferença entre as economias modernas e primitivas é de grau ou de qualidade? Existem leis universais aplicáveis a todas as sociedades? A economia está sempre incrustada (*embedded*) na estrutura social?

O renovado interesse pelos textos de Marx, sobretudo após a publicação das Grundrisse, levou a Antropologia Económica para outras direcções e permitiu introduzir nas agendas de investigação várias das questões acima enunciadas. Num ponto os formalistas tinham razão: as sociedades pré-capitalistas por relação às quais os antropológos emitiam os seus juízos, análises e interpretações estavam a desaparecer. Instalou-se na disciplina o que ficou conhecido como a crise do objecto (de estudo). Na linha do formalismo alguns antropólogos continuaram a realizar trabalho de campo, recorrendo a métodos experimentais, mas a grande maioria adoptou um quadro marxiano de análise. Foi o período da proliferação de debates em torno do conceito de modo de produção e sua aplicação às sociedades rurais, linhageiras e clânicas. Na minha formação enquanto antropólogo pude assistir, ao vivo, à fase final destes debates, quando Raúl Iturra convidou um pequeno grupo de recém-licenciados (em 1987) para participar no Seminário coordenado por Maurice Godelier e nesse ano realizado, julgo que pela última vez, em Espanha, que reunia antropólogos de vários países da Europa e se auto-designava "grupo da transição". Transição significava, neste contexto, formas de transição para o Capitalismo. A maioria destes antropólogos estudava variados contextos (maioritariamente sociedades rurais europeias) observando e documentando as estratégias de reprodução de grupos domésticos de camponeses, pescadores, pastores, assalariados agrícolas, operários (uma resenha compreensiva de vários destes estudos é feita por D'Argemir Comas 1998). Muitos deles, para além do clássico método etnográfico, recorriam também investigação documental e histórica (por recurso aos arquivos locais), traçando quadros mais alargados e compreensivos, capazes de rastrear as continuidades e explicar os processos de mudança (ver, por exemplo, e cingindo apenas aos trabalhos sobre Portugal, Ferreira de Almeida, Brian O'Neill, Fernando Oliveira Batista, José Sobral, Raúl Iturra, e, numa segunda vaga, Raúl Iturra, Paulo Raposo, Nuno Porto, Filipe Reis).

À crise do objecto na Antropologia sucedeu uma crise epistemológica em que os fundamentos da própria disciplina foram virados do avesso. Nos anos 90, especialmente no contexto americano, a disciplina andou a ajustar contas com a sua história e com os seus métodos. Foram tempos difíceis para a Antropologia Económica, mas, no virar do século, parecem surgir sinais de que a sub-disciplina está a renovar-se (ver Ensminger 2002). Questões tais como a sustentabilidade ambiental (e o diálogo com a Ecologia Política), o consumo, os mercados informais, o estudo da natureza situada da globalização e a Antropologia Industrial constituem, actualmente, alguns dos campos nos quais antropólogos estão actualmente a trabalhar. Já longe, bem entendido, do velho debate que aqui visitei, embora algumas das suas questões fundadoras continuem a estar presentes. Mas esse já não é assunto para explorar aqui.

Considerações finais

Li recentemente, em artigo de imprensa da autoria de um grupo de economistas ("A ciência económica vai nua?"), a propósito do estado actual do ensino da economia, o seguinte:

> [Adam] Smith começa o seu livro [*A Riqueza das Nações*] por sublinhar a importância crucial da organização e do conhecimento, algo que os manuais modernos preferem ignorar. E importa lembrar que, para além deste, ele escreveu outro grande livro: *A Teoria dos Sentimentos Morais*. Muito boa gente acha que só o primeiro é ciência, é economia.

Significará isto que estão actualmente lançados os dados para que formas alternativas à ortodoxia se tornem mais audíveis no espaço público e venham a abrir novos caminhos para o ensino da Economia e do seu posicionamento no quadro das ciências sociais? Não me compete, como é óbvio, dar resposta a esta questão, nem seria de resto curial usar aquelas posições para afirmar ou reforçar as minhas. O que me parece importante sublinhar neste contexto é o facto de, na actual conjuntura de "crise económica", um número crescente de economistas sentirem a necessidade de expressar, de forma clara e contundente, a sua perspectiva sobre os efeitos que uma formação exclusivamente tecnicista, pode ter na formação das gerações futuras de economistas. No mesmo texto afirma-se também que

> O ensino dominante não tem municiado os estudantes para conhecer o mundo real e para o interpretarem, para saberem que comportamentos emergem, que sistemas institucionais se confrontam, que valores estão em crise e quais os que se confrontam (*idem*)

É minha convicção que a Antropologia constitui, ao arrepio de algumas visões mercantis que por aí grassam acerca da sua utilidade ou inutilidade, um instrumento, certamente entre outros, mas com um especificidade própria, que produz conhecimento relevante para "conhecer e interpretar o mundo real". A Antropologia Económica não é apenas o resultado do olhar dos antropólogos sobre a economia e os sistemas económicos; ela é, e devia ser mais no futuro, o resultado de cruzamentos entre as duas disciplinas. Haveria então que criar e estimular no imaginário e na prática profissional da Economia, o economista-antropólogo.

REFERÊNCIAS BIBLIOGRÁFICAS

D'Argemir Comas (1998), *Antropologia Economica*. Barcelona: Ariel.

Ensminger, Jean (org.) (2002), *Theory in Economic Anthropology*. Lanham: Altamira Press.

"A ciência económica vai nua?", *Público* de 03/12/2008.

Godelier, Maurice (org.) (1969), *Rationalité et irrationalité en Économie* (2 vols). Paris. Maspero.

Hodgson, Geoffrey (1994 [1988]), *Economia e Instituições. Manifesto por uma Economia Institucionalista Moderna*. Oeiras: Celta.

Malinowski, Bronislau (1979 [1920]), "La economia primitiva de los isleños de Tro-briand", *in* Maurice Godelier (org.) (1979), *Antropologia Y Economia*. Madrid: Anagrama, 87-100.

Polanyi, Karl (1992 [1957]), "The Economy as Instituted Process", *in* Mark Granovet-ter; Richard Swedberg (orgs.), *The Sociology of Economic Life*. Boulder e Oxford: Westview Press, 29-51.

Rosaldo, Michelle (1980), "The Use and Abuse of Anthropology: Reflections on Feminism and Cross-cultural Understanding", *Signs*, 5(3), 389-417.

Shweder; Richard (1997), "A rebelião romântica da antropologia contra o iluminismo, ou de como há mais coisas no pensamento para além da razão e da evidência", *in Educação, Sociedade & Culturas*, 8, 135-188.

Spiro, Melford (1998), "Algumas reflexões sobre o determinismo e o relativismo cultu-rais com especial referência à emoção e à razão", *Educação, Sociedade & Culturas*, 9, 197-230.

Strathern, Marilyn (1998), "Novas Formas Econômicas: Um Relato das Terras Altas da Papua-Nova Guiné", *Mana*, 4 (1), 109-139.

Wilk, Richard (1996), *Economies & Cultures. Foundations of Economic Anthropology*. Boulder: Westview Press.

SECÇÃO III

Construindo pontes no passado

10. A ECONOMIA EM TEMPO DE CRISE: DESAFIOS A UMA CIÊNCIA COM HISTÓRIA*

José Luís Cardoso

As expressões contidas no título pretendem esclarecer o âmbito e objectivo desta contribuição para o debate sobre "a Economia e o económico" nos dias de hoje. Os sinais de forte recessão e os anúncios de uma possível depressão que se avizinha não deixam dúvidas sobre a gravidade de tempos difíceis que, com maior ou menor dose de pessimismo, se antecipam e previnem. A crise não é apenas a que se revela através da perturbação acentuada nos mercados económicos e financeiros, do agravamento do desemprego, da perda de poder de compra, da falência e encerramento de empresas em todos os sectores de actividade económica a uma escala global. Para além das consequências sociais e políticas que inevitavelmente acarreta, a crise é também da economia enquanto ciência que desejavelmente deveria contribuir para a compreensão e solução dos problemas que afligem o mundo contemporâneo. No que se refere a essa ingénua ambição de uma ciência prescritiva de remédios e paliativos, parece que já se perderam as esperanças e desfizeram todas as ilusões. Mas o que revela que a situação é verdadeiramente grave é a convicção que começa a ganhar crescente credibilidade de que, afinal, a ciência nem sequer serve para descrever e diagnosticar os males de que os mercados padecem. É essa dimensão da crise que afecta a economia como ciência que aqui me interessa, sobretudo, considerar.

Para quem gosta de usar as vestes de historiador económico e de historiador do pensamento económico, o momento que atravessamos quase surge como oportunidade de redenção, na medida em que permite apontar o dedo acusador aos economistas convencionais que se esquecem que a história oferece soluções de compreensão do presente, para além de permitir a demonstração de que as capacidades dos historiadores têm sido injustamente subalternizadas. Ou seja, a história económica e a história do pensamento

---

* Este texto foi escrito em Março de 2009 e revisto em Julho de 2009. Para as revisões efectuadas contribuíram os comentários e sugestões de Joaquim Feio, Tiago Mata, Nuno Palma e Álvaro Santos Pereira, que muito agradeço.

económico, duas sub-disciplinas nem sempre bem tratadas pela ciência económica rainha, conhecem agora um momento de afirmação e glória que se espera não seja efémera.

Para se compreender a profundidade da crise da Economia e do económico, é importante aprender com os ensinamentos que a história proporciona. Por um lado, trata-se de uma aprendizagem por comparação com outros momentos de crise e depressão que ciclicamente afligem as economias capitalistas à escala mundial. A história económica oferece múltiplos ensejos de descoberta de momentos reveladores de uma espantosa repetição de ocorrências que tornam semelhantes os períodos de acelerada contracção da actividade económica e de forte instabilidade financeira. A lembrança frequente que agora é feita da Grande Depressão da década de 1930 é, porventura, a demonstração mais eloquente de que os intérpretes do mundo de hoje querem estar atentos às lições que o passado oferece. Mas a história é também pródiga em ensinamentos que nos revelam que é na própria ciência económica que se demonstram, ao longo da sua história, capacidades de renovação de quadros doutrinais, de modelos teóricos e de programas de política económica. Essas capacidades são testemunho de uma vitalidade que autoriza algum optimismo em relação às respostas que podem ser dadas para compreender e resolver os problemas do tempo presente. Assim se explica a recorrente e cada vez mais insistente utilização que hoje se faz do testemunho e da obra de John Maynard Keynes, subitamente transformado em herói salvador da nova grande depressão que nos assalta. Por isso, é fundamental realçar a importância do conhecimento da história de uma ciência cujos praticantes acreditam que é possível encontrar soluções adequadas que no passado foram ensaiadas para problemas semelhantes. É também neste âmbito da economia enquanto ciência com história que esta contribuição se desenrola.

Significará esse retorno a Keynes o fim das doutrinas e teorias económicas que nas últimas décadas têm estado ao serviço da ortodoxia dominante nos meios académicos, empresariais e políticos? Aconselha a prudência que se evitem afirmações peremptórias sobre a matéria. As declarações de desencanto e as profecias da desgraça não ajudam a compreender a historicidade de uma ciência que pode agora evocar o uso de respostas teóricas e políticas que mais tarde poderão vir a ser rejeitadas por abuso. Por outras palavras, quando legitimamente se criticam os economistas de formação neoclássica e convicção (neo-)liberal de serem incapazes de interpretar e solucionar a crise actual, convirá advertir que as contribuições que no passado deram não deixarão de ser úteis para a construção da ciência económica no presente e no futuro. O trabalho científico não se compadece com atitudes radicais de tábua rasa. As "revoluções" científicas, as mudanças de paradigma, a evolução dos programas de investigação, transportam sempre elementos de continuidade. Por isso, ao escoar-se a água suja do banho, convém evitar que a criança também escorra no turbilhão. Sabemos, no entanto, que a criança que nos fica nas mãos necessita de cuidados e tratamentos muito especiais.

A conversão dos (in)fiéis

A leitura de testemunhos ocasionais regularmente publicados na imprensa e na blogosfera, cria no leitor imensa perplexidade, levando-o a admitir que o mundo já não é o que era, pois os economistas já não são o que diziam ser. Economistas respeitáveis, bem entendido, daqueles que fazem da medalha Nobel que ostentam ou ambicionam, motivo de sobra para serem ouvidos pela opinião pública, não menos respeitável. Vejamos um breve mas sugestivo exemplo.

No início de Fevereiro de 2009, Gary Becker (prémio Nobel em 1992) e Richard Posner (que ainda não perdeu a esperança de o vir a ser), insignes respeitadores de uma visão liberal do mundo, discutiam a legitimidade de medidas proteccionistas em clima de depressão, clamando e apelando a um inequívoco "Comprai Americano!" como meio de evitar maior descalabro na situação de desemprego na economia americana. E não se coibiam de reclamar um "programa Keynesiano anti-depressão", sustentado no financiamento de projectos públicos de construção de infra-estruturas, sobretudo no sector de transportes e acessibilidades. A retórica argumentativa sublinhava a superior relevância da ajuda que o governo americano assim daria ao povo americano, mais importante do que combater a malária ou promover a agricultura e o planeamento familiar em países do Terceiro Mundo (Becker e Posner, 2009). Apesar de esconderem os galões liberais, nem por isso perdem a oportunidade para um exercício cínico de *realpolitik* proteccionista.

Em registo mais ponderado e sereno, Richard Posner admite a necessidade de um programa de intervenção governamental como solução para remediar os efeitos de uma depressão que não resulta de falhas de intervenção do Estado, mas sim do fracasso de um certo modelo de organização económica capitalista (Posner, 2009: 220-51). O seu testemunho é especialmente significativo, uma vez que é proveniente de uma área política e ideológica conhecida pela afeição às virtudes e méritos do mercado e suas capacidades de auto-regulação.

Não quer isto dizer que todos os economistas de formação liberal (conservadores, na acepção americana da palavra) tenham renunciado às suas convicções ideológicas mais profundas, ou que tenham deixado de responsabilizar os governos pelas acções de intervenção e regulação que aceleraram ou acentuaram a crise financeira actual e o movimento de entrada em recessão (Taylor, 2009)[1]. Todavia, os testemunhos de conversão a novos ideários são mais numerosos e eloquentes, assumindo modalidades de maior ou menor grau de arrependimento, desde a explícita confissão de fracasso de Alan Greenspan na condução (ou não condução) da política de regulação económica pelo Reserva Federal Americana, ao cândido aviso de Paul Romer de que os modelos de ciclos económicos reais, de alto rigor e sofisticação matemática, são incapazes de explicar a ocorrência de uma nova grande depressão (Romer, 2008). Por isso, explica Romer, os fundamentalistas têm que ceder lugar aos realistas que compreendem e sabem que o pragmatismo na condução da política macroeconómica de curto prazo não se compadece com uma crença cega nas virtudes sagradas de mercados que se auto-equilibram. Idêntica dúvida metódica é explicitada por Bradford DeLong acerca das consequências nefastas da liberalização excessiva do mercado de capitais (DeLong, 2008: 63). Alguns desconsolados não se conformam com o facto de os economistas terem renunciado aos seus princípios (Hart e Zingales, 2008), ainda que admitam a inevitabilidade de uma intervenção governamental necessariamente baseada em princípios. Ou seja, apesar de reafirmarem as capacidades de auto-regulação dos mercados, em benefício da demonstração da sua coerência intelectual, aceitam que o Estado possa complementar essa regulação através de uma actuação que não seja puramente discricionária. O arrependimento e a conversão são, afinal, um sinal de saudável lucidez, mesmo para os que à partida se declaram mais cépticos.

Alguns economistas celebrizados pelo prémio Nobel, e amplamente celebrados pelo seu inconformismo político e ideológico que não necessitou da crise actual para se afirmar – como são os casos de Joseph Stiglitz e Paul Krugman – vêm permanentemente a terreiro em missão cívica essencial que consiste em elucidar de forma compreensível pelo grande público, por que razão

---

[1] Num registo semelhante de manifesto doutrinal contra soluções de intervenção governamental veja-se a petição recentemente assinada por algumas dezenas de economistas americanos, promovida pelo *Cato Institute*, contra o programa de recuperação económica anunciado pelo Presidente Barak Obama. (http://www.cato.org/special/stimulus09/cato_stimulus.pdf).

a teoria económica convencional (neoclássica e novo-clássica) não serve para explicar os problemas económicos do mundo real. Na sua habitual coluna de opinião e de persuasão política, Krugman alerta para o risco de entrada em situação limite que conduza ao início de uma segunda Grande Depressão e explica que os erros cometidos na primeira, no início da década de 1930 (Krugman, 2009), não podem ser repetidos. Para tal declara a necessidade de uma política deliberada de deficit orçamental contra-ciclo e reivindica os méritos da teoria económica de Keynes que, se fora útil para interpretar e debelar a primeira Grande Depressão, mais útil será agora para se vencer a segunda. Se já todos éramos Keynesianos agora, como declarou Milton Friedman (prontamente secundado pelo Presidente Nixon no final da década de 1960) em lembrança dos contributos dados por Keynes para fixar a linguagem macroeconómica contemporânea, razões acrescidas existem para de novo o sermos ainda mais.

Com o mesmo intuito de prevenção e alerta em relação às políticas que devem ser seguidas para se evitarem consequências agravadas, mas com uma carga porventura mais pessimista no que se refere ao diagnóstico da situação presente, Barry Eichengreen e Kevin O'Rourke comparam a evolução de indicadores da actividade económica mundial (produção industrial, mercado de acções, volume de comércio) nos últimos nove meses com a evolução dos mesmos indicadores nos nove meses que se seguiram à 6ª feira negra de Outubro de 1929; e chegam à alarmante conclusão de que a situação de hoje é bem pior do que a que se registou nos meses iniciais da Grande Depressão. E concluem que, para que esta nova depressão não venha a ser assim tão grande, será indispensável prosseguir uma resposta política firme e segura nos planos monetário e orçamental (Eichengreen e O'Rourke, Junho 2009)[2].

Os exemplos propositadamente retirados de blogs e colunas de jornal[3] apenas servem para ilustrar a agitação latente e a preocupação constante de

---

[2] Estes autores não temem o uso da palavra "depressão" para descrever a situação da economia mundial no final do primeiro semestre de 2009, tal como também não hesita fazê-lo Richard Posner (2009: ix). Particularmente interessante, neste contexto discursivo, é a utilização das lições da Grande Depressão da década de 1930 como ponto de partida para a reflexão sobre as soluções para o tempo presente. A este propósito cf. o debate promovido pelo Council on Foreign Relations (USA), cujo resumo se encontra em: http://www.cfr.org/project/1405/symposium_on_the_great_depression.html

[3] Os testemunhos ocasionais e circunstanciais são necessariamente datados e seriam certamente outros, caso este texto tivesse sido terminado um ou dois meses mais tarde.

alerta perante uma situação que desafia os economistas a demonstrar que nem toda a teoria económica está condenada ao fracasso. À falência dos modelos macroeconómicos de expectativas racionais e de ciclos económicos reais, ao princípio sagrado da não interferência do Estado no equilíbrio espontâneo dos mercados, contrapõe-se agora o retorno a Keynes e às políticas económicas intervencionistas habitualmente associadas ao seu legado.

Porém, em territórios mais propícios à apresentação ponderada de argumentos analíticos, repetem-se os mesmos avisos e alertas. Os ensinamentos da primeira Grande Depressão são considerados essenciais para se compreender a nova depressão em fase inicial (Krugman, 2008); os herdeiros da tradição monetarista são declarados incapazes de compreender como ocorrem situações de recessão e depressão económica (Temin, 2008); o regresso a Keynes é visto como essencial para se restaurar um clima de confiança que permita reinventar os *animal spirits* que se perderam e que são a base das iniciativas de relançamento da actividade económica quando a depressão se instala (Akerloff e Shiller, 2009)[4].

Assim se vai construindo um novo consenso Keynesiano, bordado em mensagens que sistematicamente recordam que as más notícias não soaram apenas agora e que o perigo associado à exuberância irracional dos mercados (Shiller, 2000, recuperando expressão de Alan Greenspan a propósito do comportamento dos investidores no mercado bolsista em meados da década de 1990) há muito havia sido decretado[5]. Com efeito, o desmantelamento progressivo de políticas macroeconómicas concertadas, o excesso de desregulação nos mercados financeiros, a prevalência de um clima de especulação

---

O carácter efémero dos comentários avulsos tem no entanto o mérito de demonstrar a relevância do tempo instantâneo como pretexto para uma digressão pela teoria e pela história que enriquecem a compreensão do presente.

[4] Apesar de a noção de "animal spirits" manipulada por Akerloff e Schiller (2009) não ser claramente explicitada e não corresponder à visão keynesiana, que remete para uma espécie de intuição e urgência espontânea na actuação dos agentes económicos, o essencial da sua mensagem consiste em afirmar que o funcionamento da vida económica depende dos estados de *anima*, dos níveis de confiança e credibilidade, da boa-fé e sentido de justiça de actores sociais e políticos, da capacidade de crença nas virtudes de um sistema económico quando este dá sinais de erosão.

[5] Para uma visão sugestiva (ainda que por vezes algo simplista) sobre as dificuldades de conciliação entre a ideia de racionalidade e o funcionamento dos mercados financeiros, guiada pelos trajectos biográficos dos autores que mais contribuíram para a compreensão e análise desses mercados, cf. Fox (2009).

e corrupção nos meios empresariais (Stiglitz, 2003), são factores próximos que ajudam a explicar a crise do sistema económico e financeiro à escala global, ao mesmo tempo que revelam a continuidade dos alertas sobre os desastres iminentes.

Em busca de um objecto perdido

Apesar dos alertas vindos de vozes dissidentes, era difícil admitir ou prever a imensa perplexidade dos cultores da ciência económica *mainstream* perante a sucessão de sinais de crise crescentemente preocupantes. Tal perplexidade ficou em larga medida a dever-se ao desprezo e distracção que nas últimas décadas a teoria económica demonstrou em relação à compreensão de problemas essenciais.[6] Com efeito, a predilecção por temas supostamente mais atractivos ou fracturantes foi gradualmente transformando a ciência económica num mero exercício metodológico de análise de problemas de cálculo de incentivos e maximização de utilidade, num contexto em que ocorrem limitações e restrições aos processos de escolha e decisão que visam a obtenção de níveis máximos de satisfação individual. A ciência económica mudou a identidade do seu objecto e este adquiriu nova dimensão heurística, passando a confundir-se com a análise de qualquer gesto ou motivação de comportamento dos agentes económicos, desde que servido por modelo conceptual rigoroso e método de abordagem apropriado. O triunfo dos instrumentos e do método deixou a economia a debater-se com a irrelevância do seu objecto. Bem longe e ao abandono ficaram os temas que estiveram na origem da formação da economia como ciência, ou seja, o sistema de actividades e relações entre os homens nos domínios da produção, distribuição, troca e consumo de bens e serviços, assim como a articulação dinâmica de tais actividades no tempo e no espaço.

Assim, as motivações dos agentes imobiliários, dos traficantes de droga ou dos prosélitos seguidores do Ku Klux Klan substituíram na agenda de investigação temas "irrelevantes" como a eficiência de mercados, a distribuição do rendimento, ou os factores de crescimento económico. Muitos economistas transformaram-se em voyeurs e intérpretes do comportamento humano nas suas mais diversas vertentes e dimensões: na família, na vida política, no crime, nas práticas sexuais, no vício e transgressão, na religião, enfim, em qualquer

---

[6] Uma parte das reflexões e referências incluídas nesta secção incorpora elementos que resultam do diálogo e parceria com Nuno Palma (Cardoso e Palma, 2009).

domínio de actividade em que seja possível definir uma função de utilidade e testar padrões e modelos de desempenho dos agentes, com maior ou menor dose de rigor e de sofisticação na formulação de hipóteses e na escolha de variáveis e parâmetros.

O velho sonho de triunfo do imperialismo económico Beckeriano (ou seja: a aplicação do raciocínio microeconómico tradicional a qualquer domínio da actividade humana)[7] parecia finalmente ganhar uma nova sustentação, alicerçada na comunidade dos departamentos universitários e no universo competitivo das revistas científicas mais prestigiadas e reconhecidas internacionalmente; mas também amparada numa massa de textos de divulgação em que a economia se revela ao grande público como receita eficaz para a descoberta do lado escondido de todas as coisas (Levitt e Dubner, 2005).[8] Neste alargamento de campos para exercício intelectual de amplo alcance mas de duvidoso interesse, em nome da ciência económica e com o aval dos mais sérios colégios de autoridade académica, o objecto da Economia acolhe a batota e fingimento dos lutadores de luta livre (Duggan e Levitt, 2002), sem esquecer os mistérios do desempenho táctico dos jogadores de basebol (Bradbury e Drinen, 2007).

Por esta via se foi construindo, em minha opinião, uma perspectiva amplamente redutora que revela o alcance limitado de uma ciência que parece ter esquecido ou perdido o seu verdadeiro objecto. À primeira vista parece que estamos diante de um processo de enriquecimento de pesquisa, já que se considera que todos os temas que a imaginação abarca são susceptíveis de abordagem e explicação económica. Todavia, essa invasão de territórios inexplorados acaba por transformar o objecto da Economia numa matéria sobre a qual quase apenas incide a análise de custos e benefícios e o cálculo e gestão de incentivos[9].

---

[7] Veja-se em particular Gary Becker (1976: 5) para quem: "Os pressupostos combinados de comportamento maximizador, equilíbrio de mercado e preferências estáveis, usados de forma persistente e corajosa, constituem a essência da abordagem económica".

[8] O best-seller *Freakonomics* já vendeu mais de 3 milhões de exemplares em todo o mundo desde a sua publicação em 2005, um volume de vendas que não tem paralelo com nenhum grande livro de sucesso de qualquer grande economista. Para tal sucesso muito contribuiu a aliança magistral das técnicas de comunicação jornalística (Stephen Dubner) com os méritos académicos e a seriedade de propósitos científicos de um economista académico extraordinariamente promissor (Steve Levitt).

[9] Para uma crítica da abordagem *freakonomics* e das questões que a ciência económica mediática considera relevantes e interessantes para pesquisa, veja-se DiNardo (2007).

Utilizando recurso de linguagem tão caro aos autores aqui criticados, dir-se-ia que esse desvio de atenção para coisas irrisórias e menores teve um elevado custo de oportunidade. E o preço a pagar teve ainda como contrapartida a diminuição de atenção perante os problemas reais com que as economias se confrontam, para além do enorme desperdício de tempo e de talento que inevitavelmente acarretou. A este propósito, vale a pena recordar o aviso de Lionel Robbins, autor insuspeito de remar contra correntes dominantes, que no seu tempo alertava para a necessidade de a ciência económica não se perder no labirinto de coisas irrelevantes:

> Não pode haver qualquer dúvida de que um dos maiores perigos com que se depara o economista de hoje é a preocupação com o irrelevante, ou seja, a multiplicação de actividades que têm muito pouca ou nenhuma ligação com a solução de problemas estritamente relacionados com o seu objecto (Robbins, 1935: 3).

Para além da irrelevância, ergue-se outra dificuldade na avaliação do trabalho que ao longo das últimas décadas a teoria económica tem vindo a produzir e que, conforme recentemente sublinhou Amartya Sen (2008: 619), demonstra não apenas a falta de conhecimento da realidade empírica sobre a qual se teoriza, mas também a falta de interesse pelos problemas reais e concretos que surgem deliberadamente simplificados nos modelos construídos pela teoria económica. Para além do desinteresse detectado por Sen, acrescento também, nota-se algum desprezo e receio em sujar as mãos com uma realidade tremendamente difícil de compreender.

É óbvio que há excelentes excepções que destoam deste panorama negativo e que oferecem contribuições pertinentes para a compreensão dos problemas económicos do mundo contemporâneo. No âmbito das intervenções académicas destinadas a um grande público, vale a pena assinalar o livro editado por Stiglitz *et al.* (2008) que reproduz pequenos textos, inicialmente publicados em formato electrónico (bepress.com), de grandes economistas[10] que escrevem sobre temas de enorme relevância, designadamente sobre alterações climáticas e aquecimento global, globalização e economia internacional, política orçamental e reforma fiscal, segurança social e outras políticas sociais,

---

[10] Entre os quais destaco, para além dos próprios *editors* do livro, os nomes de Kenneth Arrow, Gary Becker, Martin Feldstein, Paul Krugman, Richard Posner, Thomas Schelling e Robert Shiller.

mercado imobiliário, e ainda sobre os custos da guerra do Iraque e sobre o lado económico da pena de morte. Estes testemunhos são a comprovação de que, independentemente das inclinações ideológicas e opções políticas, para além das orientações metodológicas e filiações teóricas, sobram sempre múltiplas oportunidades de desenvolvimento de trabalho de qualidade sobre a economia real e concreta em que vivemos e que queremos melhor compreender para também nela melhor podermos actuar. Neste sentido, o actual momento de crise e início de depressão constitui oportunidade de ouro para se testar a capacidade que a ciência económica tem para reinventar de forma segura o seu objecto.

Keynes regressa, estás perdoado

Como resultado da exposição do ponto anterior, constata-se que a ciência económica contemporânea, sobretudo na sua vertente microeconómica, enveredou por uma via de popularização baseada no sucesso mediático facilmente obtido pelos ensaios de explicação do comportamento económico racional enquanto resposta mecânica a incentivos na busca de maximização da utilidade individual. Apesar de os modelos construídos pela teoria económica adquirirem níveis de sofisticação que não podem ser resumidos de modo tão simplista, é no entanto patente e notória a aceitação de pressupostos básicos sobre o funcionamento da vida económica que se sintetizam no lema e enunciado de que "os agentes maximizam e os mercados equilibram". No que se refere especificamente à questão do equilíbrio espontâneo e automático dos mercados, tal crença trouxe consigo a renúncia a qualquer tipo de acção intervencionista do Estado no território económico, para além do exercício de uma mera função de regulação e enquadramento institucional. E daí decorreu, naturalmente, um progressivo apagamento dos atributos outrora consagrados ao Estado em matérias de política macroeconómica. A história do pensamento económico desde finais da década de 1970 consistiu na afirmação gradual deste tipo de visão, cujos méritos doutrinais e heurísticos parecem agora ter chegado ao seu termo.[11]

Presos e enredados nos pressupostos que conceberam e nos objectos que construíram, muitos economistas convencionais ficaram agora, literalmente,

---

[11] Dado o âmbito deste texto não é possível uma digressão demorada sobre esta questão, mas importa esclarecer que a ortodoxia dominante nunca deixou de ser confrontada e invectivada por correntes teóricas e doutrinais alternativas.

de bolsos vazios e mãos a abanar. É neste contexto que também muitos buscam agora uma tábua de salvação nas ideias e no legado de John Maynard Keynes, fiéis à ideia e ao legado do próprio Keynes que premonitoriamente escreveu que "os homens práticos, que acreditam serem imunes a quaisquer influências intelectuais, são habitualmente escravos de algum economista defunto" (Keynes, 1936: 361).[12] Sem se negar a utilidade de tal recurso e regresso a este economista defunto, convirá esclarecer cuidados a ter e desfazer alguns mitos habitualmente associados ao consumo da sua imagem, ou à sua imagem para consumo.

Uma primeira razão pela qual se evoca Keynes resulta da natureza da crise económica actual e da entrada numa fase do ciclo caracterizada por forte recessão e consequente depressão. A lembrança do *crash* da Bolsa de New York de 1929 e da Grande Depressão da década de 1930 procura salientar alguma proximidade e semelhaça entre eventos e situações que fazem temer o pior. A queda acentuada do investimento devido às altas taxas de juro e escassez monetária, a diminuição brusca da produção industrial, o acréscimo substancial do desemprego (que nos primeiros anos da década de 1930 atingiu valores acima de 20% na generalidade dos países industrializados), o decréscimo generalizado do nível de preços e a falência em larga escala de instituições bancárias são os principais sinais que ajudam a descrever a Grande Depressão do início da década de 1930. Tais ocorrências resultaram de uma combinação de factores explosivos (rescaldo da Grande Guerra, desajustamento do sistema monetário internacional, inflexibilidade da política monetária) que, de forma genérica, se resumem à ineficácia e falhanço do regime de padrão--ouro, e à incapacidade de se definirem arranjos monetários alternativos e políticas monetárias contra-cíclicas.[13]

Apesar de ser conhecida a oposição de Keynes ao regime de padrão-ouro e suas implicações negativas devido à ausência de instituições ou mecanis-

---

[12] A tradução desta e de todas citações da obra de Keynes é da minha autoria.

[13] Esta visão sobre a responsabilidade que deve ser atribuída ao fracasso originado pelo regime de taxas de câmbio fixas que criou enorme rigidez na condução da política monetária e impediu ajustamentos das moedas nacionais em função da maior ou menor disponibilidade de cada país em reservas de ouro, é sobretudo sustentada por Peter Temin (1989). Diversas outras explicações existem sobre as origens e causas da Grande Depressão da década de 1930. Para uma sistematização das principais abordagens cf. Parker (2007), o qual inclui interessantes entrevistas com alguns dos intérpretes e representantes das principais tradições historiográficas relativas ao tema.

mos de coordenação internacional e devido à impossibilidade de processos de ajustamento através de políticas de desvalorização cambial, apesar de se reconhecer a falência dos modelos e soluções da teoria económica neoclássica, importa notar que a obra de Keynes até então disponível não servia para explicar de forma fundamentada o impacto que a Grande Depressão viria a ter. Todavia, a compreensão da Grande Depressão torna-se mais fácil depois de se conhecer a obra que imortalizou Keynes como figura central do pensamento económico do século XX (Keynes, 1936). A sua relevância no plano intelectual e político decorre da oportunidade com que concebeu um modelo explicativo da insuficiência da procura agregada, da diminuição substancial das capacidades de consumo e investimento e das quebras significativas de confiança dos agentes económicos. Tudo isto servido por uma explicação consistente sobre a possibilidade de soluções de equilíbrio abaixo do pleno emprego (contrariando os postulados básicos da teoria económica clássica e neoclássica) e acompanhado pela indicação dos remédios possíveis para que a economia pudesse atingir novo equilíbrio para níveis acrescidos de emprego e rendimento.

O diagnóstico e propostas de relançamento económico apresentadas por Keynes beneficiaram da experiência do *New Deal* desencadeado por Roosevelt nos EUA a partir de 1933, assim como do processo de inversão do ciclo que então teve lugar noutros quadrantes europeus (nomeadamente com as políticas nacional-socialistas de Hitler na Alemanha) com base nas receitas expansionistas para tal aconselháveis: diminuição da taxa de juro, desvalorização cambial, incentivos ao consumo e investimento, propriedade e regulação públicas de sectores estratégicos da economia, envolvimento forte dos governos na política salarial e desenvolvimento progressivo de políticas de *welfare state*.

Apesar da originalidade revelada por Keynes na construção de uma nova abordagem macroeconómica de curto prazo, centrada na ideia de gestão da procura agregada através de incentivos ao acréscimo de consumo e investimento, impõe-se reconhecer que a sua influência não foi determinante na condução da política económica na década de 1930, nos EUA e na Grã-Bretanha.[14] Tal atribuição errada de responsabilidade surge quase sempre

---

[14] A este propósito saliente-se que as dificuldades de difusão e assimilação do keynesianismo no mundo capitalista ocidental foram maiores do que habitualmente se supõe (Hall, 1989); e por vezes foram objecto de imensa controvérsia em virtude de terem sido

acompanhada de uma noção precipitada sobre o que Keynes realmente disse sobre matérias de política económica que, em abono da verdade, nunca foram objecto de uma sistematização rigorosa. Ao declarar que a era em que vivia representava o "fim do *laissez faire*", Keynes não pretendia que tal desfecho significasse o fim da iniciativa individual ou do espírito e alma que anima a economia de mercado, dominada por uma *bourgeoisie* bem-educada e cultivada à qual John Maynard Keynes declarou pertencer e na qual confessou sentir-se bem. Por isso, quando se tratava de discutir o relacionamento entre as esferas pública e privada na organização da vida económica, Keynes considerava que:

> A mais importante agenda para o Estado não diz respeito às actividades que já são exercidas por agentes privados, mas sim às funções que caem fora da esfera de acção dos indivíduos, às decisões que não são tomadas por ninguém se não for o Estado a tomá-las. O que é importante para o governo não é fazer coisas que os indivíduos já fazem, podendo fazê-las um pouco melhor ou um pouco pior; o importante é fazer as coisas que no presente não são feitas por ninguém (Keynes, 1972 [1926]: 291).

Dez anos mais tarde, a mesma visão é mantida quando discorre sobre temas de filosofia social no capítulo final da *Teoria Geral* e esclarece o significado da sua opção por um programa de relançamento da procura mediante a intensificação do investimento público: "Creio, portanto, que uma socialização algo ampla dos investimentos será o único meio de assegurar uma situação aproximada de pleno emprego, o que não implica a necessidade de excluir os compromissos e fórmulas de toda a espécie que permitam ao Estado cooperar com a iniciativa privada" (Keynes, 1936: 356).

No que se refere ao financiamento do investimento público, note-se também que Keynes nunca defendeu de forma inequívoca uma política deliberada de deficit orçamental, ao contrário do que diz a lenda.[15] O facto de a des-

---

adoptadas, no período entre-guerras, por regimes políticos conhecidos por não prezarem a democracia, que para Keynes era um valor tão essencial.

[15] Sobre este e outros mitos normalmente associados à obra de Keynes, dada a confusão introduzida por divulgadores e seguidores que atribuíram a Keynes a paternidade das políticas rotuladas de "keynesianas", cf. Bateman (2006). Entre os principais responsáveis por essa apócrifa identificação, refiram-se os discípulos americanos Alvin Hansen e Abba Lerner que misturaram o resumo enviesado dos ensinamentos de Keynes com as suas pró-

pesa pública de investimento ser financiada através de empréstimos ou dívida pública não significaria, em si mesmo, que o orçamento corrente tivesse de ser deficitário. Para Keynes os gastos públicos de investimento poderiam ser financiados através de fundos especiais disponíveis para o efeito (*sinking funds*), mobilizados a partir de orçamentos de capital distintos do orçamento corrente. Deste modo, segundo Keynes, seria viável a concretização de um programa de obras públicas para estimular a procura agregada, na convicção de que esses investimentos públicos serviriam para contrariar a fase negativa do ciclo económico e seriam veículos de acrescida confiança transmitida aos agentes económicos privados que assim se sentiriam mais motivados para consumir e investir.

Para além das anotações que sobre estes temas de política económica vai deixando ao longo da *Teoria Geral* (sobretudo no capítulo 24), Keynes havia já escrito sobre idênticas matérias bem a quente, em plena eclosão da Grande Depressão cuja extensão não podia prever. Nesse contexto de agravamento profundo da crise, Keynes chamava a atenção para um factor decisivo e determinante de uma efectiva recuperação económica: a criação de um novo estado de confiança que permitisse aos agentes económicos emprestar e investir, num quadro institucional de garantia de funcionamento dos mercados financeiros por parte dos principais bancos centrais. As suas palavras constituem uma excelente fonte de ensinamentos:

> Em minha opinião, só poderá existir uma real recuperação quando as ideias dos emprestadores (*lenders*) e as ideias dos tomadores de empréstimos produtivos (*productive borrowers*) de novo se encontrarem; por um lado, através da disponibilidade dos emprestadores em emprestarem em melhores condições e com âmbito geográfico alargado, e por outro através da recuperação do bom espírito por parte dos agentes dispostos a pedir empréstimos (*borrowers*) [...]. O remédio mais eficaz seria a acção conjunta dos bancos centrais das três grandes nações credoras [EU, GB e França] no sentido de encontrarem um esquema conjunto que permitisse restaurar a confiança no mercado internacional de longo prazo (Keynes, (1972 [1930]: 133-34).

---

prias orientações e preferências em matérias de política económica de gestão da procura com recurso a deficits orçamentais acentuados.

Noutros textos de persuasão que nesses anos produziu, Keynes deixou bem claro que o processo de recuperação não era incompatível com o objectivo de manutenção de equilíbrio orçamental, conforme bem ilustra a passagem seguinte em que sugere ao governo do seu país um programa global de política económica baseado em prioridades:

> Os objectivos da política nacional, a fim de se resolverem situações de emergência, deveriam ser, em primeiro lugar, a melhoria da balança de comércio, e em segundo lugar o equilíbrio entre a receita fiscal e as despesas do orçamento corrente, através de métodos que aumentem, em vez de diminuírem, o produto total, aumentando assim o rendimento nacional e as receitas, no respeito dos princípios de justiça social (Keynes, (1972 [1931]: 145-46).

Em termos conclusivos, destaque-se o modo simples como Keynes clarifica que não existia incompatibilidade entre relançamento económico e equilíbrio orçamental:

> É um erro completo acreditar que existe um dilema entre programas de aumento do nível de emprego e programas de equilíbrio orçamental [...]. Não existe possibilidade de se equilibrar o orçamento a não ser através do aumento do rendimento nacional, o que é mais ou menos o mesmo que aumentar o nível de emprego (Keynes, 1972 [1933]: 347).

Um rumo na história

Esta breve digressão por alguns textos que Keynes escreveu a propósito das soluções para se superar a Grande Depressão serviu para demonstrar, assim o espero, que para Keynes os programas de investimento público não tinham de ser financiados mediante políticas deliberadas de deficit orçamental. Todavia, uma vez que a sua obra serviu de inspiração a quem mais tarde viria a reclamar a inevitabilidade de tais políticas (sobretudo a partir de meados da década de 1940, no contexto do pós-guerra), torna-se compreensível a identificação espúria da obra original com as reproduções que dela foram sendo feitas, anda que com perda nítida de qualidade. Por ironia do destino, também Keynes foi vítima involuntária de processos de acusação e crítica que ele próprio utilizou em relação à tradição "clássica" da ciência económica, juntando num mesmo saco autores de proveniência e méritos distintos.

Num momento em que tanto se reclama o regresso a Keynes, é importante compreender as razões que o tornam legítimo. Keynes viveu um período de crise económica e de crise do económico que procurou compreender e soube superar. As semelhanças com o mundo actual em que vivemos são assustadoramente evidentes, razão acrescida para se evitar a utilização do exemplo dado por Keynes de uma forma abusiva e anacrónica. Ou seja, as semelhanças podem levar-nos a cair na tentação de pensar que encontramos em Keynes uma solução milagrosa para os problemas que nos afligem, tentação que, conforme procurei documentar, poderá ser agravada pela deficiente interpetação dos textos que Keynes, ele mesmo, escreveu.

Porque a Economia é uma ciência com história, aprendemos o sentido que faz evocar Keynes com propósito e a propósito. Mas também deveremos aprender que o novo herói que veneramos não poderá levar-nos a ignorar outras figuras provisoriamente arredadas dos altares de devoção. Porque poderemos necessitar de recorrer a outros ensinamentos que nos legaram e que a história da ciência económica obriga a respeitar. Neste sentido, nada melhor, para terminar, do que que aprender de novo com Keynes a respeitar o legado que a ciência económica incorpora:

> Esta não é a primeira vez que me sinto forçado a lembrar aos economistas contemporâneos que os ensinamentos clássicos incorporam algumas verdades permanentes de grande significado, às quais hoje somos capazes de não dar a devida atenção porque as associamos a outras doutrinas que não podemos aceitar sem muitas reservas. Sobre estas matérias existe a acção de tendências profundas, de forças naturais, assim as podemos chamar, ou até da mão invisível, que operam em direcção ao equilíbrio. Se assim não fosse, não poderíamos ter chegado tão longe quanto chegámos ao longo de muitas décadas no passado [...]. Não pode haver mal-entendidos. Eu não suponho que os remédios clássicos actuem por si próprios ou que possamos depender deles. Necessitamos de ajudas menos dolorosas, entre as quais as mais importantes são a variação cambial e o controlo global de importações. Mas no longo prazo estes expedientes funcionarão melhor e necessitaremos menos deles se os remédios clássicos também estiverem activos. E se nós rejeitarmos todos esses remédios dos nossos sistemas, seremos levados de expediente em expediente sem nunca conseguirmos recuperar de forma efectiva (Keynes, 1946: 185-86).

"Ensinamentos clássicos", "equilíbrio", "mão invisível"... quem diria que estamos diante de uma citação de Keynes!

Recordar este texto notável, publicado pelo *Economic Journal* cerca de um mês após a sua morte, é a melhor homenagem que pode ser feita à força e actualidade da mensagem de Keynes, não tanto como inspiração para acções de política económica fora de prazo, mas como testemunho da perenidade do cultivo de uma ciência que também serve propósitos morais, cívicos e políticos. E, acima de tudo, porque nos revela que uma das melhores receitas para enfrentar uma crise é nunca esquecermos de respeitar e desafiar os atributos de uma ciência com história e com memória.

REFERÊNCIAS BIBLIOGRÁFICAS

AKERLOF, George; Shiller, Robert (2009), *Animal Spirits: How Human Psychology Drives the Economy, and Why It Matters for Global Capitalism*. Princeton: Princeton University Press.

BATEMAN, Brad (2006), "Keynes and Keynesianism", *in* Roger Backhouse; Bradley Bateman (orgs.), *The Cambridge Companion to Keynes*. Cambridge: Cambridge University Press, 271-290.

BECKER, Gary (1976), *The Economic Approach to Human Behavior*. Chicago: University of Chicago Press.

BECKER, Gary; Posner, Richard (2009), "Protectionism in a depression", *www.becker-posner-blog.com/archives/2009/02*.

BRADBURY, John; Drinen, Douglas (2007), "Crime and Punishment in Major League Baseball: The Case of the Designated Hitter and Hit Batters", *Economic Inquiry*, 45:1, 131-144.

CARDOSO, José Luís; Palma, Nuno (2009), "The Science of Things Generally?", *in* Amos Witztum; Frank Cowell (orgs.), *Lionel Robbins's Essay on the Nature and Significance of Economic Science – 75th Anniversary Conference Proceedings*. Londres: London School of Economics, STICERD, 387-402.

DELONG, J. Bradford (2008), "Should We Still Support Untrammeled International Capital Mobility? Or Are Capital Controls Less Evil Than We Once Believed?", *in* Joseph Stiglitz *et al.* (orgs.), *The Economists' Voice. Top Economists Take On Today's Problems*. Nova York: Columbia University Press, 62-70.

DINARDO, John (2007), "Interesting Questions in Freakonomics", *Journal of Economic Literature*, 45:4, 973-1000.

DUGGAN, Mark; Levitt, Steven (2002), "Winning Isn't Everything: Corruption in Sumo Wrestling", *American Economic Review*, 92:4, 1594-605.

EICHENGREEN, Barry; O'Rourke, Kevin (2009), "A Tale of Two Depressions", *Vox* (vox. eu.org), 4 Junho 2009.

FOX, Justin (2009), *The Myth of the Rational Market. A History of Risk, Reward, and Delusion on Wall Street*. Nova York: HarperCollins.

HALL, Peter (1989), *The Political Power of Economic Ideas. Keynesianism Across Nations*. Princeton: Princeton University Press

HART, Oliver; Zingales, Luigi (2008), "Economists Have Abandoned Principle", *The Wall Street Journal online*, 3 Dezembro 2008.

KEYNES, John Maynard (1972 [1926]), "The End of Laissez Faire", *in* J.M. Keynes, *Essays in Persuasion*. Londres: Macmillan and Cambridge University Press, 272-294.

KEYNES, John Maynard (1972 [1930]), "The Great Slump of 1930", *in* J.M. Keynes, *Essays in Persuasion*. Londres: Macmillan and Cambridge University Press, 126-134.

KEYNES, John Maynard (1972 [1931]), "Economy", *in* J.M. Keynes, *Essays in Persuasion*. Londres: Macmillan and Cambridge University Press, 135-149.

KEYNES, John Maynard (1972 [1933]), "The Means to Prosperity", *in* J.M. Keynes, *Essays in Persuasion*. Londres: Macmillan and Cambridge University Press, 335-366.

KEYNES, John Maynard (1936), *The General Theory of Employment, Interest and Money*. Londres: Macmillan.

KEYNES, John Maynard (1946), "The Balance of Payments of the United States", *The Economic Journal*, 56, nº 222, 172-187.

KRUGMAN, Paul (2008), *The Return of Depression Economics and the Crisis of 2008*. Londres: Penguin.

KRUGMAN, Paul (2009), "Fighting Off Depression", *The New York Times online*, 5 Janeiro 2009.

LEVITT, Steve; Dubner, Stephen (2005), *Freakonomics: A Rogue Economist Explores the Hidden Side of Everything*. New York: Harper Collins.

PARKER, Randall (2007), *The Economics of the Great Depression. A Twenty-First Century Look Back at the Economics of the Interwar Era*. Cheltenham: Edward Elgar.

POSNER, Richard (2009), *A Failure of Capitalism. The Crisis of '08 and the Descent into Depression*. Cambridge, MA: Harvard University Press.

ROBBINS, Lionel (1935), *Essay on the Nature and Significance of Economic Science*. London: Macmillan (2ª ed.).

ROMER, Paul (2008), "Fundamentalists versus Realists", *www.growthcomissionblog.org*. (6 October 2008).

SEN, Amartya (2008), "The Discipline of Economics", *Economica*, 75, 617-628.

SHILLER, Robert (2000), *Irrational Exuberance*. Princeton: Princeton University Press.

STIGLITZ, Joseph (2003), *The Roaring Nineties. Why We're Paying the Price for the Greediest Decade in History*. Londres: Penguin.

STIGLITZ, Joseph; Edlin, Aaron; DeLong, J. Bradford (orgs.) (2008), *The Economists' Voice. Top Economists Take On Today's Problems*. Nova York: Columbia University Press.

TAYLOR, John (2009), *Getting Off Track: How Government Actions and Intervention Caused, Prolonged, and Worsened the Financial Crisis*. Stanford: Hoover Institution.

TEMIN, Peter (1989), *Lessons from the Great Depression*. Cambridge, MA: MIT Press.

TEMIN, Peter (2008), "Real Business Cycle Views of the Great Depression and Recent Events: A Review of Timothy J. Kehoe and Edward C. Prescott's *Great Depressions of the Twentieth Century*", *Journal of Economic Literature*, 46:3, 669-684.

11. DO "ETERNO RETORNO" DA HISTÓRIA DA ECONOMIA POLÍTICA OU DOS "FINS" DA ECONOMIA?

Joaquim Feio

> *Economics is a very dangerous science.*
>
> JOHN MAYNARD KEYNES

No século XX, duas grandes crises económicas deram origem a crises da própria teoria económica. Da *Grande Depressão* "brotou" uma *Primeira Grande Crise do Pensamento Económico* e o novo paradigma proposto por Keynes na *Teoria Geral do Emprego, do Juro e da Moeda*. Da *Segunda Grande Crise do Pensamento Económico*, como lhe chamou Joan Robinson, a partir da década de 1970, não decorreu propriamente o aparecimento de um paradigma novo: houve um retorno – embora *aggiornato* – a concepções, aliás criticadas por Keynes, que atribuíam à economia real características que só numa economia mercantil pré-capitalista, e assente na neutralidade da moeda, podiam existir. Por outras palavras, a "nova" teoria voltou a assentar numa ideia da economia real como "economia-ficção". Há pois que repropor uma ideia simples: "mercado é [fundamentalmente] um compromisso institucional que fomenta o comércio ou a troca" (Ekelund e Hébert, 1997:1). Isto também implica reconhecer que o objecto da teoria económica é *histórico* e que a Economia Política pode/deve ser "considerada", como já dizia Adam Smith em *A Riqueza das Nações*, enquanto "ramo da ciência de um estadista ou legislador"–, revelando o que há a fazer para favorecer o aumento da riqueza (e bem-estar) dos "indivíduos" e do "soberano" (Estado) (Smith, 1981 [1776]: 717). Mercado é pois *meio*; e o *escopo* do saber económico consiste em contribuir para o melhoramento da condição humana.

A presente crise económica relança necessariamente, e mais uma vez, a questão que no século passado foi suscitada aquando das crises das décadas de 1930 e de 1970 – e a que então se deu resposta afirmativa[1]: *há ou não*

---

[1] Até o Doutor Salazar, como destaca Álvaro Affonso dos Santos (Santos, 1938: 5), viu a crise do pensamento económico como "mãe" de todas as crises que então assolavam o mundo.

crise do pensamento económico hodierno? E também uma outra enorme interrogação sobre a utilidade do pensamento económico – sob qualquer forma. Neste texto, para sermos mais precisos, sugere-se a eventualidade de voltar à Economia Política, e à sua própria história, para discutir outra vez os próprios termos em que teoria, conhecimento, "ideologia" económica se podem repropor ou... não. Ter-se-ão de ter em conta os impasses ligados à não consideração dos modernos mercados dos países mais desenvolvidos, e também de alguns dos mercados *globais*, como mercados-massa assentes em sistemas industriais de produção generalizada (e *globalizada*) de mercadorias; e também a não contemplação pela teoria de comportamentos *microeconómicos* de consumidores cada vez mais influenciados por uma "psicologia do desejo" – ligada à satisfação não tanto de necessidades naturais mas de necessidades factícias, para usar a terminologia que no século XIX propunha José Ferreira Borges (Ferreira Borges, 1834:16-17).

Afinal, o que se vai supor? Muito simplesmente que uma reflexão em *tempo de crise* pode servir ou contribuir para uma nova 'visão' tanto do processo económico como da própria teoria económica. O que se pretende? Contribuir para um reforço da capacidade de auto-regeneração do discurso sobre *o* económico. Oxalá consigamos esclarecer para já, em pleno processo de crise, quer o seu alcance quer os seus limites porque urge entender se existe ou não *um* futuro para a Economia Política. Não como saber *culposo*, claro: – mas enquanto saber útil.

§ 1. Crise: termo equívoco, ambivalente, expressivo. Crise: termo hoje recorrente quando se fala de "economia" ou de "económico". Crise: Dizem os dicionários, de modo idêntico: "*alteração no curso de uma doença*"; "*conjuntura perigosa*"; "*situação aflitiva*"; "*momento grave*". De "patologia" se trata, mesmo quando a crise é económica. Até recusando uma "genética" do sistema que o levaria à auto-destruição, admite-se – por razões a explicar (ou a ver) – o carácter *crítico* da *conjuntura*. Isto é, na conjuntura podem existir tendências que anulam a auto-regulação dos mercados, que geram "quebras" significativas – flutuações bruscas – dos níveis de actividade (e de emprego) – devidas a "deficiências" da procura (efectiva?) com origem sobretudo no (mau) funcionamento da esfera financeira da economia.

Vejamos:

§ 2. Crise: vocábulo herdado do Latim, por sua vez importado de um vocábulo grego significando ponto de viragem. O discurso económico moderno

DO "ETERNO RETORNO" DA HISTÓRIA DA ECONOMIA POLÍTICA OU DOS "FINS" DA ECONOMIA? 193

usou-o por analogia com o uso que lhe deu a linguagem médica.[2] Assim, no século XIX, o que inicialmente se dizia ser um *general glut of commodities* passou a ser designado por crise: – *commercial crisis*, – *banking crisis*. Este termo, aplicado às questões económicas, surge a par de outros termos: *capitalismo/ socialismo*. Quanto às crises: virão a ser descritas ou como de *sobreprodução* ou como de *subconsumo*. Karl Heinrich Marx dedicou anos a fio de investigação e reflexão e, deste modo, ensaiou uma explicação cabal – só conhecida postumamente, porquanto os textos que se lhes referem foram publicadas por Friedrich Engels após a sua morte. Em última análise, as crises devem-se, segundo Marx, à *anarquia da produção* inerente ao sistema económico (modo de produção) capitalista característico da sociedade burguesa: está pois inscrito na matriz, na fisiologia, deste tipo de sociedade. Contudo, as crises económicas, apesar dos custos que tiveram ainda no século XIX e no início do século XX, foram relativamente "bem" toleradas e superadas: os custos, mormente os custos sociais, a elas associadas não eram contrastados, por exemplo, por uma força de trabalho organizada – além do mais, a configuração do que John Maynard Keynes designava por "psicologia da sociedade" amortecia também o efeito nefasto que cada crise produzia nas realidades da vida material, social e quotidiana dos indivíduos. Também teriam ou trariam, nalguns casos, efeitos ou consequências de maior importância para o futuro. (Isto é, grandes decisões foram tomadas após grandes crises: um bom exemplo é o da criação do *Federal Reserve System* nos Estados Unidos, impensável sem a crise de 1907.) Após a *Grande Guerra*, com as manifestas alterações na "psicologia da sociedade" (não só a britânica mas também a de outros países industrializados tanto na Europa como fora da Europa), a crise económica – ou político-

---

[2] Cf. Diversos dicionários da língua portuguesa e *The New Palgrave: a Dictionary of Economis* (1988). Cf. Santos (1938). Desta obra, citemos, dado o seu manifesto interesse no contexto, a seguinte passagem:

> *Estamos assistindo à maior crise da história da humanidade. Maior não só pela extensão das zonas afectadas que, pràticamente, abrangem todo o mundo habitado, mas tambémpela profundidade e duração das suas manifestações nos diversos aglomerados sociais. Aos primeiros sintomas de extrema gravidade manifestados pelo dramático "crack" que abalou toda a economia americana em 1929 e pouco depois se repercutia em toda a economia europeia até atingir o mundo inteiro, pensou-se que estavamos em presença de mais uma das crises que depois do advento do industrialismo, periòdicamente perturbava a marcha do progresso. Sabia-se, pela experiência de fenómenos que apreciam idênticos que, passado o ponto de depressão máxima – como as doenças que fazem crise – as forças renasceriam lenta mas seguramente e com elas a prosperidade perdida. Mas a prosperidade começou a tardar e nasceram as primeiras desconfianças de que novas coisas estavam acontecendo.* (Santos, 1938: 7)

-económica – depara-se com uma "*intolerância*" cada vez maior. A *Grande Depressão* parecia ser a *Crise Final*. Só muito dificilmente, nas sociedades da época, se podia ficar indiferente ao problema.

Com que teoria económica é que se podia lidar com a questão?

§ 3. Manifestamente, a teoria económica dominante, assente desde Adam Smith na "*ideia*" do mercado auto-regulador reforçado pela "adopção" por David Ricardo da chamada *lei de Say*, que assumia, de acordo com a leitura da mesma feita desde então, a tendência para um equilíbrio de pleno emprego – "axioma" do ajustamento impessoal e automático que se supunha verificar em regra nos mercados –, era desmentida pela realidade de um desemprego de massa crescente e... *involuntário*. Ou seja, o *mainstream* de então, desmentido pela realidade, pouco mais era do que uma narrativa ficcional: chamemos-lhe doravante, para facilitar a compreensão do presente discurso, *Economia-Ficção* (Feio, 1981). Todavia, este *mainstream* não era levado tão a sério como hoje somos tentados a supor: a *Economics*, mesmo nos países anglo-saxónicos, carecia de mecanismos de legitimação – estes só se tornariam realidade após a *Revolução Keynesiana*. Isto é, quando novas políticas inspiradas em novos princípios, orientações e também novos instrumentos contabilísiticos permitiram pôr em marcha um processo de recuperação dos níveis de actividade e de emprego, e também a cura da deflação (tenhamos em mente que o *New Deal*, sem dúvida, e por exemplo, as novas políticas económicas de Otto Schacht no III *Reich* Alemão precedem a teorização de Keynes). *A CURA*, propriamente dita, que levaria à economia--de-pleno-emprego, começa mesmo – para todos – com a transformação da economia real em "economia de guerra", mobilizando recursos – todos os recursos – com vista a um objectivo muito claro:

Derrrotar *um/o* inimigo e, por acréscimo, o desemprego.

§ 4. De modo assustador, nos alvores desta crise actual, tal facto começa a ser recordado: Não foi a *Revolução Keynesiana* – ou o *New Deal* – quem na verdade permitiu a recuperação económica: foi a Guerra em toda a sua extensão e com todos os atributos que a Grande Indústria (e a Ciência e a Técnica) lhe acrescentaram no século XX (Krugman 2009). Como conseguir um efeito equivalente ao de uma guerra (sem ser uma outra guerra ou um outro tipo de guerra) para combater uma crise de vastíssimas proporções, ou de proporções idênticas às da *Grande Depressão*, como eventualmente pode ser o caso da crise actual?[3] Como resolver uma crise destas proporções sem poder "mobilizar" este recurso de todos os recursos necessário para a combater?

§ 5. Ou ainda: como será que a teoria económica proposta por Keynes, na *Teoria Geral do Emprego, do Juro e da Moeda* – ou ainda noutros textos –, pode servir para compreender a realidade actual? Será mesmo que está em curso um retorno a Keynes e à teoria económica da depressão associada ao seu nome? Qualquer destas interrogações não pode – para já – encontrar uma resposta adequada: todas as iniciativas e todos os volte-faces que levaram o Mundo em pouco tempo a mudar aparentemente de *"ideologia"* económica relevam mais de uma incapacidade de diagnosticar com rigor e precisão a situação actual do que de reflexões coerentes sobre o "concreto" (Attali, 2008). Não temos, de facto, *uma* teoria económica cabalmente ajustada à reflexão sobre a realidade que estamos a viver actualmente. Mas podemos, todavia, tentar perceber algumas coisas fundamentais.

Nomeadamente:

§ 6. Voltando atrás e à década de 1970, ao emblemático momento em que, na *Richard T. Ely Lecture* pronunciada na abertura de uma reunião anual da *American Economic Association*, Joan Robinson proclama que a crise económica é outra vez *uma* crise da teoria económica: a *Segunda Grande Crise* do século XX, segundo a economista de Cambridge. Esta crise económica, porém, tem algumas características novas: – o desemprego coexiste com a inflação; é antecedida pela irrupção das sociedades-de-consumo (de massa) na década de 1960; é precedida por crises políticas de tipo novo (as revoltas estudantis de que é epítome o *Maio de 68*); não se pode desligar de uma crise do sistema monetário internacional; está associada ao primeiro choque petrolífero, o qual aparece como um eco da exigência por parte do *Terceiro Mundo* de uma *Nova Ordem Económica Internacional* (N.O.E.I.).[4] Não foi, como é sabido, ultrapassada do mesmo modo que a *Grande Depressão*: No plano teórico, a *Segunda Crise* da

---

[3] Vicente Verdú no recente *El capitalismo funeral. La crisis o la Tercera Guerra Mundial* (Verdú, 2009) associa, pelo contrário, crise a guerra. A propósito da crise actual, sustenta: *"[...] la actual crisis, cuyo mayor parecido es acaso la Primera Guerra Mundial."* (*[...] a actual crise, cujo maior paralelo é porventura a Primeira Guerra Mundial*) (Verdú, 2009: 21, tradução do autor).

[4] Um texto de Peter F. Drucker – "Toward the Next Economics" (Bell e Kristol, 1981: 4-18) – assim como um texto recente de Wallerstein – "After Developmentalism and Globalization, What?" (Wallerstein 2005) – corroboram algumas das afirmações produzidas.

teoria económica não irá ser ultrapassada do mesmo modo que a *Primeira*: isto é, não apareceu um novo Keynes. Ou melhor, não apareceu uma nova *teoria unitária* capaz de explicar o (mau) funcionamento do sistema. Assim, o que aconteceu ao longo da década de 1970 aparece aos olhos de hoje mais como uma deriva: – Viriam a ser recuperados elementos da 'visão' pré-keynesiana do processo económico, e com a vitória do(s) *Monetarismo(s),* este período viria a desembocar tanto num conjunto de saberes económicos fragmentados – ultra-especializados, "matematizados" e com uma manifesta incapacidade de comunicação entre si –, como numa "*ideologia*" neo-liberal com contornos de menor ou maior extremismo, como aconteceu quando tiveram vencimento propostas de índole anarco-capitalista (Roncaglia, 2005 e 2006). Por outras palavras, como se tem dito e redito até à saciedade, o "consenso" keynesiano deu lugar a outro(s) "consenso(s)": o de Washington, no plano dos factos; o pensamento-TINA (*There is no Alternative*) ou aquilo a que Ramonet chamou de "*pensamento único*", para todos os efeitos. A fragmentação/segmentação dos saberes económicos foi enquadrada por um *mainstream* que promoveu – entre outras – uma ideia de extrema simplicidade: a Economia (a "ciência" económica) é uma "ciência" matemática e sem passado (Roncaglia, 2006: 516). Ou seja, esta "ciência", estes saberes, que antes dificilmente podiam prescindir do seu passado – dadas as suas peculiares características como "saber" social que interagia com problemas (decorrentes – e algumas vezes recorrentes – do devir histórico das sociedades), passa a ser entendida agora mais como uma "axiomática" do que como uma *Economia-Positiva*.[5] Toda esta construção faz--se a partir de uma outra ideia implícita bastante "simples", "natural", "óbvia", "indesmentível": *Mercado* é *O* Mercado auto-regulador – encarado como Ponto-de-encontro (atemporal/aespacial) de *Oferta(s)* e *Procura(s).* Esta abstracção – chamemos-lhe, para simplificar, *O Mercado-Ponto* – geraria automaticamente ajustamentos (estáticos e dinâmicos) e também uma abstracta homeostáse social: Uma abstracta harmonia em que o *Mercado,* como *mecanismo* da Prosperidade... induziria, de modo incessante, interminável, ilimitada riqueza até... um "*Infinito Absoluto*".[6] Nesta representação ucrónica do processo económico, em que a Riqueza Abstracta assume uma lógica de pendor digital – apesar de

---

[5] Verdú convenientemente conclui: "*La economía, la ciencia social matemáticamente más avanzada,* es la ciencia humana más atrasada" (A Economia, a ciência social matematicamente mais avançada, é a ciência humana mais atrasada) (Verdú, 2009: 17).

[6] Voltando á questão do que é mercado e a propósito do que foi dito acima, atente-se ao que sobre o tema afirma James K. Galbraith:

o mundo da produção material ser por certo um mundo de recursos finitos –, os problemas ambientais decorrentes do crescimento económico só começam a ser percebidos após os problemas de índole social. (A relação social na Modernidade industrial e urbana é percebida como questão conflitual, desde o século XIX; a *Questão Social* é "resolvida" antes da *Questão Ambiental*.) Por outro lado, as construções sociais e as representações do real suscitadas por este facto criaram um novo obstáculo à própria teoria económica *mainstream*: o aumento da intolerância "ideológica" à situação recessiva ou depressiva: A *Euforia* neo-liberal ampliou uma *Ilusão* sobre a inexistência de limites à *Acção Humana*. (Na linguagem jornalística, por exemplo, passaram a usar-se eufemismos e mais eufemismos sempre que surgiam "contratempos": veja-se o caso da expressão "crescimento negativo"; não por acaso, no presente, também se ensaia uma alternativa parecida para um termo ameaçador: "deflação" – fala-se já em "inflação negativa", para "suavizar" o fenómeno.)

§ 7. *Eppur...* Há que reflectir – mesmo que provisoriamente – para tentar perceber o essencial da situação. Será possível, no entanto, fazê-lo sem que, como dizia Keynes a propósito do que tinha tido de fazer para chegar à compreensão do essencial após 1929-1930, se tenha de passar por uma "*longa luta para escapar dos modos habituais de pensamento e de expressão*"? Virtualmente, não: haverá que tentar tenazmente uma luta desse mesmo tipo para compreender o essencial. Mas o que foi *o essencial* percebido – esforçadamente – por Keynes e pelos seus jovens *compagnons de route* do *Cambridge Circus*? Em poucas palavras, podemos dizer que foi o entendimento adequado da natureza de uma economia de mercado moderna: a sua natureza de sistema económico e produtivo em que predomina a actividade industrial e, logo, a produção gene-

---

When you come down to it, the word market is a negation. *It is a word to be applied to the context of any transaction so long as that transaction is not directly dictated by the state. The word has no content of its own because it is defined simply, and for reasons of politics, by what is not. The market is the nonstate, and thus it can do but with none of the procedures or rules or limitations. [...] It is a magic dance hall where Supply meets Demand, flirts and courts; a magic bedroom where the fraternal twins Quantity and Price are conceived.* (Quando a observamos de perto, a palavra mercado é uma negação. È uma palavra que deve ser aplicada ao contexto de qualquer transacção desde que essa transacção não seja directamente determinada pelo Estado. A palavra não tem qualquer conteúdo em si mesma porque é definida simplesmente, e por razões políticas, pelo que não é. O mercado é o não-Estado, e assim pode actuar sem quaisquer procedimento ou regras ou limitações. [...] É uma sala de dança mágica onde a Oferta encontra a Procura, e aí a corteja e namora; uma alcova mágica onde os fraternais gémeos Quantidade e Preço são concebidos.) (Galbraith, 2008: 19-20, tradução do autor)

ralizada (e em larga escala) de mercadorias para um *Mercado-Massa* (Maris, 1999). Este "capitalismo real" – ou como Keynes lhe chamou noutros textos: esta *entrepreneur economy* ou *money-wage economy* –, como "*economia monetária de produção*" que é, obrigou o teórico (das questões monetárias) da economia – Keynes, neste caso –, quando lhe reconheceu a verdadeira natureza, a passar a habitar num novo território da teoria económica, para lá da dicotomia – firmemente estabelecida no século XIX – entre *Teoria da Moeda* e *Teoria do Valor e dos Preços*. Keynes, para pensar a lógica do "capitalismo real" como "economia monetária de produção" vai ter de pensar o sistema económico moderno a partir do molde smithiano: divisão do trabalho ⇒ existência de um sistema de trocas (mercado) ⇒ existência de um sistema monetário. Daí que a compreensão "unitária" (por oposição também a uma compreensão fragmentária) do sistema obrigue a uma teorização "conjunta" sobre *emprego*, *juro* e *moeda*. Claramente, para Keynes – e menos para muitos "keynesianos" –, as "*complexidades e interdependências do mundo real*" – pensadas segundo o modo característico do raciocínio económico – podem iluminar relações causais, conexões, que permitem apreender *o* essencial para tentar "estabilizar" a realidade: no caso vertente da economia "deprimida", trata-se de tentar restabelecer, no curto-prazo, os níveis de emprego e actividade que correspondem ao potencial produtivo existente (dados pelo equipamento de capital e pela população activa). O desemprego industrial involuntário – o *desemprego keynesiano* – aconteceu, segundo *o* Keynes da *Teoria Geral*, porque o ajustamento se fez (faz-se?) reduzindo as quantidades produzidas a fim de manter a rentabilidade no curto prazo – e sem rentabilidade (resultante da "capacidade" de gerar as receitas "máximas" superiores aos custos "mínimos") a produção generalizada de mercadorias deixa de fazer sentido: Toda a produção de "valores de uso" (coisas úteis) só faz pois sentido, numa "economia monetária de produção" (termo usado e depois "abandonado" por Keynes) tendo em conta as expectativas quanto ao seu escoamento no mercado – a venda –, de forma a que se venha a gerar um fluxo de receitas monetárias superiores aos custos (monetários) de produção. E logo "*maximizando*" os lucros. Por outras palavras, a produção de *riqueza concreta* só faz sentido se for esperada a sua transformação em *riqueza abstracta* segundo critérios que são a lei-do-sistema. A "máxima" *riqueza abstracta* possível, em dado momento pode significar menos *riqueza concreta*. (Feio, 1981). A interacção entre estes termos é crucial para perceber toda a lógica em que está assente um sistema económico em que a produção de coisas (úteis) acontece enquanto produção generalizada de mercadorias obviamente sustentado pela existência de uma esfera monetária e financeira. No entanto, tratando-se num caso da "economia real", e no outro de "economia simbólica", é da interacção entre estas esferas que resulta a dinâmica do "capitalismo real", uma dinâmica que sendo concorrencial propicia logicamente o progresso da produtividade. Nada da lógica desvendada por Adam Smith (CRESCIMENTO⇒DESENVOLVIMENTO, assumindo ou não uma concepção aritmomórfica deste último) é negado, mas revela-se a sua natureza instável como sistema em que, por vezes, poderá predominar o PRINCÍPIO DA INCERTEZA. De facto, é este *Princípio da Incerteza* – que age no longo-prazo –, mais do que o *Princípio da Procura Efectiva* – que age no curto-prazo – o que mais preocupa Keynes: Estabilizar a economia é sobretudo encontrar maneiras de "regular" – de modo permanente e vigilante – a incerteza inerente à fisiologia do sistema (aquilo a que Marx chamara "anarquia da produção"), sem eliminar o potencial criativo (de riqueza abstracta e concreta) que se percebe, desde Smith, que é também uma outra característica que distingue uma economia ou sociedade mercantil avançada das economias e sociedades (mercantis ou não) pré-modernas. Keynes, contudo, apresenta na sua análise uma enorme diferença, aliás pouco notada, relativamente a Smith ou qualquer dos outros economistas clássicos – entre os quais se devem incluir os neo-clássicos: O MERCADO não é um mecanismo. O MERCADO é um *ORGANISMO* animado de uma psicologia de massa, que corresponde à psicologia da sociedade já perceptível na primeira metade do século XX: após 1919, e antes de 1939...

§ 8. ...1939 (mais do que 1929) é um *annus mirabilis*: isto é, *horribilis*: Com a invasão da Polónia e a "guerra impossível" a História encarregar-se-á de encontrar as "soluções" que não foi possível negociar: A própria economia virá a ser dotada de instrumentos novos e poderosos, como a Contabilidade Nacional – a influência de Keynes na criação deste *Sistema* é teórica e prática, porquanto sugere para encabeçar o projecto no Reino Unido o nome de um ainda jovem economista, Richard Stone. Moldada pelos conceitos desenvolvidos por Keynes no capítulo 6 do Livro II da *Teoria Geral do Emprego, do Juro e da Moeda*,[7] esta Contabilidade Nacional dá origem a uma métrica que aca-

---

[7] Cf. *National Income Statistics of Various Countries, 1938-1947*, New York, Statistical Office of the United Nations, 1948. Desta obra covém citar a seguinte passagem(p.1):

[...] *The development of economic thinking since the depression and particularly the influence of Keynesian economics stimulated research into national income in order to provide some of the basic series required for statistical measurement of the relationships studied by the theorists. ([...] O desenvolvimento do pensamento económico desde a depressão e particularmente a influência da teoria económica keynesiana estimu-*

bará por produzir uma figura influente: o *Economista-Rei – Novo Príncipe* que aconselhará estadistas e políticos, pontificará em novas instituições nacionais ou internacionais, e que velará, durante os anos de reconstrução e por muito tempo, pela senda da prosperidade – para que as sociedades se industrializem, quando isso ainda não aconteceu, ou se enriqueçam o mais possível e modifiquem estruturas mentais milenares em escassas décadas, sobretudo no ciclo que vai de 1945 a 1975 (como é sabido, os *"Trinta Gloriosos"* de Fourastié). Os economistas, ramificados já por vários subdomínios que, todavia, são articuláveis de modo claro a partir da dicotomia Macroeconomia/Microeconomia, fazem desta ciência social quantificada em que se torna cada vez mais a Economia, uma disciplina pronta para ulteriores sofisticações formais, potenciadas pelo progresso da informática e das tecnologias da informação. Mas sobretudo em muitas ocasiões perde-se totalmente de vista o entendimento *"organicista"* das economias e das sociedades de meados e de finais do século XX. Enraíza-se nos espíritos – tanto de jovens estudantes como de muitos profissionais experientes – um entendimento das sociedades e das economias como *servomecanismos* controláveis através de mecanismos de retroacção da competência do(s) Estado(s), das organizações internacionais, das organizações sociais... Ou, pelo contrário, enraíza-se nos espíritos – tanto de jovens estudantes como de muitos dos profissionais seniores – um entendimento das sociedades e das economias como mecanismos – mas não como servomecanismos – portadores de elementos de auto-destruição. Não porque o sistema mercantil não pareça deter – na *longue durée* – uma superioridade manifesta no que respeita à eficiência produtiva (económica), mas muitas vezes, como pensava Joseph Schumpeter perto do fim da sua vida, porque não gera, no plano simbólico, o discurso de legitimação que, afinal, qualquer sistema precisa de "segregar": Não sendo capaz de – com êxito – assegurar a produção de sentidos, o sistema pode entrar num irreversível declínio: uma auto-destruição por razões ligadas à insuficiência ou inexistência de "ideologia" adequada à sua manutenção e reprodução. Keynes nunca encarou as coisas exactamente deste modo – mas percebeu que se *o* sistema não conseguisse reformar-se – e sobreviver –, seria substituído por *um* outro que decerto não respeitaria alguns valores civilizacionais da maior importância (a liberdade

---

laram a investigação sobre o rendimento nacional a fim de fornecer algumas das séries básicas necessárias à mensuração estatística das relações estudadas pelos teóricos.) [tradução do autor].

individual, a justiça social), que prezava, como não podia deixar de acontecer visto que tinha nascido no seio da *educated bourgeoisie* vitoriana.

§ 9. Tudo isto foi sendo cada vez mais óbvio ao longo da década de 1930: na época, o *fim da globalização* e o descrédito do liberalismo económico andaram de par com a afirmação de sistemas políticos totalitários e, por fim, com a eclosão do segundo conflito mundial, em que pela primeira vez os campos se distinguiram pelas ideologias. Ou melhor: pelo facto destas se situarem ou no campo da *Civilização* ou no do seu oposto: o do retorno à *Barbárie*. (A famosa definição de economista dada por Keynes – a de *guardião da possibilidade de civilização* – também era óbvia aos olhos de quem viveu aquela situação de emergência.[8]) A prosperidade posterior à guerra, conseguida em larga medida pela nova capacidade de entender o "organismo" económico, contribuiria por seu turno para fazer esquecer vários dos desideratos caros a John Maynard Keynes... até que a presente crise parece sugerir – de novo – a *actualidade* de Keynes.

Conclusão certa: "Retorno" da História da Economia Política?

§ 10. Qualquer conclusão é incerta e prematura. De momento, a crise da economia global, ainda não aparece como "crise última da globalização", da *SEGUNDA GLOBALIZAÇÃO*. – A crise da *PRIMEIRA GLOBALIZAÇÃO* foi complexa e durou mais de duas décadas –.[9] Por outro lado, ainda, a globalização económica do século XIX esteve enquadrada por estruturas de organização política relativamente diferentes. Prevaleciam elementos de uma *Ordem Imperial*, hegemonizada pelo Império britânico, e eram reconhecíveis resíduos históricos de sociedades anteriores – as que durante milénios conheceram formas de organização social assentes na tríade *Oratores-Bellatores-Laboratores*. As sociedades actuais também já não se reconhecem exactamente nem naquele esquema nem no típico esquema bipolar reconhecido no século XIX – *Burguesia/Proletariado* – e tão bem descrito por Marx. A crise actual acontece

---

[8] Esta definição de economista – "Os economistas são os guardiões, não da civilização, mas da possibilidade de civilização" – foi apresentada por Keynes em 1945 numa comunicação que fez à *Royal Economic Society*. Dela dá notícia Roy Harrod na sua clássica biografia *The Life of John Maynard Keynes* (Harrod 1951).

[9] As expressões *Primeira* e *Segunda Globalização* reportam-se aos períodos que vão de c.1870-1914 (também designado frequentemente por *Era do Livre-Câmbio*) e ao período que se inicia na década de1980 (Foreman-Pack, 1995; James, 2001; Norel, 2004).

em sociedades profundamente distintas das que, ainda na primeira metade do século XX, se podiam classificar como "classistas": as sociedades quer dos países economicamente desenvolvidos, quer dos países em "vias de desenvolvimento" (ou dos que conheceram um "desenvolvimento conseguido") já correspondem a um tipo diferente daquele, resultante da massificação propiciada pela infraestrutura económica desenvolvida ao longo dos séculos XIX e XX, em particular na segunda metade do século XX, quando tudo viria a ser potenciado pela integração económica global e pela "longa marcha" do individualismo moderno (que afinal acaba por inventar, graças também às políticas de inspiração keynesiana, as "classes médias"). De facto, não só uma nova divisão internacional do trabalho veio criar mais complexidade – sobressaindo neste processo todos os fenómenos de *INDUSTRIALIZAÇÃO- -DESINDUSTRIALIZAÇÃO* resultantes de uma redistribuição territorial de recursos promovida pela liberalização da circulação de bens, de serviços e de capitais –, como se criaram novos enquadramentos de todo o tipo para o processo económico contemporâneo: Ideológicos, culturais, sociológicos – sob a égide do "individualismo" e da "massificação". Assim, de modo inexorável, impuseram-se (onde antes prevalecia apenas uma *escassez relativa*) impasses ligados à não consideração dos mercados como mercados-massa assentes em sistemas industriais de produção generalizada (e *globalizada*) de mercadorias – e cada vez mais de mercadorias-intangíveis como os serviços (em particular financeiros) – em expansão condicionada por outros fenómenos ligados à expansão de "mecanismos" financeiros. A não consideração, por outro lado, dos comportamentos "microeconómicos" dos consumidores como comportamentos cada vez mais influenciados por uma *psicologia do desejo* ligada à satisfação não tanto de necessidades naturais mas de necessidades *simbólicas* e *factícias*, que processos de habituação rápidos tornam reais, para usar a terminologia que no século XIX propunha Ferreira Borges,[10] também criou sérias limitações. É pois limitada, deveras limitada, a capacidade da *Economia-Ficção* actual: não pode servir para ultrapassar a crise! Por outro lado, o

---

[10] Sobre a questão da distinção entre necessidades reais e necessidades factícias, remetemos para o já citado Ferreira Borges. Desta obra convém citar a seguinte passagem (p. 16):

> As necessidades do homem são naturaes ou facticias, as naturaes nascem da sua estructura e juizo: é a natureza, que lhas dá, e que o força a satisfaze-las. As facticias nascem da opinião. O habito destas torna-se necessidades reaes.

puro e simples retorno acrítico a Keynes (ou a Kalecki) também não basta. Para reforçar a capacidade de auto-regeneração do discurso – e dos saberes – sobre *o* económico há que admitir, usando um termo caro a Marx, a própria *usura moral* não apenas da *Economia-Ficção*, mas da própria Economia Política em geral; e há que encarar como prioritária a inclusão na primeira linha de preocupações da *Questão Ambiental*, com a necessária reformulação de um conceito primordial de riqueza (qualitativo e quantitativo) de molde a estruturar um novo discurso económico.[11] Há que encarar igualmente uma necessária e inadiável discussão sobre a importância de um *Princípio de Frugalidade* (além da reformulação do *Princípio de Produtividade*) enquanto novo princípio estruturante de um discurso económico para o século XXI. Tudo questões magnas. Complexas. "Quase-impossíveis". Tudo questões urgentes: Ou com uma urgência que os próximos tempos se encarregarão de atestar.

---

[11] Peter F. Drucker no já citado "Toward the Next Economics" (Bell e Kristol, 1981: 4-18) chamou a atenção para questões relacionadas com a necerssidade de reformular os conceitos de "riqueza" e de "produtividade". Ao longo das últimas décadas as observações de Drucker não foram devidamente apreciadas.

REFERÊNCIAS BIBLIOGRÁFICAS

ATTALI, Jacques (2008), *La crise et après?* Paris: Fayard.

BELL, Daniel; Kristol, Irving (orgs.) (1981), *The Crisis in Economic Theory*. Nova York: Basic Books.

EKELUND, Robert; Hébert, Robert (1997), *History of economic theory and method*. Nova York: McGraw-Hill.

FEIO, Joaquim (1981), "Notas sobre o princípio da procura efectiva. Uma leitura post-keynesiana". Coimbra, Separata do *Boletim de Ciências Económicas*, n. 24.

FERREIRA BORGES, José (1834), *Instituiçoens de Economia Política*. Lisboa: Imprensa Nacional.

FOREMAN-PACK, James (1995), *A History of the World Economy. International Economic Relations since 1850*. Harlow: Pearson Education.

GALBRAITH, James (2008), *The Predator State. How Conservatives Abandoned the Free Market and Why Liberals Should Too*. Nova York: Free Press.

HARROD, Roy (1951), *The Life of John Maynard Keynes*. Londres: Macmillan.

JAMES, Harold (2001), *The End of Globalization: Lessons from the Great Depression*. Cambridge, MA: Harvard University Press.

KRUGMAN, Paul (2009), *O Regresso da Economia da Depressão e a Crise Actual*. Lisboa: Editorial Presença.

MARIS, Bernard (1999), *Keynes ou l'économiste-citoyen*. Paris: Presses de Sciences-Po.

National Income Statistics of Various Countries, 1938-1947 (1948). Nova York: Statistical Office of the United Nations.

NOREL, Philippe (2004), *L'invention du marché. Une histoire économique de la mondialisation*. Paris: Éditions du Seuil.

RONCAGLIA, Alessandro (2005), *Il mito della mano invisibile*. Bari: Laterza.

RONCAGLIA, Alessandro (2006 [2001]), *La ricchezza delle idee. Storia del pensiero económico*. Bari: Laterza.

SANTOS, Álvaro Affonso dos (1938), *A Crise Geral das Relações Económicas. Algumas tentativas internacionais para a sua conjuração*. Lisboa, s.e.

SMITH, Adam (1981-1983 [1776]), *Inquérito sobre a natureza e as causas da riqueza das nações*. Lisboa: Fundação Calouste Gulbenkian.

The New Palgrave: A Dictionary of Economics (1988). Londres: Macmillan Press.

VERDÚ, Vicente (2009), *El capitalismo funeral. La crisis o la Tercera Guerra Mundial*. Barcelona: Anagrama.

WALLERSTEIN, Immanuel (2005), "After Developmentalism and Globalization, What?", *Social Forces*, 83(3), 321-36.

12. OS INSTRUMENTOS E USOS DOS ECONOMISTAS*

Tiago Mata

Regressado à academia depois de dois anos a presidir ao *Council of Economic Advisers*, N. Gregory Mankiw (2006) reflectiu sobre a identidade do economista: será o economista um engenheiro ou um cientista? Para Mankiw, estes eram dois papéis distintos e quase exclusivos. O economista-engenheiro é aquele que se dedica à prática da gestão económica, o conselheiro de Presidentes. O economista-cientista que pretende desenvolver melhores e mais belas teorias económicas sem se incomodar com a sua utilidade social. Enquanto Mankiw lamentava que a última vaga de modelos do ciclo económico não encontravam adeptos entre os decisores económicos, Alvin Roth proclamava a unificação da teoria dos jogos com a economia experimental, permitindo aos economistas não só descrever a economia como também desenhá-la, tornando-se enfim engenheiros. Apesar da distância disciplinar que separa os dois autores em interesses e métodos, estes sentem o apelo do ideal do economista como agente activo na gestão e transformação da economia.

Na história do pensamento económico o engenheiro é um personagem conhecido. Os engenheiros franceses do século XIX foram pioneiros na análise custo-benefício, discriminação de preços e economia do transporte (Ekelund e Hébert, 1999). As incursões de engenheiros e dos seus métodos continuaram no século XX (Mirowski, 1989). Apesar da importação de técnicas e conceitos no início do século XX, o pensamento económico permanecia uma actividade de tradição verbal e histórica. A transformação profunda ocorre somente entre as duas guerras mundiais, quando os economistas concentram esforços no desenvolvimento de ferramentas (Morgan e Rutherford, 1998; Morgan, 2003).[1] Mankiw e Roth reflectem portanto sobre uma identidade recente, que se intensifica e estabelece entre 1930 e 1960.

---

* Os alunos da cadeira de *History and Methodology of Economics* foram a primeira audiência deste ensaio e sou-lhes grato pela paciência e cepticismo. Agradeço a Vasco Carvalho, Filipe Reis, José Luís Cardoso, José Castro Caldas e aos participantes do Seminário "A Economia e o económico" pelas sugestões e críticas a uma primeira versão deste texto.

[1] Esta narrativa surge como fundamentalmente Americana e anglo-saxónica. Sem querer desprezar os percursos nacionais do pensamento económico, há nesta escolha o

O objectivo deste ensaio é perspectivar a história recente do pensamento económico observando o economista como um fazedor de instrumentos. Evito a repetida analogia do economista como engenheiro, com seus múltiplos e confusos significados, para focar nas práticas de configurar objectos com múltiplos usos, instrumentos.[2] Quero notar dois momentos nesta viagem: os instrumentos desenhados para a gestão estatal da "economia" e mais proximamente os instrumentos concebidos para a organização de "mercados". Na secção final deste ensaio abordo como a noção do economista fazedor de instrumentos altera a nossa visão do seu lugar em sociedade e dos limites da sua intervenção pública.

Instrumentos de Estado

"A ciência começa com a medição" disse Lord Kelvin.[3] Na história do pensamento económico os primeiros esforços de medição surgem no século XVIII (Klein e Morgan, 2001), mas é em meados do século XIX que esta prática ganha valor para os debates e teorizações dos economistas políticos (Maas, 2005). A medição trouxe os primeiros instrumentos como os índices e os sistemas de contabilidade (Porter, 1988).

A *Econometric Society* foi fundada em 1930 com o objectivo de unificar estatística, matemática e teoria económica. Embora esta integração tenha fracassado, a sociedade e os seus membros consolidam a prática de representar e medir a economia. Para o efeito, Jan Tinbergen empregava equações às diferenças e Irving Fisher estudava o bi-metalismo com tanques, líquidos e válvulas (Fisher e Brown, 1913; Tinbergen, 1939). Os membros da *Econometric Society* seguiam as práticas da física e da química, utilizando modelos ou máquinas como mediadores entre o desconhecido (a economia) e o construído (a teoria). A configuração destes modelos e máquinas e a sua contínua comparação com a realidade permitia aos economistas interrogar novas relações entre os factos económicos, as consequências de uma redução de impos-

---

juízo de que a história da profissão económica está actualmente ligada à dinâmica dos EUA. Quero assim questionar o preconceito do espaço como referente de identidades e de culturas profissionais (Gupta e Ferguson, 1997). Cabe aqui o reconhecimento de que a profissão económica se internacionalizou porque se americanizou (Coats, 1997; Fourcade--Gourinchas e Babb, 2002; Fourcade, 2006).

[2] A escolha do termo "instrumento" sobre o termo "ferramenta" serve para sublinhar a pluralidade de objectos a que me vou referir, que podem ter múltiplos usos e donos.

[3] "Science begins with measurement."

tos ou da descoberta de novas minas de prata num sistema bimetalista (Morgan e Morrison, 1999; Wise, 1988). John Maynard Keynes é nesta narrativa uma figura menor perante a influência da *Cowles Commission*, de Tinbergen, Fisher, e Ragnar Frisch (Morgan, 1990, 2003). A associação entre economia e engenharia não era estranha aos protagonistas dos anos 30. Tinbergen reflectindo sobre a política económica para 1936, ano da publicação da *Teoria Geral* de Keynes, apelava para "o contínuo desenvolvimento das capacidades de engenharia da econometria."[4]

A correspondência entre teoria económica e engenharia nunca foi tão forte como durante a Segunda Guerra Mundial quando os economistas participaram no esforço militar. Na logística ou na escolha de alvos para bombardeamento, optimizações físicas e económicas não se distinguiam (Guglielmo, 2008; Mirowski, 2002). Finda a guerra, a instituição que dominou o ensino e a investigação nas três décadas seguintes foi uma Universidade Técnica orientada para a formação de engenheiros, o *Massachusetts Institute of Technology* (MIT). Assim se estabelece uma identidade em que o economista separa o trabalho teórico do prático.[5] Nos anos 1950s esta identidade expressa-se no estudo "teórico" de rotinas para estimar sistemas de equações, que identificam as relações estruturais (comportamentais) da macroeconomia, entre o crédito e o investimento, entre o rendimento e a procura. Assente sobre este trabalho econométrico está o estudo de economias nacionais e regionais, e a previsão do impacto de programas económicos (Klein e Goldberger, 1955; Suits, 1962, 1964). Nesta divisão de tarefas, as ferramentas são primeiro concebidas e depois empregues.

O épico culminar desta era dá-se a 30 Janeiro de 1964, quando o Congresso Norte Americano aprova a mais substantiva redução fiscal da história económica americana (Norton, 1977, Stein 1994). O "Kennedy tax cut" constava do programa eleitoral do President J.F. Kennedy, assassinado em Novembro de 1963. Contra a convencional disciplina fiscal, economistas associados à campanha Kennedy apresentaram a redução de impostos como um estímulo para conduzir a economia ao pleno emprego. A face pública desta proposta foi Walter Heller, que presidia ao *Council of Economic Advisers* (CEA) da

---

[4] "the further development of the engineering skills of econometrics." Tinbergen (1959), minha tradução. É conhecida a relutância de Keynes em relação aos esforços dos econometristas, ver Louçã (1999).

[5] Esta separação ocorre não só no formato dos artigos científicos como nas especializações dos investigadores, ver Backhouse e Biddle (2000).

Casa Branca, e com ele estavam Paul Samuelson (principal conselheiro económico de Kennedy durante a campanha eleitoral), James Tobin, Gardner Ackley, Kermit Gordon e Robert Solow. A medida foi apresentada à comunicação social como uma proposição da ciência económica. Em dois anos o desemprego decresceu em um terço e os economistas foram considerados os obreiros do bem-estar económico. Milton Friedman entrevistado em 1965 pela revista *Time* descrevia o consenso: "Hoje somos todos Keynesianos."[6] O triunfo dos economistas foi associado aos novos modelos para a condução da política económica (Tobin e Weidenbaum, 1988).

O debate mediático e partidário sobre as escolhas da política económica molda a imaginação pública sobre os limites e possibilidades das intervenções do Estado. Neste período de entusiasmo, o President Lyndon Johnson a par com a acção fiscal inicia uma guerra contra a pobreza financiada com emissão de dívida pública. O consenso foi logo abalado por uma multiplicidade de crises. Uma crise foi económica com o fim do sistema de Bretton Woods em Agosto de 1971, e com inflação impulsionada por choques petrolíferos (Eichengreen, 1996; Solomon, 1982). Outra crise foi cultural com cinismo face ao papel dos cientistas sociais na condução da Guerra no Vietname e às intenções dos programas sociais do Estado Americano (Mata, 2009). A estas duas haveria de juntar-se ainda uma crise teórica instigada pela crítica metodológica de Robert Lucas que introduziu modelos de equilíbrio dinâmico e expectativas racionais. Finalmente, o contexto político também se alterou, quando a Presidência de Ronald Reagan consolida uma coligação conservadora, pró-mercado, e *supply side*.[7] Aqui se nota como os usos dos instrumentos dos economistas co-evoluem com a história política e social.

O contacto entre contexto e a concepção dos instrumentos é mais problemático. Há continuidade entre os modelos de Lucas e a ortodoxia Keynesiana que estes pretendem substituir. O principal passo de Lucas foi conceber micro-fundações para a visão macroeconómica, sem abandonar os conceitos ou debates do passado, ou a identidade da profissão (Hoover, 1988; Lucas,

---

[6] "We are all Keynesians Now" A estimativa na altura colocava o pleno emprego como uma taxa de desemprego de 4%, valor que foi atingido em 1965 ("The Day of the Bear", 1962; "We are all Keynesians Now", 1965).

[7] Estas dimensões não estão necessariamente ligadas e quero recusar qualquer reducionismo que dê primazia a uma dimensão sobre as outras. É possível ter revoluções políticas sem revoluções teóricas (1917-23) e revoluções científicas sem revoluções políticas (1870s).

2004).[8] O que mudou foi o emprego da macroeconomia, recusando "afinar" intervenções fiscais ou monetárias. Os novos modelos são dirigidos para a controvérsia teórica e doutrinal. Os modelos simulam economias virtuais para observar movimentos nas séries de emprego, preços, acumulação de capital, juros, entre outras. Dois campos de opinião distinguem-se quanto à eficácia da intervenção estatal e quanto ao impulso e propagação no ciclo económico. O resultado da controvérsia entre Novos Clássicos e Novos Keynesianos (também conhecida como *Freshwater* contra *Saltwater*) foi a retirada do economista como intelectual público e participante na orientação da política económica (Bernstein, 2001). Contra Mankiw (2006) alguns comentadores notam o regresso da gestão macroeconómica, mas num novo local, os bancos centrais. A intervenção torna-se monetária e pretende definir regras para a manipulação da taxa de juro, seja no contexto Americano, seja na consolidação de uma moeda única na União Europeia (Clarida *et al.*, 1999; Walsh, 2007; Woodford, 2003). É agora possível proclamar um novo consenso disciplinar (Blanchard, 2008; Goodfriend, 2007).[9]

O contraste entre as duas gerações da macroeconomia concretiza o conceito de "instrumento." O que pretendo mostrar é uma continuidade no pensamento económico que não requer concordância ideológica e é imune às convulsões do passado recente. O que se mantém estável são as práticas dos economistas que, mais do que outros investigadores das ciências sociais e humanas, observam a realidade com a mediação de modelos. Estes objectos representam e medem relações económicas. Com a sua contínua construção e reconfiguração e ao estudar a sua analogia com o real, o economista aprende e intervém num único gesto (Morgan e Morrison, 1999). Se nos anos 60 os instrumentos macroeconómicos intervêm através da política fiscal, nos anos 90 o seu contributo é para a política monetária. Mas estes serviços não esgotam a história instrumental.

Instrumentos de Mercado

Nos últimos trinta anos encontramos os microeconomistas como agentes de intervenção. Os protagonistas vêem das disciplinas da Finança, da Teoria dos

---

[8] É de sublinhar que o movimento se apresenta como "novos clássicos" colocando o tom na continuidade com um discurso liberal que tem acompanhado a história do pensamento económico, ver (Hoover, 1988).

[9] Excluo de consideração aqui a nova filosofia fiscalista da recém-eleita administração Obama.

Jogos, e da Economia Experimental. Nos anos de fragmentação de consensos, em 1970s, surge uma nova tendência: a teoria económica encontra usos na configuração de mercados, ou "mecanismos de mercado." Os "instrumentos" são neste contexto os guiões para o desenho constitucional de novas relações de propriedade e troca.

Num aclamado livro sobre as origens dos novos mercados financeiros, Peter Bernstein demonstra uma forte associação entre academia e engenharia financeira. Nessa narrativa destacam-se os economistas da *University of Chicago Booth School of Business*, nomeadamente Lawrence Fisher, James Lorrie e Eugene Fama. A sua aliança com o banco Wells and Fargo, viria a permitir-lhes codificar os modelos da finança nos computadores da IBM, inventando novos produtos financeiros. O *Center for Research in Security Prices* e os seus seminários foram o ponto de encontro entre os inovadores da finança e as teorias da carteira e diversificação que haviam nascido na distante academia. O produto imediato desse diálogo é o primeiro *index fund* criado em 1971. Em pouco tempo o Wells and Fargo e os *index funds* tornaram-se modelos a emular e as equações e conceitos dos economistas participam numa revolução financeira (Bernstein, 1992).

O trabalho e a vida de Fisher Black, um dos intervenientes na história do *Wells and Fargo*, tem recebido particular atenção nos últimos anos. Black não esperou por ser abordado por um ex-aluno influente. Black fundou uma empresa, a *Associates in Finance*, para prestar serviços com base na sua Nobelizada análise do mercado de opções, e vender os seus cálculos aos agentes bolsistas (Mehrling, 2005). O comportamento daqueles que usavam a equação Black-Merton-Scholes foi alterado no sentido de se aproximar ao valor teórico obtido nos cálculos (MacKenzie e Millo, 2003). Nestas intervenções financeiras os economistas intervêm com um instrumento que pretende "afinar" os movimentos do mercado, tal como os macroeconomistas dos anos 60 procuravam "afinar" os movimentos do emprego e os macroeconomistas dos anos 90 a inflação. O objectivo das equações e conceitos da finança é o de aproximar o equilíbrio que corresponde às implícitas oferta, procura e risco.[10]

---

[10] Alguns macroeconomistas também participaram neste novo movimento de intervenção profissional. Em 1971, quando Nixon chocou o mundo e os EUA ao declarar a inconvertibilidade do dólar em ouro, Leo Melamed contactou Friedman. O Presidente da *Chicago Mercantile Exchange*, Everette B. Harris e Melamed queriam estabelecer um mercado de futuros para câmbios de moeda, o *International Monetary Market*. (Friedman e Friedman, 1998, 350-2).

Não é só a finança que participa na configuração de mercados. Foram as parcerias com empresas, nas divisões de marketing, que impulsionaram o desenvolvimento da economia experimental (Guala, 2005). Vernon Smith descreve o objectivo da sua investigação como o de questionar "como diferentes instituições afectam o incentivo para revelar procura e oferta" (Smith, 1994).[11] Smith identifica a sua contribuição para a teoria económica como o estudo da linguagem do mercado, formas do contrato e da licitação, que influenciam as decisões dos agentes e os resultados da relação de troca. Smith reconhece que o comportamento dos agentes nem sempre condiz com a racionalidade económica, e que cabe à economia experimental revelar as condições que optimizam a interacção social.

Smith concretiza o seu projecto teórico ao se envolver na criação da *Arizona Stock Exchange*. Um financeiro de *Wall Street*, Steve Wunsch, convenceu o Estado do Arizona a criar uma bolsa, uma instituição que disponha de mecanismos activos para a "descoberta de preços." Não se tratava de um mercado no sentido comum, um espaço definido onde se encontravam fisicamente compradores e vendedores, mas o mercado como um *software*, uma relação algorítmica (Muniesa, 2007; Preda, 2008). A contribuição de Smith foi a de aperfeiçoar esse algoritmo, o *uniform price double auction*, também conhecido como *call auction* (McCabe et al., 1991)[12] Para tal Smith recorreu às rotinas da economia de laboratório. Os sujeitos testados foram motivados a transmitir "mensagens", licitações, e este comportamento foi comparado com um *baseline* teórico prescrito pela teoria dos jogos e cognição (Smith, 1994).[13]

Na história da teoria económica, a competição e o conflito nunca estão longe. Nos famosos e polémicos leilões da *Federal Communications Commission* de 1994, a teoria dos jogos iniciou uma polémica com a economia experimental sobre as melhores formas de construir um mercado para a venda de licenças do espectro electromagnético (Nik-Khah, 2008). Mas apesar de conflitos os sinais são de paz, entusiasmo e consenso perante as capacidades dos

---

[11] "Experiments now address the question of how different institutions affect the incentive to reveal demand and supply."

[12] A licitação é fixa no tempo como forma de reduzir incerteza e volatilidade.

[13] A extracção da racionalidade a partir da irracionalidade dos agentes é partilhada pelo braço *behaviorista* da economia no laboratório. Thaler e Sunstein (2008) (ver também Ariely, 2008) sugerem uns "empurrões" (*nudges*) para conduzir os sujeitos para escolhas que são do seu próprio interesse. Esta convergência é surpreendente, dados os conhecidos desentendimentos entre os projectos experimental e behaviorista.

economistas de conduzir os mercados a resultados mais "eficientes" e de se congregarem numa *design economics* (Roth, 2002).

Nestes casos como na macroeconomia, o instrumento matemático está na fronteira entre a teoria e a realidade. Quem observa do lado académico entende o objecto como heurístico e produtivo teoricamente. Quem observa a acção destes instrumentos do lado político e comercial nota a sua função transformadora e a sua ambição de "afinar" a realidade económica. Os modelos macroeconómicos foram adquiridos pelos organismos estatísticos e pelos agentes políticos, as ferramentas dos leilões e da avaliação financeira inscrevem-se no software dos bancos de investimento, corretoras e departamentos financeiros das corporações para aumento de lucros. Nos anos 60 os instrumentos dos macroeconomistas informavam a imaginação pública sobre o pleno emprego e as políticas sociais, nos anos 80 e 90, os instrumentos de análise do risco sustentam a confiança na inovação financeira (Taleb, 2007).

A nossa compreensão da história recente, que aflorei nesta secção, é necessariamente parcelar e polémica. Para os sociólogos que têm estudado estas transformações o interesse está em notar que os "instrumentos" têm uma existência independente dos seus criadores. As rotinas com valência académica são codificadas para servir os interesses dos utilizadores, e cumprem funções de organização da acção colectiva no seio de empresas e mercados (MacKenzie, 2006; MacKenzie e tal., 2007). O debate actual é sobre os limites desta coordenação social. Embora os sociólogos reconheçam que os agentes podem desertar dos modelos dos economistas, aquilo a que Michel Callon chamou *overflowing*, o que surpreende estes autores é que exista conformidade entre teoria e realidade, ainda que precária (MacKenzie, 2004). Por outro lado, historiadores do pensamento económico e economistas heterodoxos sublinham o contínuo desajuste entre a teoria e a realidade (Mirowski e Nik-Khah, 2007) e argumentam que a sociedade universalmente mercantil é incompatível com a natureza da agência humana (Santos e Rodrigues, 2009). Talvez este seja o preâmbulo para uma nova geração de instrumentos.

Usos e Abusos

Este ensaio repete um vocabulário de "instrumento", "mediador", "intervenção" e "afinar." A narrativa descreve a comunidade dos economistas como produtiva e em constante transformação. Aqui abordei alguns pontos de inflexão na história do pensamento económico recente para sugerir um enfoque para a sua interpretação: os "instrumentos" dos economistas como objecto heurístico, político e cultural. Para isso a minha definição de "instrumento" abarca tanto um modelo estrutural com dezenas de equações, como um modelo de leilão expresso num ecrã de computador. Apesar das diferenças há uma regularidade. Todos estes objectos servem para intervir. Estudar a realidade económica é uma intervenção. Os macroeconomistas dos anos 60 almejavam o pleno emprego e usavam as suas ferramentas para definir o problema e o solucionar. Os macroeconomistas dos anos 90 fizeram o mesmo para conter a inflação. Os economistas da finança dos anos 70 ou os economistas experimentais dos anos 90 procuravam um mercado mais eficiente, onde a comunicação entre os agentes fosse eficiente. As motivações que geram os modelos são instrumentais.

O objectivo deste ensaio é gerar um novo conjunto de interrogações. Observando os usos dos instrumentos económicos, notamos que os economistas prestam serviços para um conjunto vasto de clientes, públicos ou privados. Isto impõe novas questões éticas sobre possíveis conflitos de interesse nestas intervenções. A criação de concelhos deontológicos há muito rejeitados entre economistas ganham nova justificação (Abbott, 1988). Ademais, se as relações entre economistas e a sociedade são mediadas por instrumentos, então a intencionalidade ideológica dos economistas é pouco relevante para entender a influência socio-política da teoria económica. O resumir da história económica e política à acção perniciosa dos economistas perde sentido (como em Klein, 2008). Para entender o eixo ideias/práticas económicas, uma antropologia económica, é preciso atentar ao grupo alargado de protagonistas: políticos, burocratas, empresários, jornalistas. Estes dão usos à teoria económica que não são antecipados ou controlados pelos economistas. Embora um tema pouco detalhado neste ensaio, uma das mais interessantes consequências da intervenção instrumental dos economistas é o seu efeito sobre a imaginação pública. Ao orientar as possibilidades de acção, ao designar usos, os instrumentos dos economistas indicam às sociedades limites e guias para exploração. O abandono do objectivo do pleno emprego tanto no discurso político como nos modelos económicos é disso o melhor exemplo.

Pode ser impossível antecipar a evolução da teoria e da profissão económica, mas está ao nosso alcance aprofundar a compreensão do seu passado e do seu presente. A proposta deste ensaio é uma analogia que olha o registo do passado através da relação economista-instrumento-sociedade. O impacto dos economistas é neste entendimento multifacetado, agindo simultaneamente sobre conhecimento, prática e cultura.

REFERÊNCIAS BIBLIOGRÁFICAS

ABBOTT, Andrew (1988), *The System of Professions: An Essay on the Division of Expert Labor*. Chicago: University of Chicago Press.

ARIELY, Dan (2008), *Predictably Irrational: The Hidden Forces That Shape Our Decisions*. Nova York: HarperCollins.

BACKHOUSE, Roger; Biddle, Jeff (2000), "The Concept of Applied Economics: A History of Ambiguity and Multiple Meanings", *History of Political Economy*, 32 (suplemento), 1-24.

BERNSTEIN, Michael (2001), *A perilous progress : economists and public purpose in twentieth-century America*. Princeton: Princeton University Press.

BERNSTEIN, Peter (1992), *Capital ideas: the improbable origins of modern Wall Street*. New York: Macmillan.

BLANCHARD, Olivier (2008), "The State of Macro", NBER Working Paper nº. W14259.

CLARIDA, Richard; Gali, Jordi; Gertler, Mark (1999), "The Science of Monetary Policy: A New Keynesian Perspective", *Journal of Economic Literature*, 37(4), 1661-1707.

COATS, Alfred (1997), *The Post-1945 Internationalization of Economics*. Durham: Duke University Press.

EICHENGREEN, Barry (1996), *Globalizing Capital: A History of the International Monetary System*. Princeton: Princeton University Press.

EKELUND, Robert; Hébert, Robert (1999), *Secret origins of modern microeconomics: Dupuit and the engineers*. Chicago: University of Chicago Press.

FISHER, Irving; Brown, Harry (1913), *The Purchasing Power of Money*. Londres: Macmillan.

FOURCADE, Marion (2006), The Construction of a Global Profession: The Transnationalization of Economics, *American Journal of Sociology*, 112(1), 145-194.

FOURCADE-GOURINCHAS, Marion; Babb, Sarah (2002), "The Rebirth of the Liberal Creed: Paths to Neoliberalism in Four Countries", *American Journal of Sociology*, 108(3), 533-579.

FRIEDMAN, Milton; Friedman, Rose (1998), *Two lucky people: memoirs*. Chicago: The University of Chicago Press.

GOODFRIEND, Marvin (2007), "How the World Achieved Consensus on Monetary Policy", *Journal of Economic Perspectives*, 21(4), 47-68.

GUALA, Francesco (2005), *The methodology of experimental economics*. Cambridge: Cambridge University Press.

GUGLIELMO, Mark (2008), "The Contribution of Economists to Military Intelligence During World War II", *The Journal of Economic History*, 68(01), 109-150.

GUPTA, Akhil; Ferguson, James (1997), "Culture, Power, Place: Ethnography at the End of an Era", *Culture, Power, Place: Explorations in Critical Anthropology*, 1–29.

HOOVER, Kevin (1988), *The new classical macroeconomics: a sceptical inquiry*. Nova York: Basil Blackwell.

KLEIN, Judy; Morgan, Mary (2001), *The Age of Economic Measurement*. Durham: Duke University Press.

KLEIN, Lawrence; Goldberger, Arthur (1955), *An Econometric Model of the United States, 1929-1952*. Amsterdão: North-Holland.

KLEIN, Naomi (2008), *The Shock Doctrine: The Rise of Disaster Capitalism*. Nova York: Picador.

LOUÇÃ, Francisco (1999), "The econometric challenge to Keynes: arguments and contradictions in the early debates about a late issue", *The European Journal of the History of Economic Thought*, 6(3), 404-438.

LUCAS, Robert (2004), "Keynote Address to the 2003 HOPE Conference: My Keynesian Education", *History of Political Economy*, 36 (suplemento), 12-24.

MAAS, Harro (2005), *William Stanley Jevons and the Making of Modern Economics*. Cambridge: Cambridge University Press.

MACKENZIE, Donald (2004), "The big, bad wolf and the rational market: portfolio insurance, the 1987 crash and the performativity of economics". *Economy and Society*, 33(3), 303-334.

MACKENZIE, Donald; Millo, Yuval (2003), "Constructing a Market, Performing Theory: The Historical Sociology of a Financial Derivatives Exchange", *American Journal of Sociology*, 109(1), 107-145.

MACKENZIE, Donald (2006), *An engine, not a camera: how financial models shape markets*. Cambridge, MA: MIT Press.

MACKENZIE, Donald; Muniesa, Fabian; Siu, Lucia (2007). *Do economists make markets?: on the performativity of economics*. Princeton: Princeton University Press.

MANKIW, Gregory (2006), "The Macroeconomist as Scientist and Engineer", *Journal of Economic Perspectives*, 20(4), 29-46.

MATA, Tiago (2009), "Migrations and Boundary Work: Harvard, Radical Economists, and the Committee on Political Discrimination", *Science in Context*, 22(1), 115-143.

MCCABE, Kevin; Rassenti, Stephen; Smith, Vernon (1991), "Designing a Uniform-Price Double Auction: An Experimental Evaluation" *in* Dan Friedman; John Rust (orgs.), *The Double Auction: Institutions, Theory, and Evidence*. Santa Fe: Addison-Wesley.

MEHRLING, Perry (2005), *Fischer Black and the revolutionary idea of finance*. Hoboken: John Wiley & Sons.

MIROWSKI, Philip (1989), *More heat than light: economics as social physics, physics as nature's economics*. Cambridge: Cambridge University Press.

MIROWSKI, Philip (2002), *Machine dreams: economics becomes a cyborg science*. Cambridge: Cambridge University Press.

MIROWSKI, Philip; Nik-Khah, Edward (2007), "Markets made flesh: performativity, and a problem in science studies, augmented with consideration of the FCC auctions", *in* Donald MacKenzie *et al.* (orgs.), *Do economists make markets?: on the performativity of economics*. Princeton: Princeton University Press, 190-224.

MORGAN, Mary; Rutherford, Malchom (1998), *From Interwar Pluralism to postwar Neoclassicism*. Durham: Duke University Press.

MORGAN, Mary (1990), *The history of econometric ideas*. Cambridge: Cambridge University Press.

MORGAN, Mary (2003), "Economics", *in* Ted Porter; Dorothy Ross (orgs.), *The Cambridge history of science*, Vol. 7. Cambridge: Cambridge University Press, 275-305.

MORGAN, Mary; Morrison, Margaret (1999), *Models as mediators: perspectives on natural and social sciences*. Cambridge: Cambridge University Press.

MUNIESA, Fabian (2007), "Le marché comme solution informatique: le cas du Arizona Stock Exchange", *CSI Working Paper Series* (008).

NIK-KHAH, Edward (2008), "A Tale of Two Auctions", *Journal of Institutional Economics*, 4(01), 73-97.

NORTON, Hugh (1977), *The Employment act and the Council of Economic Advisers, 1946-1976*. Columbia: University of South Carolina Press.

PORTER, Theodore (1988), *The Rise of Statistical Thinking, 1820-1900*. Princeton: Princeton University Press.

PREDA, Alex (2008), "STS and the Social Studies of Finance" *in* Edward Hackett *et al.* (orgs.), *The Handbook of Science and Technology Studies*. Cambridge, MA: The MIT Press, 901-920.

ROTH, Alvin (2002), "The Economist as Engineer: Game Theory, Experimentation, and Computation as Tools for Design Economics", *Econometrica*, 70(4), 1341-1378.

SANTOS, Ana; Rodrigues, João (2009), "Economics as social engineering? Questioning the performativity thesis", *Cambridge Journal of Economics*, 33(5), 985-1000.

SMITH, Vernon (1994), "Economics in the Laboratory", *Journal of Economic Perspectives*, 8(1), 113-131.

SOLOMON, Robert (1982), *The international monetary system, 1945-1981*. Nova York: Harper & Row.

STEIN, Herbert (1994), *Presidential economics: the making of economic policy from Roosevelt to Clinton*, 3ª ed.. Washington, D.C.: American Enterprise Institute for Public Policy Research.

SUITS, Daniel (1962), "Forecasting and Analysis with an Econometric Model", *American Economic Review*, 52(1), 104-132.

SUITS, Daniel (1964), *An Econometric Model of the Greek Economy*, Atenas: Center of Economic Research.

TALEB, Nassim (2007). *The Black Swan: The Impact of the Highly Improbable*. Nova York: Random House.

THALER, Richard; Sunstein, Cass (2008), *Nudge: improving decisions about health, wealth, and happiness*. New Haven: Yale University Press.

"The Day of the Bear", *Time*, 8 Junho 1962.

TINBERGEN, Jan (1939), *Business cycles in the United States of America, 1919-1932*. Genebra: League of Nations, Economic Intelligence Service.

TINBERGEN, Jan (1959), "An Economic Policy for 1936", *in* Leo Klaassen *et al.* (orgs.), *Jan Tinbergen: Selected Papers*, Amesterdão: North-Holland. 37-84.

TOBIN, James; Weidenbaum, Murray (1988), *Two Revolutions in Economic Policy: The First Economic Reports of Presidents Kennedy and Reagan*. Cambridge, MA: MIT Press.

WALSH, Carl (2007), "The Contribution of Theory to Practice in Monetary Policy: Recent Developments" *in A Journey from Theory to Practice*. Frankfurt: European Central Bank, 142-159.

"We are all Keynesians Now". *Time*, 31 Dezembro 1965.

WISE, Norton (1988), "Mediating Machines", *Science in Context*, 2(01), 77-113.

WOODFORD, Michael (2003), *Interest and prices*. Princeton: Princeton University Press.

EPÍLOGO

UMA CIÊNCIA INDISCIPLINAR: A CIDADE
DOS ECONOMISTAS

José Reis

> o tipo de análise mais global da cidade (...) dirige-se ao
> dado último e definitivo da vida da colectividade – a
> criação do ambiente em que se vive
>
> ALDO ROSSI, *A Arquitectura da Cidade*, Lisboa: Edições Cosmos, 2001

A morfologia e a arquitectura do "económico"

Imaginemos que estamos a falar de uma cidade. E que nos interrogamos sobre o que é "económico" na existência dessa cidade, na sua vida actual, nas concepções sobre o futuro, necessariamente em aberto. Para simplificar, imaginemos que é uma "boa cidade". No início, podemos pensar numa cidade física, num lugar geográfico. Mas, no fim do exercício, espero que tenhamos dado à cidade todos os seus significados semânticos, tanto os que têm ressonâncias clássicas, como os que convidam a uma leitura essencialmente pública, política e colectiva, com as necessárias declinações para os domínios da cidadania, do comportamento cidadão, do ambiente da vida.

Ao fazermos um exercício deste tipo, ao começarmos por invocar uma cidade concreta, invocamos simultaneamente:

(1) uma *trajectória* histórica (uma cidade é um óbvio produto histórico);

(2) uma *localização* (uma cidade é um lugar);

(3) uma *aglomeração* muito específica (uma cidade é uma particular intensidade espacial de pessoas e recursos; é um território especialmente estruturado);

(4) um *símbolo* (um cidade é um nome, uma imagem simbólica e, dizem alguns, até é uma marca);

(5) um *mercado* (uma cidade é um local de ofertas e procuras diversas e generalizadas);

(6) um conjunto de *pessoas* que agem e decidem (a cidade é, antes de tudo, um lugar formado por cidadãos);

(7) uma *escala* relacional perante o exterior (uma cidade é um lugar de conectividades, origina e recebe mobilidades, articulando espaços muito diversos, desde os de proximidade aos que representam a sua heteronomia);

(8) uma *escala* relacional perante si mesma (uma cidade inclui muita gente, grupos sociais diversos e integra-os em processos partilhados, desde os transportes, à habitação, ao trabalho e ao consumo; é um lugar onde se joga a coesão);

(9) um conjunto de *instituições* e formas de *governação* (uma cidade é um lugar de cidadania e administração; é um espaço político);

(10) um *espaço público* e um conjunto de "amenidades" (uma cidade é um espaço de cultura, lazer, contacto informal);

(11) um lugar de exercício privilegiado de *funções económicas* diferenciadoras não repartíveis espacialmente (uma cidade inclui os chamados serviços de hierarquia superior, como o ensino secundário e superior, a medicina mais especializada, os serviços financeiros ou da administração pública);

(12) um projecto sistemático de *negociação* do seu lugar futuro (uma cidade morre, mantém-se ou engrandece-se e é um lugar onde se jogam estratégias competitivas).

Numa única frase: a economia da cidade constitui-se evolutivamente, representa-se em lugares ou territórios, assenta em recursos materiais e imateriais e origina (e decorre de) um conjunto de interacções sistemáticas – mercantis, institucionais ou simbólicas – entre pessoas, segundo escalas e processos de governação e negociações diversos.

A substância da Economia[1]: acção, mudança, cumulatividade, diferença e contextos

Paremos por aqui, porque já chega para fazer a pergunta: o que é que é económico e o que é que não o é nesta descrição do que é uma cidade?

Vou aqui adoptar a sugestão de João Ferreira do Amaral no capítulo 1 deste volume de distinguirmos a concepção subjectivista e a posição **objectivista**, assim como alinho com a opção de, ao adoptarmos esta última, assumirmos que "para compreender o que se passa no domínio económico temos de ana-

---

[1] Como é prática neste livro, usarei Economia quando me referir à disciplina e economia quando aludir à materialidade de que decorre o económico.

lisar quer as relações sociais envolvidas, quer as relações com as coisas produzidas". Adopto ainda a afirmação de Bresser-Pereira (2009), para quem "a Economia é uma ciência social **substantiva**" pelo que o seu objecto "é aberto e complexo – sistemas económicos". A dimensão relacional desencadeada pela dimensão material parece-me, com efeito, ser um assunto crucial na Economia.

A questão pode, pois, ser reconduzida à interrogação sobre quais são os domínios substantivos da cidade que devemos privilegiar para definir o domínio económico. A escolha deste caminho – imaginar uma cidade para imaginar o económico – não nos deixa, aparentemente, outro caminho a não ser a adopção da noção objectivista e substantiva. Importa, por isso, ver em que consiste esta noção, isto é, que bons fundamentos encontramos para lhe dar um conteúdo preciso e, no meu caso, um conteúdo que seja adequado à proposta que estou a fazer.

As minhas primeiras referências – e as que tomo como fundamentais – são as que encontro nos fundadores do que hoje chamamos Economia institucional ou institucionalismo económico[2]. Eles são Thorstein Veblen (1857-1929) e John R. Commons (1862-1945). Por simplificação, uso dois dos seus textos – *Why is Economics Not an Evolutionary Science* (Veblen, 1898) e *Institutional Economics* (Commons, 1931) –, que podemos também encarar como textos-fundadores daquela visão da ciência económica. Estes dois textos[3], cronologicamente separados por 33 anos, são, no entanto, muito próximos um do outro de um ponto de vista substantivo. Eles partilham matéria comum. Essa matéria faz parte da estrutura nuclear do institucionalismo e, além disso, eu vejo-a como um mapa referencial incontornável para uma discussão sobre a natureza e o sentido da organização económica, política e social contemporânea. É obviamente por isso que a convoquei para aqui.

---

[2] Eles podem igualmente ser vistos como os pais-fundadores da própria ramificação do "velho institucionalismo" que criaram em duas grandes correntes contemporâneas: o novo institucionalismo e o institucionalismo crítico (herdeiro directo do velho institucionalismo).

[3] Para além da sua convergência mais substantiva, o texto de Veblen e o do Commons partilham, na sua construção retórica, uma idêntica raiz crítica perante a "Economia clássica hedonista" e a sua tendência naturalista e uma distância prevenida perante a Escola Histórica Alemã – a primeira tentativa de construção de uma alternativa não formalista à Economia convencional – a quem censuram a miscelânea descritiva. Em termos positivos, ambos trazem as pessoas, o "processo económico da vida", ou a relação do "homem com o homem" para o núcleo fundador do institucionalismo.

Para Veblen[4] são as sequências cumulativas, a mudança e a causalidade cumulativas, o processo complexo da mudança e da relação causal entre os factos, em vez de sequência fria dos factos, que constituem um campo elevado de análise, a *"spiritual attitude"* que ele recomenda à ciência económica. Fazemos bem, então, em dar atenção a um conjunto complexo de informação, isto é, a uma base material e imaterial que permita identificar relações e cumulatividades.

Nele, é crucial a recusa do pressuposto de uma "normalidade definitiva", de "tendências", de *"controlling principles"* intangíveis, de leis naturais, de pontos de equilíbrio. O preconceito de que as coisas tendem para um mesmo fim e, portanto, a redução da diferença à condição de *"disturbing cases"* é a base de uma história "conjectural" de que se afasta e que critica. "O ponto de vista evolucionista não deixa lugar para a formulação de leis naturais em termos de normalidade definitiva" (Veblen, 1898: 76). O económico é, assim, uma categoria que tem de reflectir a diferença e a diferenciação.

Por isso mesmo, a Economia e o processo económico dispõem de um "material activo" e esse é o "material humano da comunidade activa (*industrial community*)". É no material humano que a continuidade do desenvolvimento, o processo de mudança cumulativa" têm de ser procurados e o objecto da ciência tem de ser a "acção económica".

O "interesse económico" deve ser procurado no factor que molda o "crescimento cultural" das comunidades e "na formação, no crescimento qualitativo, desse conjunto de convenções e métodos de vida que são correntemente reconhecidas como instituições económicas" (*idem*).

O texto de Commons[5] é, na sua essência, um discurso sobre a acção colectiva, a prevalência das estruturas institucionais e a mudança. A acção colec-

---

[4] Há, evidentemente, outros pontos relevantes na construção vebleniana: a avaliação crítica da "Economia clássica" (de Smith a Marshall e Cairnes), a discussão da perspectiva económica hedonista, a noção de indivíduo, a conceitualização da sociedade "industrial", a relação da ciência económica com os "leigos", etc. A selecção que faço no texto é a que me parece mais pertinente para o debate que aqui quero propor.

[5] Outros pontos relevantes do texto de Commons, que não convoco para aqui, são, designadamente, "a mais pequena unidade dos economistas institucionalistas", "uma unidade de actividade", representada na noção de transacção – matéria central para a trajectória seguida pelo novo institucionalismo – e a sua desconstrução analítica em *"bargaining"*, *"managerial"* e *"rationing transactions"*. Aliás, a noção de transacção em Commons, ao contrário do que o novo institucionalismo sublinhou quando viu apenas a formação de ordens privadas e contratos bilaterais, é uma noção essencialmente social, com a qual

tiva (presente nas práticas desorganizadas e nas formas sociais estabelecidas, como a família, a empresa, as associações patronais ou sindicais, o Estado...) é a "circunstância universal" que tem como princípio comum o "controlo, libertação e expansão" da acção individual. O resultado da acção colectiva é uma relação social, um *status* económico, que define as expectativas que contextualizam e norteiam os diversos comportamentos económicos. O próprio mundo da troca, da produção e do consumo (o mundo conceptual da Economia convencional) só pode ser compreendido num dado quadro institucional[6], de que é subsequente.[7]

A metáfora da cidade que aqui estou a propor parece, então, ser adequada para captar uma circunstância concreta que exemplificaria a relação entre o colectivo – necessário para a apreensão do processo que molda o económico – e o individual, tão presente na aproximação mais canónica em que se baseia a teoria económica.

Visto que o conceito de transacção é central em Commons, é útil ver como ele o concebe. As relações sociais implícitas nas transacções são de tripla natureza: conflito (porque há escassez), dependência (porque se procuram reciprocidades) e ordem (assente na propriedade e na liberdade); e estas três são o campo da Economia institucional. Isto significa que as "*working rules*" produzidas, de forma permanentemente mutável, pela acção colectiva não assentam em ordens naturais, equilíbrios mecânicos ou harmonias préordenadas.

A convergência entre o argumento central que aqui estou a procurar construir e esta visão veblen-commonsiana da Economia não é difícil de estabelecer. Na raiz das coisas está o lugar atribuído à acção e à diversidade na constituição do económico. Estes são dois pontos nucleares que quero sublinhar. Com eles, pretendo captar uma noção em que o económico é processual, relacional e colectivo. A Economia é uma estática normativa ou é a acção económica, especialmente a acção colectiva, que nela deve contar? A Economia origina-se através de sequências, mudanças e causas cumulativas e diversas ou é um esquema sobreposto à realidade e, portanto, um esvaziador de con-

---

se pretende captar as externalidades que resultam de complexas interacções entre vários domínios institucionais.

[6] São as transacções que estabelecem esse quadro institucional, visto que elas são o meio de definição do controlo sobre as mercadorias, do trabalho e da gestão.

[7] No dizer de Commons, as teorias das escolas económicas clássicas são "transferidas para o futuro", pois elas tratam do que é apenas um resultado das transacções presentes.

textos e de diferenças? A visão da sociedade com actividade e uma recusa de leis naturais ou estados "normais" evidencia que é nos contextos, nos entendimentos institucionais, nos procedimentos relacionais que se encontra a matéria que constitui a Economia e o económico.

Os neoclássicos de todas as disciplinas e o necessário regresso ao que tem substância

A visão institucionalista que aqui procurei esboçar através das vozes mais autorizadas tem, obviamente, contrapontos claros. Não falo tanto da "Economia clássica hedonista", que "naturaliza" as coisas e a vida, e à qual Veblen contrapõe uma ciência "evolucionista". Falo principalmente de formas de pensar contemporâneas, para quem a resposta à pergunta que formulo sobre o que é económico na cidade seria a de que não há nada de economicamente relevante numa cidade, pois o que é económico passa-se noutras esferas e uma cidade não será mais do que a *projecção* disso. O que é económico passa-se na esfera da circulação do capital, nas várias esferas da produção, nas organizações onde se racionaliza e decide. Mais do que isso, a cidade é um lugar – aliás, um lugar associado à reprodução social e política – e o económico não tem uma referência tão limitada. Por isso, a cidade apenas pode ser encarada como uma escala, isto é, representa uma derivação do económico que lhe é exterior. Verdadeiramente, para alguns, a cidade contemporânea só é entendida como algo que resulta do *rescaling* das formas de poder: serve para a *reprodução* da economia mas não serve como *constituição* do económico.

Esta resposta tanto pode ser a de um economista neoclássico puro – que vê qualquer espaço como um lugar (transitório) da mobilidade do capital e do trabalho, sujeito às diferentes dotações de factores e, portanto, às diferentes remunerações que daí advêm – como pode ser a de um cientista social cultor do paradigma globalista, que pressuponha que a globalização determina as instituições[8] e, portanto, também os lugares onde elas "coalescem" (Reis, 2007).

Em ambos os casos, é o significado das mobilidades para a edificação das sociedades modernas que se privilegia. Parte-se, é claro, do que é certo e indiscutível: a mobilidade associada à própria identificação do território terrestre (os descobrimentos da chamada 'primeira globalização', no século XVI, a conquista da 'fronteira' americana, na consolidação do 'novo mundo', para

---

[8] Para um ponto de vista contrário veja-se, por exemplo, Frank Levy e Peter Temin (2007).

só dar dois exemplos), a mobilidade das tecnologias (a difusão da revolução industrial, a partir da Inglaterra do século XVII), a mobilidade dos capitais e das pessoas (na colonização e nas primeiras internacionalizações), para se chegar à mobilidade das empresas (na internacionalização da produção e na posterior organização multinacional do ciclo produtivo) e à mobilidade financeira e da informação e da comunicação (na actual fase de 'globalização').

É inegável que os processos de mobilidade têm conhecido acelerações espectaculares, que os transformam qualitativamente, justificando que se fale, hoje em dia, de 'hiper-mobilidades' (Damette, 1980; Hudson, 2004). O lugar destes fenómenos está, portanto, estabelecido e suficientemente interpretado. As sociedades modernas, as sociedades industriais e as sociedades de serviços, de comunicação e de consumo multiforme dos nossos dias assentam em mobilidades fáceis e crescentes – em nomadismos –, em comportamentos relacionais que resultam de processos em que a tendência para a anulação da distância é muito forte. Acontece, porém, que os actores sociais também possuem "imaginação criativa", para a qual concorrem o conhecimento e a experiência, factos que apontam para uma "análise situacional" aplicada a situações com múltiplas possibilidades (*multiple-exit problem situations*).

Contudo, são muitos os que, como Niel Brenner (2003: 304), interpretam a emergência da escala onde ocorre a acção humana (a *cidade* que metafórica e fisicamente aqui estou a invocar) como um processo essencialmente *crisis-induced*, derivado da transformação da espacialidade do Estado (um processo de *state rescaling*) e como "um resultado politicamente mediado de formas complexas de transferência política, de natureza *cross-national*, assim como de processos de difusão ideológica".

Segundo esta visão das coisas, o problema consiste em saber de que forma "as relações sociais que se desenvolvem em diferentes escalas geográficas interagem na reprodução das paisagens políticas e económicas ao longo do tempo". Neste sentido, as "instituições regionais" são "*canais* institucionais chave através dos quais práticas de regulação mais amplas são interpretadas e postas em acção (Cumbers *et al.*, 2003: 335, sublinhado meu).

Para quem pensa do modo que acaba de se ilustrar, um programa de investigação necessário (e, porventura, suficiente) seria o que se concentrasse nas conexões entre os "mecanismos de regulação externos e interesses sociais e políticos específicos" (*ibid.*: *idem*) que se desenvolvessem nos planos mais concretos e substantivos. A esta luz, a materialidade da vida colectiva – e, portanto, o seu significado ontológico – não faria sentido, pois ela é amplamente superada por um outro processo, o da "produção social das escalas". Esta ideia de que há relações que precedem e anulam a materialidade concreta, sendo esta última caracterizada por um elevado grau de volatilidade no quadro de "espaços abertos", deixa de lado qualquer possibilidade de entendermos a morfologia das diferentes realidades sócio-económicas. Apenas como exercício descritivo – destinado a "colorir" o esquema – faria sentido abrir a *black box* das relações específicas que estruturam o processo de evolução de uma cidade. Mas isso não cabe nestas perspectivas. Quer isto dizer que são várias as esferas do pensamento social contemporâneo que reproduzem aquilo que, no debate interno à Economia, se atribui ao modo de pensar neoclássico.

No entanto, o contexto intelectual é conflitual e é nesse conflito que reside a possibilidade de enriquecimento. A busca de compreensão do que, por facilidade, chamo a *espessura* dos processos e dos fenómenos pode encontrar-se em vários campos.

De forma apenas exemplificativa vou invocar aqui dois textos recentes, vindos de meios académicos "insuspeitos" de heterodoxia. O primeiro retiro-o do *Working Paper*[9] de Frank Levy e Peter Temin[10] (2007). A primeira afirmação a reter é esta: "a globalização não determina instituições"; e há boa explicação empírica para mostrar que "até nem é custoso preservar um conjunto pré-existente de instituições [...], ao contrário do que afirmam os entusiastas da globalização" (p. 42). De que modo? Exactamente compreendendo os "complexos de políticas" que estruturam uma determinada realidade social e económica, lhe dão especificidade e, além disso, as dotam (ou inibem) de capacidades dinâmicas próprias.

O segundo exemplo retiro-o de um texto de Dani Rodrik[11] (2008), em que se mostra que a razão por que falham as práticas de exportação de políticas e de normativos institucionais – posso eu acrescentar, os princípios reguladores gerais e exteriores – reside no facto de qualquer sociedade, mais ou menos complexa, estar sempre dotada de uma margem de actuação que lhe permite optar por *second-best institutions*, isto é, por aquelas soluções que estão ao seu dispor, em vista da sua própria estrutura política, social e económica interna.

---

[9] Acerca das características do desenvolvimento económico nos EUA no pós-guerra e dos anos 80 para cá. Este último período, descarnado das instituições que viabilizaram a afluência económica do *New Deal* roosveltiano, assenta numa forte produção de desigualdades, com a substituição das instituições que possibilitaram um lugar ascendente para o trabalho por instituições que fragilizaram as relações laborais.

[10] Departamento de Economia do MIT.

[11] Universidade de Harvard.

EPÍLOGO   227

A cidade e a Economia: a constituição da economia da cidade
O que já observámos oferece-nos matéria suficiente para ensaiarmos uma aproximação topológica ao que na cidade é económico e, no mesmo passo, ao que constitui a economia da cidade. Vou propor agora que retenhamos o me parecem ser os três domínios mais substantivos para encaramos a cidade. O objectivo é, como se deduz, robustecer uma noção da Economia que não a limite a uma ciência dos mercados – é esse, afinal, o Norte da minha argumentação...

Parece-me, então, que podemos postular a ideia de que o económico da cidade se representa através de três grandes domínios (Figura 1):

- um é o dos **mercados**, o da escolha e o dos incentivos. Quer dizer, o domínio comportamental dos indivíduos em situação de troca, produção ou consumo[12].
- outro é o domínio dos **procedimentos colectivos**, organizacionais, isto é, o domínio que analisa a estabilização das interdependências individuais que estão para além da produção, do consumo e da troca;
- o último é o da **diferenciação das situações contextuais**, das variedades da economia e da sua contextualização institucional, coisa associada de forma próxima à definição de modos de governação.

Para além do que esta proposta contenha como "mapa" possível do que é económico, importa dizer que o esforço a desenvolver não é apenas topológico – é também conceptual. Isto é, por detrás do mapa está um capital de noções essenciais acumulado pela teoria económica sempre que ela se alarga e se torna plural. Aos dois últimos domínios, que estão para lá do campo da acção e do comportamento individual, podem associar-se conceitos precisos que lhes esclareçam o significado. Conceitos equivalentes ao de **mercado**. Ao primeiro, que constitui o *supply side* da economia, a *organizational ecology*, pode associar-se a noção de **especificidade dos activos** (*asset specificity*). Com ela, quer sugerir-se que qualquer processo económico assenta em recursos (activos) próprios e diferenciados, constituídos ao longo de processos singulares e estritamente relacionados com o contexto organizacional em que vão ser usados e valorizados. Ao segundo, sugiro que se associe a discussão sobre a **endogeneidade das preferências**, conceito segundo o qual as pessoas formam as

---

[12] Já vimos como este domínio nos leva a discussões profundas, em dois planos. No plano da acção e do comportamento dos indivíduos perante a decisão ou os incentivos. E no da disciplina ela própria, quer dizer, no da construção conceptual com que se procura captar a natureza destes comportamentos.

suas decisões através de interacções intensas de natureza contextual, política e social, e não de modo abstracto, dedutivamente comandado por padrões de racionalidade que lhes sejam exteriores.

Figura 1: A economia e a constituição do económico na cidade

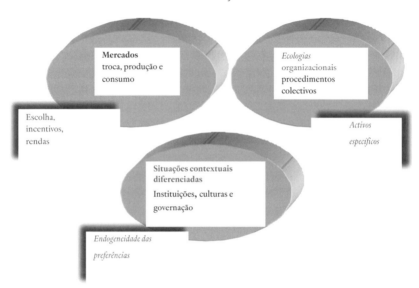

As reflexões de um econometrista que em 1979 recebeu o prémio Nobel da Economia, Trygve Haavelmo, são esclarecedoras para compreendermos a noção de endogeneidade das preferências: "as teorias económicas existentes não são suficientemente boas. Partimos do estudo do comportamento individual em diferentes condições de escolha. Tentamos então construir um modelo da sociedade económica na sua totalidade através de um designado processo de agregação. Penso agora que isto, na verdade, é começar no ponto errado. Se partirmos de uma sociedade realmente existente podemos pensá-la como uma estrutura de regras e regulamentos na qual os membros da sociedade têm de funcionar. As suas respostas a estas regras, enquanto indivíduos que lhes obedecem, produzem resultados económicos que caracterizariam essa sociedade" (Haavelmo, 1997: 15).

Qual é o significado desta proposta e destas "munições" conceptuais? Fundamentalmente, elas querem dizer que ao lado dos arquétipos – dos modelos intelectuais que representam e moldam generalizadamente os comportamentos – há origens (genealogias) particulares e construções diferenciadoras que, mais como artefactos elaborados do que como dados exógenos, estruturam a acção humana.

Parece-me claro que os dois domínios que estão a juntar-se à "ciência dos mercados", assim como as noções que lhes estão respectivamente associadas, comportam questões cruciais da Economia. Questões tão importantes como as que fazem a teoria dos mercados. Elas são essenciais para vermos até onde vai o económico na cidade. A especificidade dos activos, conceito central à Economia contratualista quando observa as organizações, parece-me indispensável para que compreendamos o modo como alguém (ou algo) se posiciona naquilo que se supõe ser o "jogo" económico. A sua situação contextual tem traduções várias e uma delas há-de ser a que resulta do que a cidade é como espaço colectivo, lugar de cooperação e competitividade, máquina organizativa detentora de capacidades – de produção e de reprodução – que lhe são próprias e que amplia, mantém ou reduz, através do modo como gera organização e a partilha com os cidadãos. A cidade é um activo, um activo específico, e transfere essa condição para as pessoas e para as organizações que a formam e que, em última instância, são afinal as geradoras desse bem e dessa especificidade.

Isto demonstra que não estamos apenas perante uma questão de posicionamento dos indivíduos e que esta é uma questão que nos leva também a uma percepção sobre a **constituição** do económico. E, aqui, entramos num domínio crucial: o **económico constitui-se**, não é um dado, ou uma imanência. Tal como os mercados se criam, protegem, regulam, também a materialidade organizacional é uma forma precisa de o económico possuir *espessura* e, evidentemente, passar a ser algo mais que as manifestações das racionalidades individuais, quaisquer que elas sejam.

Com a discussão sobre a endogeneidade das preferências estamos a procurar ver até onde vão os "poderes discricionários" ou as "qualidades autónomas" dos agentes económicos. Como já se disse, encaro uma cidade como um lugar onde há mercados vários, mas também como um dispositivo organizacional. Onde cabe tudo o que os economistas gostam de chamar – erradamente – externalidades económicas[13], mais os modos de vida e de cidadania,

---

[13] Externalidades são benefícios (ou custos) que favorecem (ou prejudicam) aqueles que não participaram na sua geração mas que partilham uma mesma situação contextual. Podem também designar-se economias (ou deseconomias) externas.

assim como o espaço público, quer no que tem a ver com espaços físicos e sociais de vivência quotidiana, quer no que se refere a formas de deliberação política. É por isso que também encaro a cidade como um contexto muito preciso que vai estar na base do modo como os indivíduos definem preferências.

A cidade como conjunto plural de formas de coordenação

À lista inicial sobre o que pode ser uma cidade é possível, então, sobrepor a taxonomia anterior, mais abstracta, que contém as categorias classificatórias à partida consideradas como "económicas". Elas são, recordo, *mercado* (com a qual se quer aludir a formas de *alocação* de recursos), *especificidade dos activos* (com que se quer referir *organização*, *procedimentos* e mobilização de *capacidade económica*) e *endogeneidade das preferências* (que se associa a *comportamentos colectivos, diferenciação, instituições* e *governação*). A questão é, nestes termos, procurar ver a qual destas categorias é associável cada um dos doze *itens* que usei para descrever o que é uma cidade.

O exercício simples que vou fazer é identificar, entre os 12 *itens* iniciais, quais é que posso associar aos conceitos de especificidade dos activos e de endogeneidade das preferências. Usarei o seguinte critério: os que apontam para o que constitui o "acumulado" da cidade relaciono-os preferencialmente com o primeiro conceito; o que projecta a cidade no futuro ou constitui a sua dinâmica presente associo-o ao segundo conceito.[14]

No quadro seguinte está a matriz que proponho, em resultado da associação de cada *item* a cada categoria.

Como se vê, associei a quase totalidade dos 12 *itens* a dimensões da esfera colectiva (dos comportamentos interdependentes, das instituições e da governação). Aí estão, designadamente, os *itens* que, por contraponto à mobilidade, valorizam a **co-presença** que a cidade significa, que assinalam as formas como se consolida ou não uma comunidade, através dos processos de coesão/inclusão que apontam para a realidade institucional e de **governação** presente na cidade, que a identificam como espaço público onde se asseguram as forma de **reprodução social** do colectivo, que a **projectam** para o futuro. Julgo que todos estes são aspectos cruciais para entender como um colectivo – a cidade –, e cada um dos agentes que nela se incluem, constituem a sua capacidade de agir e de alcançar desempenhos económicos.

---

14 Não ignoro que as associações podem ser discutíveis e até plurais.

QUADRO 1: A matriz económica da cidade

A cidade como...	Conceitos associáveis		
	Mercados	Activos específicos	Preferências endógenas
(1) *trajectória* histórica		X	
(2) *localização*		X	
(3) *aglomeração* específica		X	
(4) *símbolo*	X	X	
(5) *mercado*	X		
(6) conjunto de *pessoas*	X		X
(7) *escala* relacional perante o exterior	X		X
(8) *escala* relacional perante si mesma	X		X
(9) conjunto de *instituições* e formas de *governação*			X
(10) *espaço público* e conjunto de "amenidades"	X	X	
(11) lugar de *funções económicas* não repartíveis	X		X
(12) projecto de *negociação* do seu papel			X

O lado do mercado vejo-o no **conjunto estruturado de recursos** que aí se aglomeram, mostrando aliás que a cidade evidencia umas das muitas formas de concorrência imperfeita em que os mercados assentam. As formas mais ou menos elementares de organização de **trocas** que toda a cidade comporta, em resultado do conjunto de indivíduos que ela, irredutivelmente, também é, podem, sem dificuldade, relacionar-se como o mercado na sua acepção mais simples, isto é, como mecanismo que resulta de trocas repetidas e triviais. Não restam dúvidas que este tipo de **mercados** que a cidade integra são parte do económico da cidade. Mas o que também é claro é que outros tipos de mercados, de concorrência imperfeita ou monopolista, não são, no essencial, formas naturais ou elementares: são formas construídas e situadas. Um desses mercados, o mercado fundiário, toma uma forma especialíssima pelo facto de estarmos numa cidade, visto que os padrões de uso do solo e as necessidades que implicam o uso do recurso limitado e diferenciado que é o fundiário têm aqui uma expressão muito específica. É por isso, aliás, que as características acabadas de apontar – transacções de recurso limitado e diferenciado – geram rendas, isto é, sobre-lucros.

Por isso, pode assumir-se – eu assumo-o – que nenhuma cidade é igual. Cada cidade constitui-se, então, como um activo específico. Se é um activo, isso mostra a sua dimensão económica.

Conclusão

No culminar deste meu percurso, queria agora deixar claro para onde me encaminho. Optei por ver a cidade como domínio substantivo em que as manifestações do que é económico se revelam em múltiplos e entrecruzados aspectos. O económico da cidade é, para mim, isso tudo: em particular, assumi a tarefa de mostrar que há dimensões económicas na cidade e que ela é parte da Economia. Mas devo dizer que, como resulta da lista de que parti, não me revejo numa definição com fronteiras precisas do que é o económico e do que é a Economia. Uma fronteira é, simultaneamente, um traço de inclusão (dos que estão dentro) e de exclusão (dos que estão fora). Não creio que a discussão epistemológica e metodológica sobre a Economia beneficie de tais traços.

Claro que neste momento estou refém da minha própria trajectória e só posso chegar a uma conclusão: o económico da cidade é também o que é geográfico, histórico, sociológico, político... Fui, por acaso, traído pelo meu próprio esquema e acabei a cair na concepção subjectivista, dado que estou a defender que tudo (ou quase tudo) na cidade é económico e, portanto, só consigo resolver a equação dizendo que é o olhar do economista que "isola" o que é económico e ignora o que não o é?

Acho que não. Não vou sequer argumentar que não defini o olhar do economista como algo estritamente associado à "utilização de ferramentas conceptuais próprias". Mantive-me fiel à ideia de que investiguei domínios substantivos onde se jogam questões de alocação de recursos, de criação de valor, de mobilização de capacidades, de organização. O que acontece é que – justamente porque todos eles são domínios substantivos complexos – não só aceito como acho necessário partilhá-los com outras disciplinas ou, mais rigorosamente, com outras formas de ver. Trata-se, portanto, de mais do que uma proposta de interdisciplinaridade. O que aqui proponho é a noção de que a Economia é, deve ser, uma ciência indisciplinar. A cidade dos economistas existe. É a cidade de todos...

REFERÊNCIAS BIBLIOGRÁFICAS

BRENNER, Niel (2003), "Metropolitan institutional reform and the rescaling of the State space in contemporary Western Europe", *European Urban and Regional Studies*, 10 (4), 297-324.

BRESSER-PEREIRA, Luiz Carlos (2009), "The two methods and the hard core of economics", *Journal of Post Keynesian Economics*, 31 (3), 493-522.

CUMBERS, Andrew; MacKinnon, Danny; McMaster, Robert (2003), "Institutions, power and space: Assessing the Limits to Institutionalism in Economic Geography", *European Urban and Regional Studies*, 10 (4), 325-342.

COMMONS, John (1931), "Institutional Economics", *American Economic Review*, 21, 648-657

DAMETTE, Félix (1980), "The regional framework of monopoly exploitation", *in* John Carney *et al.* (orgs.), *Regions in Crisis: New perspectives in European Regional Theory*. Londres: Croom Helm, 76-92.

HAAVELMO, Trygve (1997), "Econometrics and the Welfare State", *American Economic Review*, 87 (suplemento), 13-17.

HUDSON, Ray (2004), "Thinking Through the Geographies of the New Europe in the New Millennium", *European Urban and Regional Studies*, 11 (2), 99-102.

LEVI, Frank e Temin, Peter (2007), "Inequality and Institutions in 20th Century America", Massachusetts Institute of Technology, *Working Paper 07-17*.

REIS, José (2007), *Ensaios de Economia Impura*. Coimbra: Almedina.

Rodrik, Dani (2008), "Second-Best Institutions".

http://ksghome.harvard.edu/~drodrik/Second-best%20institutions%20paper.pdf

VEBLEN, Thorstein (1898), "Why is Economics Not an Evolutionary Science", *The Quarterly Journal of Economics*, 12, 373-397.

SOBRE OS AUTORES

Ana Costa é Professora Auxiliar no Departamento de Economia do ISCTE- Instituto Universitário de Lisboa e Investigadora no Centro de Estudos sobre a Mudança Socioeconómica (DINÂMIA). É doutorada em Economia – especialidade de Economia Social – pelo ISCTE. A sua tese intitula-se *A Dificuldade da Escolha. Acção e Mudança Institucional*. Os seus actuais interesses de investigação incluem a Economia Comportamental e Institucionalista em particular as questões da deliberação individual e colectiva.

Ana Cordeiro dos Santos é Investigadora do Centro de Estudos Sociais (CES) / Laboratório Associado da Universidade de Coimbra, onde integra o Núcleo de Estudos sobre Governação e Instituições da Economia. Doutorada em Filosofia da Economia pela Universidade Erasmus de Roterdão, Holanda, mestre em Economia e Política Social pela Universidade de Roskilde, Dinamarca, e licenciada em Economia pelo ISEG. O seu trabalho de investigação recente incide sobre as temáticas da metodologia da economia, economia experimental e economia comportamental, tendo publicado em revistas de especialidade. Publicou recentemente o livro *The Social Epistemology of Experimental Economics* na Routledge.

Carlos Pimenta é Professor Catedrático da Faculdade de Economia do Porto, Investigador do Centro de Estudos Africanos da Universidade do Porto e do Observatório de Economia e Gestão da Fraude, e coordenador da Pós-Graduação em Gestão da Fraude. As suas investigações têm incidido sobre problemáticas muito diversas: Salários, Inflação, Desenvolvimento Económico e Social, Economia de África, Economia Subterrânea e Globalização, Ensino da Economia, Metodologia e Epistemologia da Economia. No âmbito desta última linha de investigação tem concentrado o trabalho na Interdisciplinaridade, Complexidade e Ortodoxia e Heterodoxia.

Filipe Reis é Professor Auxiliar no Departamento de Antropologia do ISCTE – Instituto Universitário de Lisboa e Investigador do CRIA – Centro em Rede de Investigação em Antropologia. Doutorado em Antropologia Social pelo ISCTE com a tese intitulada *Comunidades Radiofónicas. Um estudo Etnográfico sobre a rádio local em Portugal*, tem experiência docente na leccionação de Antropologia Económica na licenciatura em Economia do ISCTE assim como a antropologia dos media, áreas nas quais tem publicado vários trabalhos.

236 A ECONOMIA SEM MUROS

Joaquim Feio é Professor Auxiliar Convidado da Faculdade de Economia da Universidade de Coimbra. É licenciado em Economia pelo Instituto Superior de Economia da Universidade Técnica de Lisboa, foi bolseiro do INIC (Instituto Nacional de Investigação Científica) junto da *Fondazione Luigi Einaudi*, de Turim. Actualmente coordena o Gabinete de Relações Internacionais da FEUC. Os seus interesses científicos estão centrados na História do Pensamento Económico e na Economia Política Internacional.

João Ferreira do Amaral é Professor Catedrático do ISEG, Lisboa. É agregado em Economia pelo ISEG. Foi Assessor do Presidente da República Jorge Sampaio, Consultor da Casa Civil do Presidente da República (de 1991 a 1996) e Director-Geral do Departamento Central de Planeamento (1984-89). Os seus interesses de investigação têm estado centrados nas problemáticas da Economia Inter-Sectorial, Macroeconomia, Política Económica e Modelos Dinâmicos Não-Lineares.

José Castro Caldas é Investigador do Centro de Estudos Sociais (CES) / Laboratório Associado da Universidade de Coimbra, onde integra o Observatório do Risco e o Núcleo de Estudos sobre Governação e Instituições da Economia. Anteriormente foi Professor Auxiliar do Departamento de Economia do ISCTE e investigador do DINÂMIA, de que foi vice-presidente. Licenciado em Economia pelo ISEG, mestre em Matemática Aplicada à Economia e à Gestão, doutorado em Economia pelo ISCTE. Os seus principais interesses de investigação actuais incluem a deliberação individual e colectiva, a economia institucionalista e a história da economia.

José Luís Cardoso é Investigador Coordenador do Instituto de Ciências Sociais da Universidade de Lisboa. É licenciado em Economia (ISEG-UTL) e em Sociologia (ISCTE), doutorado e agregado em Economia (ISEG-UTL). Até Março de 2008 foi professor catedrático no ISEG-UTL, onde exerceu os cargos de Presidente do Departamento de Economia e do Conselho Científico. Colabora como professor em diversas universidades nacionais e estrangeiras. Autor de diversos livros, capítulos de livros e artigos, publicados em revistas nacionais e estrangeiras, sobre temas de história do pensamento económico dos séculos XVIII a XX, com especial incidência no caso português em perspectiva comparada.

José Reis é Professor Catedrático da Faculdade de Economia da Universidade de Coimbra (FEUC), da qual também é presentemente Director, e Investigador do Centro de Estudos Sociais (CES), onde integra o Núcleo de Estudos sobre Governação e Instituições da Economia. É doutorado e agregado em Economia pela Universidade de Coimbra. É coordenador do Programa de Doutoramento em Governação, Conhecimento e Inovação (CES e FEUC). Foi Secretário de Estado do Ensino Superior (1999-2001), Presidente da Comissão de Coordenação da Região Centro (1996-1999), Presidente do Conselho Científico da FEUC (1992-1994 e 2002-2004). Os seus temas de investigação em economia compreendem três áreas principais: Economia dos Territórios, Institucionalismo, Estado e Governação e Economia Portuguesa. Publicou recentemente "Ensaios de Economia Impura" (Coimbra, Almedina, 2007; reeditado em 2009).

Marc Scholten é Professor Associado com Agregação no Instituto Superior de Psicologia Aplicada (ISPA). Fez o seu doutoramento em Psicologia Económica na Universidade de Tilburg, Holanda. A sua tese de doutoramento foi reconhecida pela Universidade Católica Portuguesa. Fez a sua agregação em Gestão na Universidade Nova de Lisboa. Lecciona e investiga na área da Psicologia Económica e publica em revistas internacionais de renome. As suas áreas de especialidade são escolha intertemporal, conflito na tomada de decisão e escolha induzida pelo contexto.

Rafael Marques é Professor Auxiliar do ISEG/UTL e Investigador do SOCIUS – Centro de Investigação em Sociologia Económica e das Organizações. Co-presidente do Comité de Pesquisa em Sociologia Económica da Associação Europeia de Sociologia. Investigador nas áreas da Sociologia Económica, Sociologia das Finanças e Sociologia da Moral. Licenciado em Sociologia pela FCSH/UNL, mestre em Gestão (MBA) pela FEUNL, doutorado em Sociologia Económica pelo ISEG/UTL.

Tiago Mata é *Assistant Professor* no Departmento de Economia da *Amsterdam School of Economics* (Universidade de Amsterdão, Holanda). É licenciado em Economia pelo ISEG (Lisboa), MPhil (*Economics*) pela Universidade de Cambridge, UK, e doutorado em *History of Economics* (2005) pela *London School of Economics and Political Science*, UK. Recebeu em 2007 o *Joseph Dorfman Best Dissertation Award*, da *History of Economics Society*, USA. É, desde a 1ª edição, um dos co-organizadores da HISRECO – *History of Recent Economics Conference*.

Vítor Neves é Professor Auxiliar da Faculdade de Economia da Universidade de Coimbra, sendo responsável pela leccionação de disciplinas nas áreas de Economia Pública, Economia da Habitação e Metodologia da Economia, e é Investigador do Centro de Estudos Sociais (CES), onde integra o Núcleo de Estudos sobre Governação e Instituições da Economia. É licenciado em Economia, mestre em Economia Europeia e doutor em Economia, pela Universidade de Coimbra. Os seus actuais interesses de investigação centram-se na Metodologia Económica – uma área de estudos no cruzamento da Economia com a Filosofia, a História e os Estudos Sociais da Ciência – dando particular atenção à tradição de reflexão metodológica desenvolvida pelos próprios economistas. Interessa-se em especial pela discussão da natureza da Economia como ciência.